사회복지시설운영론

권예성·구민선·김도희·이인원

창지사

머리말

사회복지시설은 사회복지의 최전선에서 사람의 삶을 직접적으로 마주하는 공간입니다. 현장에서 일하는 사회복지사는 단순한 서비스 제공자가 아니라, 지역사회와 국가복지체계의 연결자이자 변화의 실천가입니다. 그러나 복지시설을 운영하고 관리하는 과정은 결코 단순하지 않습니다. 법과 제도의 이해, 인사와 재무의 투명한 운영, 인권과 철학의 확립, 그리고 끊임없는 혁신과 협력이 함께 요구됩니다.

『사회복지시설운영론』은 이러한 현장의 복잡한 요구 속에서 출발했습니다. 저자들은 사회복지시설을 실제로 운영하고, 지도 · 점검하며, 행정과 현장을 잇는 다양한 경험을 바탕으로, '현장에 바로 쓰일 수 있는 운영의 원리와 방법'을 담고자 했습니다. 이 책은 단순한 운영 지침서가 아니라, 사회복지시설이 보다 투명하고 사람 중심적으로 성장하기 위한 실무의 나침반을 목표로 합니다.

1장에서 3장까지는 사회복지법인에 대한 이해와 설립, 그리고 관리 전반을 다루어, 법적 기반과 제도적 틀을 먼저 정리하였습니다. 4장부터 6장까지는 시설운영의 인권적 철학, 재무회계의 투명성을 중심으로 실제 운영 과정에서 가장 많은 어려움을 겪는 영역을 구체적으로 다루었습니다. 7장과 8장은 인적 자원 관리와 시설의 조직 역량 강화, 자원개발 및 관리 방안을 제시하며, 9장의 전략기획을 통해 지속 가능한 기관 운영의 방향을 모색합니다. 10장부터 13장까지는 사회복지관, 노인 · 장애인 · 정신건강 분야 시설 등 다양한 유형별 운영의 실제를 담아, 현장 적용성을 높였습니다. 마지막 14장은 지도점검과 평가체계를 다루며, 행정적 관리뿐 아니라 시설의 자율적 개선을 돕는 제도적 이해를 돕고자 했습니다.

오늘날 사회복지시설은 단순한 돌봄과 지원의 공간을 넘어, 지역사회 변화의 플랫폼으로 진화하고 있습니다. 따라서 운영 주체는 행정적 효율뿐 아니라, 사람의 존엄을 지키는 윤리적 운영을 병행해야 합니다. 이 책이 바로 그러한 균형을 고민하는 이들에게 실질적 도움이 되기를 바랍니다. 복지현장에서 일하는 실무자, 기관을 설립하려는 이들, 그리고 사회복지를 배우는 학생들이 이 책을 통해 현장의 흐름을 이해하고, 운영의 지혜를 얻으며, 더 나은 복지시설 문화를 만들어가는 데 도움이 되기를 바랍니다.

이 책은 저자 4명이 각자의 전문 영역과 현장 경험을 공유하며 함께 만들어낸 결과물입니다. 서로 다른 배경과 시각을 존중하며 토론하고 협력하는 과정 자체가 이 책의 큰 자산이 되었습니다. 끝으로, 집필 과정에 조언과 격려를 아끼지 않으신 모든 분들께 깊은 감사의 마음을 전합니다. 이 책이 사회복지시설의 발전과 현장 실천가들의 성장을 응원하는 작은 이정표가 되길 바랍니다.

2026년 1월

저자 일동

차례

제 1 장

사회복지법인에 대한 이해

제1절 법인의 이해

1) 법인의 의의

(1) 법인의 정의

인간이 공동체 생활을 영위해 가기 위해서는 질서와 규범을 준수하며 권리와 의무의 주체로서 사회경제활동을 해야 한다. 이때 권리와 의무의 주체가 되는 인격의 소유자에는 두 가지 종류가 있는데, 하나는 사회의 구성원인 자연인이고, 또 다른 하나는 법적으로 인격을 부여받은 법인(法人, Juridical Person)이다.

자연인은 유형의 인격체이지만 법인은 무형의 인격체라고 할 수 있다. 이러한 법인에는 일정한 목적하에 결성된 사람의 단체에 법인격이 부여된 '사단법인'과 특정한 목적하에 출연된 재산이라는 실체에 법인격이 부여된 '재단법인'의 두 종류가 있다(박의근, 2015). 법인은 개인보다도 막강한 힘을 갖고 있어 권한남용 등과 같은 권리의 무분별한 행사를 막지 못하면 사회적으로 부작용을 초래할 우려가 있기 때문에, 법인의 생성 과정과 권한에 대해 법적으로 관리하고 통제하여야 한다. 우리나라는 「민법」에서 정한 기준에 따라 법인 설립을 관리하고 사업 내용과 목적에 따른 권리와 의무를 다하도록 하고 있는데, 「민법」 제31조는 "법인은 법률의 규정에 의함이 아니면 성립하지 못한다."라고 규정하고 있으며, 같은 법 제34조는 "법인은 법률의 규정에 좇아 정관에서 정한 목적의 범위 내에서 권리와 의무의 주체가 된다."라고 명시하고 있다.

따라서 법인은 「민법」에서 정한 바에 따라 권리와 의무의 주체가 되어 재산권 행사 및 사업의 선택과 판단 등 조직의 모든 활동을 수행하는 단체로 기능하며, 이러한 권리 행사에 대해 의무를 지닌, 「민법」에서 정한 조직 또는 단체로 정의할 수 있다.

(2) 법인의 필요성과 존재 이유

인간의 사회경제활동은 자연인 개인의 능력과 활동만으로 그 운영을 지속하는 데에 한계가 있다. 그러므로 개인이 성취하기에 어려운 목적을 단체가 달성할 수 있도록 단체에도 사람과 같은 권리와 의무를 부과하게 되었고, 이러한 목적의 달성을 위해 법인의 운영 및 활동이 필요하게 된 것이다.

이러한 법인은 그 단체를 통일하는 조직과 또한 그 재산을 관리하는 조직을 갖추고 있고 단체로서 독특한 사회적 기능을 담당하고 있기 때문에, 비록 자연인은 아니지만 법률상으로는 자연인과 마찬가지로 권리능력을 인정하고 있다. 법인의 구체적인 존재 이유는 다음과 같다(박종팔, 2019).

첫째, **자연인의 유한성 탈피**이다. 자연인은 생명 또는 능력에 한계를 가지며, 그 결과 개개의 자연인은 방대하고 영속적인 법률관계의 실현이 불가능하다. 그러나 사회적 법률관계는 개인의 유한성과 관계없이 무한성·영속성을 갖는다. 따라서 법인은 인간의 시간적 능력의 유한성을 탈피하여 법률관계의 영속성·무한성을 실현하는 데 있다.

둘째, **법률관계 처리의 편의성**이다. 거래의 명확성을 기하기 위해서는 거래 당사자가 누구인지를 명확히 해야 하고, 또 그것이 계속성을 가질 필요가 있기 때문에, 단체의 구성원과는 독립하여 단체 자체가 그 주체가 되어야 한다,

셋째, **책임의 분리**이다. 법인격이 인정되는 경우에는 구성원의 개인재산과는 구별되는 단체 자체의 재산이 인정된다. 단체의 이름으로 재산을 가지고, 부

동산의 경우에는 등기를 할 수 있다. 단체에 대한 채권자는 단체의 재산에 대해서만 집행할 수 있고 구성원의 개인재산은 집행할 수 없다.

2) 법인의 능력

법인도 권리의 주체이므로 자연인과 같이 일정한 능력을 갖고 있다. 우리나라는「민법」에 정한 기준에 따라 법인 설립을 관리하고, 법인의 사업 내용과 목적에 따른 권리와 의무를 다하도록 규정하고 있다. 이재용(2018)은 법인은 권리능력, 행위능력, 불법행위능력을 갖는다고 하였는데 구체적인 내용은 다음과 같다.

첫째, 법인은 **권리능력**이 있다. 법인은 그 구성원들로부터 독립하여 법인의 명의로 법률상의 권리와 의무를 집행할 수 있는 자격을 갖는다. 그러나 법인은 일정한 목적에 의해 설립되었고, 법인격이 주어지므로 권리 행사에 따른 의무를 지닌다.「민법」제34조는 "법인은 법률의 규정에 좇아 정관으로 정한 목적과 범위 내에서 권리와 의무의 주체가 된다."라고 규정함으로써 법인의 권리능력은 목적 자체에서 한계를 가질 뿐만 아니라 법률에 의한 제한을 받는다.

둘째, 법인은 **행위능력**이 있다. 즉 법인은 법인의 명의로 법률행위를 할 수 있는 법적인 자격을 갖는다. 법인의 대표이사는 법인의 명의를 통해 대표로서 권한을 행사하고 타인과 기관, 단체들에게 법률행위를 한다(「민법」제59조).

셋째, 법인은 **불법행위능력**이 있다. '불법행위능력'이란 불법행위를 저지른 데에 대한 책임을 질 수 있는 능력으로, 책임능력이라고도 한다. 즉 법인이 타인과 단체 등에 손해를 끼쳤을 때에는 개인과 마찬가지로 손해를 배상할 책임이 따른다. 불법행위의 성립요건은「민법」제35조에 의해 법인 대표기관(이사나 그 밖의 대표자)의 행위여야 하고, 직무에 관하여 타인 또는 단체 등에게 손해를 끼쳤을 때는「민법」제750조에 의해 불법행위에 관한 일반적인 요건이 있어야 한다. 즉 대표기관의 책임능력이 있어야 하고, 고의 또는 과실 피해자의 손해가 명백한 경우, 법인의 이사 및 대표이사는 손해배상의 책임을 진다.

3) 법인의 분류

법인은 설립 목적의 영리 추구 여부, 법인의 성격과 형태에 따라 분류된다. 법인의 유형을 세부적으로 구분하여 보면 <표 1-1>과 같다.

〈표 1-1〉 법인의 종류

구분	종류	정의
법인 형태	사단법인	사람이 주체가 되어 설립
	재단법인	재산을 출연하여 설립
법인 성격	공법인	공공목적을 위해 설립
	사법인	민법과 상법 등에 의해 설립
영리 유무	영리법인	영리 추구를 목적으로 설립
	비영리법인	비영리목적으로 설립

출처: 이재용(2018).'〈표 1〉 법인의 종류', p.96, 재인용.

(1) 사단법인과 재단법인

사단법인은 공동의 목적을 가진 사람들이 모여 단체를 구성하여 이를 법인화한 것이며, 재단법인은 특정 목적을 위해 출연된 재산에 법인격을 부여한 것이다. 법인은 사단법인과 재단법인 두 가지 중 하나로 설립되어야만 하며, 중간 형태의 법인은 인정하지 않는다. 또한 영리법인은 사단법인만 설립이 가능하며, 비영리 법인은 사단법인과 재단법인 모두 가능하다.

① 사단법인

사단법인은 사람들이 모인 집단에 인격을 부여한 것으로, 집단의 의사에 따라 자율적으로 활동한다. 구성원들이 모여 사원총회를 열고 의사 결정을 내리는 등 구성원들의 의견이 법인의 운영에 중요한 역할을 한다는 점이 사단법인의 특징이다.

사단법인의 장점으로는, 설립 목적 사업으로 인한 소득 및 회비에 대해서는 비과세된다는 점, 또한 공익사단법인의 경우에는 세제 혜택이나 정부 등으로부터 재정지원을 받을 수 있고 공익법인 등으로 기획재정부에 등록할 경우에는 기부금 수입 비과세 및 기부자에 대해서도 세액공제 혜택이 주어져 법인의 성장 발전에 동력이 될 수 있다는 것을 들 수 있다. 반면에 국가 및 지방자치단체 주무관청의 설립허가를 얻어야 하므로 설립 절차가 까다롭고, 사단법인의 사업과 재정에 대해 보고하여야 하고 관리 감독을 받아야 하는 의무를 갖게 된다. 사단법인에는 회사와 같이 「상법」의 적용을 받는 영리법인과 학술, 종교, 사교 등 비영리사업을 목적으로 하고, 「민법」의 적용을 받는 비영리법인이 있다. 이 중 비영리 사단법인은 영리 활동이 아닌 공익적 목적(교육, 복지, 연구 등)을 추구하여야 하며, 수익사업을 할 수는 있으나 이를 통해 얻은 수익은 공익 목적에 사용되어야 한다. 즉 그 이익을 관계자에게 배분할 수 없다.

② 재단법인

재단법인은 일정한 목적을 위해 출연된 재산을 기초로 하여 설립된 법인이다. 사단법인의 주요한 설립행위는 창립총회를 통한 정관의 작성인 반면, 재단법인의 주요한 설립행위는 정관의 작성에 더하여 재산의 출연이 필요하다는 점이다. 또한 사단법인과는 다르게 재단법인은 이사회에서 모든 사업을 관장하고 의결을 통해 권한을 행사하며, 구성원의 의견보다는 재산 관리와 운영이 핵심이 된다. 따라서 재산이 있는 한 그 출연자와 관계없이 존속하면서 독자적으로 법적 활동을 하게 되므로 항구적 사업을 하는 데 적합하다고 할 수 있다.

(2) 공법인과 사법인

공법인과 사법인은 일률적 기준에 의거하여 명확히 구분하기가 어려운데, 최근 공법인과 사법인의 중간적 법인이 출현하면서 점점 더 그 경계선이 모호해지고 있다. 공 · 사법인의 중간적 법인으로 한국은행, 한국토지주택공사 등 특수법인이 있다. 일반적으로는 국가, 지방자치단체가 공공의 목적을 위해 공법에 의해 설립하는 법인이 공법인에 해당하며, 「민법」에 의해 설립되는 사단법인,

재단법인, 사회복지법인과「상법」에 의해 설립되는 주식회사, 유한회사, 합자회사 등은 사법인에 해당한다.

① 공법인

특정한 공공목적을 위하여 특별한 법적 근거에 따라 설립된 법인을 공법인이라 한다. 주로 국가나 지방정부에서 공공의 목적을 위해 설립되며, 정부나 지방자치단체에 소속되어 운영된다. 이는 특정 분야의 공공 서비스 제공, 문화, 교육, 의료 등을 포함하게 되므로 보통 그 목적이 법률로 정해져 있다. 따라서 목적 달성이 필요한 한도 내에서 행정권이 부여되고, 또한 사용료의 면제 등 여러 특혜가 인정되는 등 국가의 특별한 감독을 받는다. 또한 법인의 임원은 국가가 임명하거나 국가공무원이 되는 등 법인의 설립과 관리에 국가공무원이 관여하게 된다.

예산 역시 공법인은 대부분 정부나 지방자치단체로부터 예산을 배정받아 운영되며, 법인의 쟁송에 있어서 공법인은 행정소송으로 진행되고, 부담금 징수에서는 공법인 세법상 강제징수가 가능하다. 불법행위의 적용에 있어서 공법인은「국가배상법」의 적용을 받아 배상책임을 지게 되며, 문서위조 · 변조에서는 공문서 위조 · 변조죄가 적용된다.

② 사법인

사법인은 사적인 목적을 위해 설립된 법인으로, 주로 상업적인 목적을 가지며 이는 이윤을 추구하거나 특정 분야에서의 사업을 포함한다. 사법인은 사법에 의해 설립되고 임의적으로 설립할 수 있으며 법인의 관리는 사적 권리와 목적에 의해 설립된 법인으로서, 재단법인, 사단법인, 사회복지법인, 주식회사, 유한회사 등이 해당한다. 법인의 쟁송에서는 민사소송으로 진행되고,「민사소송법」상 강제집행 절차에 의한다. 불법행위의 적용에서는「민법」상의 적용을 받아 불법행위책임을 지게 되며 문서 위조 · 변조에서는 사문서 위조 · 변조죄가 적용된다.

(3) 영리법인과 비영리법인

① 영리법인

사단법인은 그 설립 목적상 영리 추구의 여부에 따라 영리법인과 비영리법인으로 구분된다. 영리법인은 경제원리에 따라 최대의 이윤을 창출하는 것이 그 설립 목적이며, 여기서 가장 전형적인 영리법인으로 「상법」의 적용을 받는 각종 '회사'를 들 수 있다(「상법」 제169조).

'영리목적'이란 법인이 영리적인 사업을 한다는 것이 아니라, 구성원인 사원(社員)의 이익을 도모하고 법인의 이익을 구성원에게 분배하여 경제적 이익을 주는 것을 말한다. 예를 들어, 법인이 공익적 사업을 하여도 그 사업에 따른 이익을 사원에게 분배함으로써 구성원의 이익을 추구한다면 그 법인은 영리법인이라 할 수 있다.

② 비영리법인

비영리법인은 이윤을 추구하지 않고, 사회적 목적이나 공익을 위해 설립된 법인을 말한다. 즉 법인의 목적이 비영리목적이면 족하므로 수단의 영리성은 인정되나 어떠한 이유로도 구성원에게 이익의 분배가 불가능한 법이어야 한다. 대표적으로 「민법」에 의해 설립되는 비영리법인인 '사단법인'과 '재단법인'이 있고, 「민법」 외에 개별법에 근거하여 설립되는 재단법인으로 학교법인(「사립학교법」), 의료법인(「의료법」), 사회복지법인(「사회복지사업법」) 등이 있다.

(4) 일반법인과 특수법인

「민법」 제31조는 법인은 법률의 규정에 의함이 아니면 성립하지 못한다고 규정하고 있다. 따라서 법인을 설립하고자 할 때에는 그 성립 근거가 되는 법률이 있어야 한다. 그런데 「민법」은 일정한 비영리목적을 가진 사단 또는 재단에 대하여는 주무관청의 허가를 얻어 법인이 될 수 있도록 함으로써(「민법」 제32조) 스스로 이러한 법인 성립의 근거를 마련하고 있다. 또한 「민법」은 영리목적의 사단법인은 인정하고 있지만 영리목적의 재단법인은 인정하고 있지 않다. 이 영리목적의 사단법인은 「상법」의 상사회사의 규정에 의거하여 설립하고 있다. 일반적으로 「민법」상의 비영리 사단법인과 재단법인, 「민법」상의 영리법인, 「상법」상의 영리법인을 일반법인이라고 한다. 즉 「민법」과 「상법」에 의하여 설립된 법인을 일반법인이라 한다.

따라서 특수법인이란 「민법」과 「상법」에 의하여 설립된 법인이 아니라 특별한 목적을 실현하기 위하여 특별법을 제정하여 실행하는 법인을 말한다. 예컨대 사회복지사업이라는 특별한 목적을 수행하기 위하여 「사회복지사업법」에 의하여 설립된 사회복지법인은 특수법인이다.

제2절 사회복지법인의 이해

1) 사회복지법인의 정의

현대사회의 복잡하고 다양한 사회문제는 오로지 정부에만 의존하여 해결하기에는 한계에 도달하게 되었다. 이에 따라 민간 영역의 참여와 협조가 절대적으로 요구되고 있는데, 사회복지법인은 우리나라 사회복지 전달체계에서 이러한 민간 부문의 핵심적 역할을 맡고 있다. 사회복지법인의 사회복지사업은 민법의 비영리사업과 구별되는 것으로, 국가의 지원과 감독의 필요성이 제기됨에 따라 특별히 공익성을 강조하여 「사회복지사업법」이라는 특별법에 의하여 법인격을 부여받게 되었다.

사회복지법인이란 '사회복지사업'을 행할 목적으로 설립된 법인을 뜻한다(「사회복지사업법」 제2조). 여기서 '사회복지사업'이란 동법 제2조 제1호 각 목의 법률[1]에 따른 각종 복지사업과 이와 관련된 복지시설의 운영 또는 지원, 자원봉사활동 등을 목적으로 하는 사업을 말한다. 따라서 사회복지법인이 수행할 수 있는 목적사업은 사회복지사업에 한정되므로, 사회복지사업 이외의 사업을 목적사업으로 수행할 수 없다(보건복지부, 2024). 법인은 법률의 규정에 의해서만 성립되므로(「민법」 제31조), 사회복지법인도 반드시 「사회복지사업법」에 의해서만 성립된다. 이에 이 법에 의해 설립되지 아니한 법인에 대하여 사회복지법인이라는 용어를 사용할 수 없다. 사회복지법인에 관한 사항이 이 법에 규정되지 않았을 경우에는 「민법」과 '공익법인의 설립 운영에 관한 법률'을 준용한다(제32조).

또한 국내의 법률에 의하여 설립된 내국법인이며, 사회복지사업이라는 특별한 사업을 행할 목적으로 「사회복지사업법」에 의해 설립된 특수법인에 해당한다. 이처럼 사회복지법인은 휴먼서비스를 제공하기 위하여 정부와 사회로부터 공정성과 공익성을 확보하여 사회복지가 지향하는 목적을 달성하기 위하여 위임된 자원을 책임성과 권리성을 가지고 활용하는 법인이며, 사단법인 및 재단법인의 성격과 비영리 공익법인의 성격을 동시에 가지고 설립된 법인이라고 정의할 수 있다.

2) 사회복지법인의 구분

사회복지법인은 시설법인과 지원법인으로 나뉜다. 즉 사회복지법인은 「사회복지사업법」 제2조 제4호에 따른 사회복지시설을 설치 · 운영할 목적으로 설립된 시설법인과 사회복지사업을 지원할 목적으로만 설립된 지원법인으로 구분

1) ①「국민기초생활 보장법」, ②「아동복지법」, ③「노인복지법」, ④「장애인복지법」, ⑤「한부모가족지원법」, ⑥「영유아보육법」, ⑦「성매매방지 및 피해자보호 등에 관한 법률」, ⑧「정신건강증진 및 정신질환자 복지서비스 지원에 관한 법률」, ⑨「성폭력 방지 및 피해자 보호 등에 관한 법률」, ⑩「국내입양에 관한 특별법」 및 「국제입양에 관한 법률」, ⑪「일제하 일본군위안부 피해자에 대한 생활안정지원 및 기념사업 등에 관한 법률」, ⑫「사회복지공동모금회법」, ⑬「장애인 · 노인 · 임산부 등의 편의증진보장에 관한 법률」, ⑭「가정폭력방지 및 피해자보호 등에 관한 법률」, ⑮「농어촌주민의 보건복지증진을 위한 특별법」, ⑯「식품등 기부 활성화에 관한 법률」, ⑰「의료급여법」, ⑱「기초연금법」, ⑲「긴급복지지원법」, ⑳「다문화가족지원법」, ㉑「장애인연금법」, ㉒「장애인활동 지원에 관한 법률」, ㉓「노숙인 등의 복지 및 자립지원에 관한 법률」, ㉔ 보호관찰 등에 관한 법률」, ㉕「장애아동복지지원법」, ㉖「발달장애인 권리보장 및 지원에 관한 법률」, ㉗「청소년복지 지원법」, ㉘「스토킹방지 및 피해자보호 등에 관한 법률」, ㉙ 그 밖에 대통령령으로 정하는 법률

된다(보건복지부, 2024). 이를 표로 정리하면 <표 1-2>와 같다.

〈표 1-2〉 사회복지법인의 종류와 기본재산 기준

종류	용어기준	기본재산 기준
시설법인	「사회복지사업법」 제2조 제4호의 사회복지시설을 설치·운영할 목적으로 설립된 사회복지법인	법인이 설치·운영하고자 하는 시설을 갖출 수 있는 목적사업용 기본재산
지원법인	「사회복지사업법」 제2조 제1호의 사회복지사업을 지원하는 것을 목적으로 설립된 사회복지법인	법인의 운영경비 전액을 충당할 수 있는 기본재산

3) 사회복지법인의 특성

사회복지법인은 「사회복지사업법」에 따라 구체적인 준거 틀을 제시하면서 민간에 의해 이루어지는 사회복지사업의 장점을 살려가고 있다. 사회복지법인의 특성은 다음과 같다(박충환, 2003).

첫째, 운영 목적이 사회복지서비스를 제공하는 데 있다. 사회복지법인은 서비스를 무료나 실비로 제공하므로 자원의 지속적 조달이 중요한 문제가 되며, 지속적으로 자원을 조달하기 위한 제반 노력을 해야 한다. 이를테면 정부의 보조금을 지속적으로 받기 위해 예산 및 결산서와 사업계획을 제출해야 하며, 개인 및 기업의 기부나 후원, 후원기증품에 대한 수입 및 사용결과보고서를 제출해야 하는 것 등이다.

둘째, 사회복지법인은 자원조달 측면에서 특성이 있다. 대부분을 정부지원으로 충당하지만 부족한 자원은 일반적으로 사회복지 이용시설 프로그램의 실비이용료 수납과 수익사업을 통해 조달하고 있으며, 사회복지시설은 기업이나 민간단체로부터 받은 보조금, 복지재단의 후원이나 후원금에 크게 의존하고 있다. 또한 사회복지법인의 자원조달에 있어서 특이한 사항은 재무적인 후원금(금전, 물품)뿐만 아니라 인적 자원을 무료 또는 시장가치에 훨씬 못 미치는 가격으로 제공받는다는 것이다. 이러한 인적 자원봉사자의 활동은 사회복지법인의 운영에 있어서 매우 중요한 요소가 되고 있다.

셋째, 이윤 추구를 목적으로 하지 않는다. 사회복지법인에 출연하거나 후원, 기부한 자원에 대한 소유권은 법인에 있으며, 법인의 해산 시에는 국가에 귀속된다. 사적 소유권의 부재로 지분의 매매, 교환, 상속 등이 불가하고 배당, 잔여재산의 분배, 기타 재산상의 편익을 어느 누구에게도 기대할 수 없다.

넷째, 사회복지법인의 성과 측정이 매우 어렵다. 우리나라는 1997년 「사회복지사업법」의 개정으로 사회복지 수용시설에 대한 평가의 근거(법 제43조)가 마련되었다. 특히 「사회복지사업법 시행규칙」 제27조에 따르면, 주무관청은 법 제43조의 규정에 의하여 3년마다 1회 이상 시설에 대한 평가를 실시해야 하며, 시설의 평가기준으로서 입소정원의 적정성, 시설의 환경, 입소자에 대한 서비스 만족도, 기타 시설의 운영 개선에 필요한 사항을 규정하고 있다.

다섯째, 사회복지법인의 특성은 공공적 · 사회적이다. 이는 대부분의 비영리조직이 가지는 공통적인 성격이지만, 특히 사회복지법인은 존재 목적 이외에도 자원조달방법으로 인하여 이러한 특징이 강조된다. 따라서 사회복지법인은 운영에 이어 각종 법규의 규제뿐만 아니라 법인세 감면 등의 법적 특혜를 받기도 한다. 또한 사회복지법인의 공공적 특징은 회계실무를 규제하게 된다.

여섯째, 법인해산 시 잔여재산을 임의로 처분하지 못한다. 해산한 법인의 재산은 정관으로 지정한 자에게 귀속한다. 정관으로 귀속 권리자를 지정하지 아니하거나 이를 지정하는 방법을 정하지 아니한 때에는 이사 또는 청산인은 주무관청의 허가를 얻어 그 법인의 목적에 유사한 목적을 위하여 그 재산을 처분할 수 있다(「민법」 제80조).

4) 사회복지법인의 적용 법령

사회복지법인과 관련법규의 적용 관계를 살펴보면 사회복지법인은 원칙적으로 「사회복지사업법」의 적용을 받음과 동시에 목적사업에 따라 관련 법률의 적용도 받게 된다. 구체적인 비영리법인의 적용 법령 순위는 <표 1-3>과 같다.

〈표 1-3〉 사회복지법인 적용 법령

분류	세부내용	적용 법령
비영리법인 일반사항	법인관련 기본사항	「민법」
	공익법인 관련사항	「공익법인의 설립 · 운영에 관한 법률」
사회복지법인 일반사항	설립운영 관련사항	「사회복지사업법」
	재산회계 관련사항	「사회복지법인 및 사회복지시설 재무 · 회계 규칙」
사회복지사업 관련사항 (목적사업)	사회복지일반	「사회복지사업법」, 「국민기초생활 보장법」, 「의료급여법」, 「사회복지공동모금회법」, 「식품등 기부 활성화에 관한 법률」, 「긴급복지지원법」
	노인복지	「노인복지법」, 「기초연금법」
	아동 · 청소년복지	「아동복지법」, 「국내입양에 관한 특별법」 및 「국제입양에 관한 법률」, 「청소년복지지원법」
	장애인복지	「장애인복지법」, 「장애인 · 노인 · 임산부 등의 편의증진 보장에 관한 법률」, 「장애인연금법」, 「장애인 활동지원에 관한 법률」, 「장애아동복지지원법」, 「발달장애인 권리보장 및 지원에 관한 법률」
	노숙인복지 결핵 · 한센복지	「사회복지사업법」, 「노숙인 등의 복지 및 자립지원에 관한 법률」
	정신보건	「정신건강증진 및 정신질환자 복지서비스 지원에 관한 법률」
	농어촌보건복지	「농어촌주민의 보건복지 증진을 위한 특별법」
	한부모가족복지	「한부모가족지원법」
	영유아복지	「영유아보육법」
	다문화복지	「다문화가족지원법」
	폭력피해자 등 복지	「성매매방지 및 피해자보호 등에 관한 법률」, 「성폭력방지 및 피해자보호 등에 관한 법률」, 「가정폭력방지 및 피해자보호 등에 관한 법률」, 「일제하 일본군위안부 피해자에 대한 보호 · 지원 및 기념사업 등에 관한 법률 시행령」
	기타	「보호관찰 등에 관한 법률」
기타사항	조세특례 관련	「법인세법」, 「소득세법」, 「관세법」, 「지방세법」, 「상속세 및 증여세법」, 「조세특례제한법」 등
	부담금특례 관련	「사방사업법」 등
	재산 및 계약 특례 관련	「지방재정법」, 「도시개발법」, 「폐교재산의 활용촉진을 위한 특별법」, 「지방자치단체를 당사자로 하는 계약에 관한 법률」 등
	기타 적용사항	「건축법」, 「개발제한구역의 지정 및 관리에 관한 특별조치법」, 「산림기본법」, 「산지관리법」 등

출처: 보건복지부(2018). 사회복지법인 관리안내.

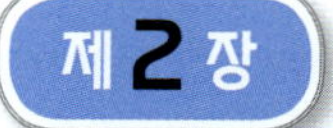

사회복지법인 설립의 실제

제1절 사회복지법인의 설립 절차

1) 법인 설립 전에 고려해야 할 사항

(1) 방향 선택

사회복지법인을 설립하기 전에 먼저 법인 사업의 목적, 종류, 전문분야 등에 대한 방향 결정을 하여야 한다. 사회복지법인은 모든 영역에서 복지사업을 할 수가 있지만, 우선 수행하고자 하는 복지사업의 특성과 그간의 경험, 전문성 등을 고려하여 특정 영역의 전문분야를 선택할 필요가 있다.

(2) 사회복지법인의 명칭

사회복지법인의 명칭은 의미가 있고 부르기 쉬운 것이 좋으며, 무엇보다 기존의 다른 법인과 중복되지 않아야 한다. 명칭이 중복될 경우에는 허가 신청이 거부될 수 있다.

(3) 재산 출연

사회복지법인은 재단법인의 성격을 지니므로 기본적으로 재산 출연이 있어야 한다. 출연 가능한 재산이 얼마인지, 그중 얼마를 기본재산으로 하고 얼마를 보통재산으로 할지를 사전에 검토하여야 한다.

(4) 임원의 선정

사회복지법인의 임원은 최소 7인 이상의 이사와 2명 이상의 감사로 구성된다. 법인의 임원은「사회복지사업법」제18조의 규정에 의한 특별한 관계에 있는 사람이 아니어야 하며, 제19조의 임원 결격 사유에 해당되지 아니하는 사람을 선정하여야 한다.

(5) 사업계획과 예산서

설립 당시 연도 및 다음 연도의 사업계획서 및 예산서를 실현 가능하도록 현실적으로 작성한다. 이때 사업계획서는 육하원칙에 의하여 사업의 내용을 구체적으로 기재하고, 예산서는 세입 · 세출을 예산 과목별로 항목을 구분하여 작성하고, 항목별로 산출근거를 명시하여야 한다.

(6) 정관(定款)

정관은 법인운영의 근본 원칙을 정하는 중요한 문서이므로 작성에 신중을 기하여야 한다. 정관에는 목적, 명칭, 주된 사무소의 소재지, 사업의 종류, 자산 및 회계, 임원, 회의, 수익사업에 관한 사항, 정관변경, 존립 시기와 해산 사유 및 잔여재산의 처리 방법 등 필수적인 기재사항이 명시되어야 하므로 관계법규에 어긋남이 없도록 하여야 한다.

2) 사회복지법인의 설립 신청

사회복지법인을 설립하려는 자는 대통령령으로 정하는 바에 따라 시 · 도지사의 허가를 받은 후, 법인의 주된 사무소의 소재지에서 설립등기를 하여야 한다(「사회복지사업법」 제16조). 사회복지법인을 설립하고자 하는 자는「사회복지사업법 시행규칙」제7조에 규정되어 있는 사회복지법인 설립허가신청서와 기타 관련 서류들을 첨부하여 주된 사무소 관할 시 · 군 · 구청장을 거쳐 시 · 도지사에게 제출해야 한다. 사회복지법인은 반드시 「사회복지사업법」 제2조의 '사회복지사업' 수행 목적으로 설립되어야 하므로, 사회복지법인 설립을 위한 목적사업을 확정하여 신청하여야 하며, 하고자 하는 목적사업을 구체적으로 규정해야 한다.

시 · 군 · 구는 설립허가를 신청한 법인이 소재할 사무소 및 기본재산 등을 직접 엄격하게 확인한다. 또한 자산에 대한 실지조사를 하고 그 결과에 따라 법인 설립 필요성에 관한 검토의견서를 작성하여 시 · 도지사에 제출하면 시 · 도지사는 법인설립신청서와 시 · 군 · 구의 기초자료, 시 · 도의 복지여건 등을 종합적으로 검토하여 법인설립허가를 최종적으로 처리한다. 이상의 내용을 표로 정리하면 <표 2-1>과 같다.

〈표 2-1〉 사회복지법인 설립 절차의 개요

1단계	신청인의 법인설립 신청(신청인 → 시 · 군 · 구)
조치사항	▶ 사회복지법인을 설립하고자 하는 자는 「사회복지사업법 시행규칙」 제7조에 규정되어 있는 사회복지법인 설립허가신청서와 기타 구비서류를 완비하여 시 · 군 · 구에 제출
참고사항	• 시 · 도 및 시 · 군 · 구는 신청인이 신청서 제출 전 법인 주사무소가 소재할 시 · 도 및 시 · 군 · 구와 법인 설립 필요성 등에 대해 충분하게 협의하여 추후 절차가 원만하게 수행되도록 지도 • 시 · 도 및 시 · 군 · 구는 사회복지법인에 출연한 재산은 더 이상 출연자 개인의 재산이 아니고, 설립 후 해당 재산을 돌려받을 수 없음을 명확히 안내할 것(「사회복지사업법」 제27조에 따라 국가 또는 지자체 귀속)
2단계	검토의견 등을 첨부하여 시 · 도 제출(시 · 군 · 구 → 시 · 도)
조치사항	▶ 시 · 군 · 구는 설립허가를 신청한 법인에 대한 기초자료(예: 자산에 관한 실지조사 결과, 법인설립 필요성에 관한 검토의견서 등)를 첨부하여 시 · 도에 신청서를 제출
참고사항	• 신청서를 접수한 시 · 군 · 구는 해당 법인이 소재할 사무소 및 기본재산 등을 직접 엄격하게 확인할 것(필요시 방문) • 시 · 도에서 조례 및 규칙 등으로 법인업무와 관련한 시 · 군 · 구의 권한 및 위임사항을 정하였을 경우 그에 따르되 법인의 허가 등 법인관리 업무의 중요사항은 반드시 시 · 도지사가 행할 것

3단계	시 · 도에서 최종 허가 여부 결정
조치사항	▶ 시·도는 법인설립신청서와 시·군·구의 기초자료, 시·도의 복지여건 등을 종합적으로 검토하여 법인설립허가 최종 결정 ※ 설립허가 시 사회복지법인은 의료기관을 운영할 수 없음을 설립허가 조건으로 명확히 기재할 것 ▶ 설립허가신청서 처리기한:17일 ※ 주무관청에서 신청서의 보완을 요청한 경우 보완기간은 처리기한에 산입하지 않으며, 신청서를 반려한 경우 처리기한은 종료되고 재접수 시점부터 다시 기산하는 것을 원칙으로 함 (「행정절차법 시행령」 제11조 제1호)
참고사항	• 법인허가 시 법인의 목적사업에 해당하는 기본재산을 갖추었는지 여부를 엄격하게 심사할 것 • 목적사업이 둘 이상의 시·도에 걸쳐 있는 법인에 대해서는 관련 시·도의 의견을 충분히 수렴한 후 결정

출처: 보건복지부(2024). 사회복지법인 관리안내.

제2절 사회복지법인의 설립 요건

1) 설립자의 설립 허가 신청(「사회복지사업법」 제16조, 시행령 제8조, 시행규칙 제7조)

사회복지법인을 설립하고자 하는 자는 사회복지법인 설립허가신청서 등 관련 서류를 주된 사무소를 관할하는 시 · 군 · 구청장을 거쳐 시 · 도지사에게 제출하여야 한다. 구비서류는 <표2-2>와 같다.

〈표 2-2〉 구비서류

양식	내용	비고
설립허가신청서		서식 1
설립취지서	• 법인 설립 취지를 육하원칙에 의해 기재	서식 2
발기인 회의록	• 회의록에는 재산출연사항, 임원선출, 정관의 심의의결, 사업계획 및 수지예산 등에 관한 의결사항을 포함하며, 발기인 전원이 인감 날인	서식 3
설립발기인명단	• 직위, 성명, 주민등록번호, 주소 및 약력 등을 간략하게 기재	서식 4

양식	내용	비고
정관	• 법 제17조 정관기재사항은 반드시 기재하고 관련법규에 어긋남이 없도록 하고 발기인 전원이 기명 인감 날인	서식 5
기본재산목록		서식 6
임원명단		서식 7
법인이 사용할 인장		서식 8
재산출연증서	• 출연재산의 구체적 내용과(소재지, 지목, 지적, 평가가액 등) 출연인의 인적사항, 출연일자 기재 후 인감 날인 • 주식, 예금 등의 출연행위에 대하여는 공증인의 공증 필요	서식 9
재산소유 증명서류	• 부동산 등기부등본, 주식의 주주명부사본, 현금의 경우 예금잔고증명, 유가증권의 사본, 각종 무체재산권의 등록필증 사본 등 첨부 • 「전자정부법」 제36조 제1항에 따른 행정정보의 공동이용을 통하여 소유권에 대한 정보를 확인할 수 있는 경우에는 그 확인으로 첨부서류를 갈음	
재산의 평가조서	• 기본재산과 보통재산으로 구분 • 기본재산은 목적사업용과 수익사업용으로 구분하여 평가가액을 일목요연하게 파악할 수 있도록 작성 • 부동산은 「부동산 가격공시 및 감정평가에 관한 법률」에 의한 감정평가법인의 감정평가서 또는 표준지의 공시지가를 기준으로 산정한 지가확인서 첨부 • 예금 등은 그 현재액을 증명할 수 있는 잔고증명서 기타 각종 재산을 평가할 수 있는 증빙서류 첨부 • 개별공시지가 확인서로 첨부서류에 대한 정보를 확인할 수 있는 경우에는 그 확인으로 첨부서류를 갈음	
재산의 수익조서	• 수익용 기본재산을 갖춘 경우에 한하며, 수익을 파악할 수 있도록 작성하고 수익산출 근거를 명시 • 수익을 증명할 수 있는 기관이 발행하는 증빙서류(수익확인서, 배당이익증명서, 이자수익확인서, 납세필증 등) 첨부	
임원의 취임승낙서 및 이력서	• 임원 취임자의 취임 승낙 의사 표시와 인적사항(주소, 성명, 주민등록번호, 주요경력 등) 기재 • 이사 및 감사 등의 직위와 취임 기간을 명시하고 인감 날인 • 이력서 첨부	서식 10 서식 11
이사추천서	• 법 제18조 제2항 각 호의 어느 하나에 해당하는 기관으로부터 받은 이사추천서 1부 ※ 위 기관이 법인이 성립되지 않았음을 사유로 추천을 하지 않을 경우, 외부추천이사 추천 요청 공문으로 갈음 가능	

양식	내용	비고
이사추천서	※ 이 경우 지자체가 법인 설립을 허가할 때 "법인설립허가 후 법인설립등기 전 기간에 반드시 추천을 받아, 이사를 선임하고 그 결과를 지체 없이 보고할 것"이라는 취지의 부관을 붙일 것	
특수관계 부존재 각서	• 법 제18조 제2항의 규정(특별한 관계에 있는 자)에 저촉되지 아니함을 입증하는 각서 1부	서식 12
결격사유 부존재 각서	• 법 제19조 제1항의 규정(임원의 결격사유)에 저촉되지 않음을 입증하는 각서 1부	서식 13
사업계획서 및 예산서		

출처: 보건복지부(2024). 사회복지법인 관리안내.

2) 목적의 비영리성

사회복지법인은 반드시 「사회복지사업법」 제2조의 '사회복지사업'을 수행할 목적으로 설립되어야 하며, 사회복지사업을 수행함에 있어 이윤 추구를 위한 영리목적이 아닌 사회복지라는 비영리목적을 위해 존재해야 한다. 비영리사업의 목적을 달성하기 위해 필요한 한도에서 비영리사업의 본질에 반하지 않을 정도의 수익사업을 하는 것은 가능하나, 수익사업으로 인한 수익은 언제나 사업목적의 수행에 충당되어야 한다. 예를 들어, 유료시설에서 생활비를 받는 경우, 운영비 보조를 위해 일정 수익사업을 하는 경우 등은 가능하나 이로 인한 수익은 시설 기능 보강, 운영비 보조, 생활자 복지수준 향상 등을 위해 사용해야 한다. 또한 사회복지법인을 설립하고자 하는 수행하고자 하는 목적사업을 구체적으로 확정하여 신청해야 한다. 「사회복지사업법」 제2조의 '사회복지사업' 수행과 같은 추상적인 목적사업은 불가능하므로 목적사업을 세부적이고 구체적으로 규정하여야 한다. 예를 들어, '「국민기초생활 보장법」 제○○조의 ○○사업, 「노인복지법」 제○○조의 노인의료복지시설 중 무료노인요양시설운영'이라고 명시해야 한다.

3) 설립 행위(재산의 출연과 정관 작성)

사회복지법인의 설립 행위는 크게 두 가지로 구분된다. 첫째, 설립자가 기본재산 등을 출연하는 재산의 출연, 둘째, 설립자의 법인 설립 의도를 정관에 기재하는 정관의 작성이다.

(1) 재산의 출연

① 출연재산의 종류

법인의 설립자는 목적사업에 필요한 재산을 출연하여야 한다. 재산의 종류는 동산, 부동산 등 다양한 형태가 가능하며, 일정 신용평가등급 이상의 채권도 가능하다. 다만, 출연하고자 하는 재산에 제한물권(지상권, 근저당권, 가등기)이 설정되어 있거나, 가압류·가처분 등이 되어 있어 법인이 채무를 부담하거나 재산권 행사가 제한되어서는 안 된다.

② 출연재산의 귀속

생전처분으로 법인을 설립하는 때에는 출연재산은 법인이 성립된 때로부터 법인의 재산이 된다(「민법」 제48조 제1항). 단, 법인이 성립된 때는 설립등기가 완료된 때이다(「민법」 제33조). 유언(遺言)으로 법인을 설립할 때, 출연재산은 유언의 효력이 발생한 때로부터 법인에 귀속한 것으로 본다(「민법」 제48조 제2항). 유언의 효력이 발생하는 시기는 유언자가 사망한 때(「민법」 제1073조)이므로, 유언으로 법인을 설립하는 때에는 법인의 설립등기가 완료된 때가 아닌 유언자가 사망한 때에 소급하여 법인에게 귀속된다.

③ 법인재산의 구분(「사회복지사업법」 제23조, 시행규칙 제12조)

법인의 재산은 기본재산과 보통재산으로 구분된다.

가. 기본재산

목적사업 및 수익사업의 수행을 위해 기본적으로 필요한 재산으로, 부동산,

정관에서 기본재산으로 정한 재산, 이사회의 결의에 의하여 기본재산으로 편입된 재산이다. 기본재산은 그 목록과 가액을 정관에 기재해야 하며, 목적사업용 기본재산과 수익용 기본재산으로 나눌 수 있다.

- 목적사업용 기본재산: 법인이 시설 등을 설치하는 데 직접 사용하는 기본재산
- 수익용 기본재산: 법인이 그 수익으로 목적사업의 수행에 필요한 경비를 충당하기 위한 재산

나. 보통재산

기본재산 이외의 재산을 뜻한다. 예를 들어, 자동차, 컴퓨터, 집기, 비품 등 감가상각을 하는 재산은 보통재산에 해당한다.

④ 기본재산의 기준(「사회복지사업법」 시행규칙 제13조)

가. 시설법인

시설종류별 설치기준에 적합한 시설(건축물)과 부지를 갖추거나 갖출 수 있는 목적사업용 기본재산 및 시설운영을 위한 보통재산을 갖추어야 하고 시설설치 부지는 시설설치가 가능한 지역이어야 한다. 목적사업용 기본재산의 규모는 다음과 같다.

- 시설(건축물): 총소요면적 × 정부건축공사비 기준단가
- 부지: 총소요면적 × 시가 등 매매적정가
- 이 외에도 개별공시지가, 감정평가서 등 사용 가능

ㄱ. 생활시설

생활시설은 상시 10인 이상 시설거주자를 보호할 수 있는 목적사업용 기본재산을 갖추되, 개별법령에서 10인 미만의 소규모시설을 따로 정하고 있는 경우에는 당해 법령에 의한 시설의 설치기준에 해당하는 목적사업용 기본재산을 갖추어야 한다.

구분	10인 미만 가능	상시 5인 이상	상시 10인 이상
시설	아동복지시설 노숙인복지시설	노인복지시설	장애인복지시설 정신요양시설

※ 성평등가족부 소관시설은 개별법령 참조

단,「사회복지사업법」제2조 제1호 각목의 법률에 따른 시설 및 법 제34조 제4항의 규정에 의한 시설은 각 개별법령의 시설의 설치기준에 해당하는 목적사업용 기본재산을 갖추어야 하며, 결핵 및 한센병 요양시설은 입소정원에 13.2㎡를 곱한 시설면적 이상에 해당하는 목적사업용 기본재산을 갖추어야 한다(「사회복지사업법 시행규칙」제13조 제1항 제1호 나목).

ㄴ. 이용시설

당해 법인이 설치 · 운영하고자 하는 시설을 갖출 수 있는 목적사업용 기본재산을 갖추어야 한다.

나. 지원법인

지원법인은 출연된 기본재산으로부터 발생하는 수익으로 인건비, 사업비 등 법인운영경비의 전액을 충당할 수 있는 기본재산을 갖추어야 한다.

(2) 정관(定款)의 작성(「사회복지사업법」제17조)

설립자는 법인의 기본규칙을 정하여 이를 서면에 기재하고 기명 · 인감 날인하여야 한다(「민법」제43조).

정관 기재사항(필요적 기재사항)은 다음과 같다.

① 목적

② 명칭

③ 주된 사무소의 소재지

④ 사업의 종류(목적사업을 구체적으로 기재)

⑤ 자산 및 회계에 관한 사항

⑥ 임원의 임면 등에 관한 사항

⑦ 회의에 관한 사항

⑧ 수익을 목적으로 하는 사업이 있는 경우 그에 관한 사항

⑨ 정관의 변경에 관한 사항

⑩ 존립 시기와 해산 사유를 정한 때에는 그 시기와 사유 및 잔여재산의 처리 방법

⑪ 공고 및 그 방법에 관한 사항

* 유언으로 설립 행위를 하는 경우에는 유증(遺贈)에 관한 규정을 준용한다(「민법」 제47조 제2항).

(3) 정관 작성 시 참고사항

정관은 「사회복지사업법」 제17조에 정한 사항을 모두 기재하고 있는 때에만 유효하며, 그 가운데 하나라도 빠지면 정관으로서의 효력이 생기지 않는다. 단, 설립자가 정관에서 가장 중요한 목적과 자산만을 정하고 그 명칭, 사무소 주소지, 이사 임면의 방법과 같은 가벼운 사항을 정하지 않고서 사망한 경우에 이해관계인 또는 검사의 청구에 의하여 법원이 이들 사항을 정할 수 있다(「민법」 제44조).

사회복지법인의 명칭은 그 법인과 거래하는 제삼자에게 혼란을 주지 않고, 향후 등기 시 발생할 수 있는 문제를 막기 위해 다른 법인과 유사하거나 동일한 명칭을 사용하는 것을 지양하여야 한다.

* 동일 명칭 확인 방법 : 대법원 인터넷 등기소 → 등기열람/발급 → 법인 → 상호 찾기

4) 시 · 도지사의 설립 허가(「사회복지사업법」 제16조)

법인을 설립하고자 하는 자는 시 · 도지사의 허가를 받아야 한다.

(1) 시 · 군 · 구 검토의견 작성(「사회복지사업법」 시행령 제8조)

시 · 군 · 구가 법인설립허가신청서 접수 시 아래의 '자산에 관한 실지조사결과서'와 '법인설립의 필요성에 관한 검토의견' 등을 작성한 후 이를 법인설립허가신청서와 함께 시 · 도지사에게 송부하여야 한다.

① 자산에 관한 실지조사결과서

- 출연재산의 소유권 및 사용권이 확실한지 여부를 확인해야 한다.
- 출연하는 부동산의 용도지역 구분, 그린벨트 여부, 기타 건축 관련법, 군사 · 환경 관련법 등의 규제를 받고 있는지 여부를 확인해야 한다.
- 시설법인의 경우 시설설치가 가능한지 여부, 시설이 지역사회와 너무 동떨어진 곳에 있어서 관리가 어려운지 여부 등도 검토해야 한다.
- 출연재산에 제한물권(지상권, 근저당권 등)의 설정, 가압류, 가처분 등이 되어 있어 법인이 채무를 부담하게 되거나 공동 지분 소유 등 재산권 행사가 제한되는 경우에는 타인(채권자)의 의사에 의하여 법인의 목적사업이 중단 또는 변경될 수 있으므로 기본재산으로 인정하지 않는 것을 원칙으로 한다. 다만, 주무관청은 과도한 규제가 되지 않도록 법인의 부채 현황, 채무이행능력 등을 종합적으로 검토하여 출연재산의 제한물권 범위를 합리적으로 판단하여야 한다.
- 후원금, 기부금 등은 설립되는 사회복지법인의 의지와는 직접적인 관련이 없는 불확실한 미래소득이므로 이를 기본재산으로 인정하기 어렵다.

② 법인 설립의 필요성에 관한 검토 의견

사업계획서 및 예산서 등의 적정 여부, 설립자의 자질 및 재정능력 등에 대한 객관적 의견, 법인 목적사업에 대한 실현 가능성 등에 대한 검토의견을 제출해야 한다.

(2) 시 · 도지사의 설립허가

① 허가기준(「공익법인법」 제4조,「공익법인법 시행령」 제5조)

시 · 도지사는 법인설립허가 신청내용이 다음의 기준에 적합한 경우에 한하여 허가한다.

- 목적사업이 구체적이며 실현 가능하다고 인정되는 경우
- 출연재산의 수입으로 목적사업을 원활히 달성할 수 있다고 인정되는 경우
- 목적사업이 적극적으로 사회복지를 유지 · 증진하는 것이라고 인정되는 경우

② 허가조건(「공익법인법」 제4조,「공익법인법 시행령」 제6조)

시 · 도지사는 법인설립허가 시 다음의 조건을 붙일 수 있다.

- 수혜자의 출생지, 출신학교, 직업, 근무처 기타 사회적 지위나 당해 법인과 특수 관계 등에 의해 수혜자의 범위를 제한할 수 없다는 뜻(반드시 붙여야 함). 다만, 시 · 도지사가 수혜자를 범위를 특히 한정할 필요가 있다고 인정되는 때에는 그 한정할 범위에 관하여 미리 법인의 주된 사무소의 소재지를 관할하는 세무서장과 합의하여야 함
- 「사회복지사업법」,「민법」 및 「공익법인의 설립 · 운영에 관한 법률」 등 관련 법령과 정관에서 정한 내용을 준수할 것
- 목적사업의 무상성 기타 목적사업의 운영에 관한 사항

③ 타 시 · 도와 협의(「공익법인법」 제4조,「공익법인법 시행령」 제5조)

- 목적사업이 둘 이상의 시 · 도의 소관에 속하는 경우에는 법인의 주된 사무소가 위치하는 시 · 도에서 설립 허가 여부를 결정하되, 관련 시 · 도 간

협의하여야 한다.

- 목적사업이 둘 이상 시·도의 소관에 속할 경우 정관변경 절차를 거쳐 정관상 분사무소 조항을 두어야 할 것이며, 주무관청은 분사무소를 설치하고자 하는 시·도지사와 반드시 협의하여야 한다.

5) 법인설립등기

시·도지사의 허가를 받은 법인은 주된 사무소 소재지(등기소)에서 설립등기를 함으로써 성립된다(「민법」 제33조).

(1) 설립등기(「민법」 제49조, 「공익법인법 시행령」 9조)

법인설립의 허가가 있는 때에는 3주 내에 주된 사무소의 소재지(등기소)에서 설립등기를 한 후, 7일 이내 시·도지사에게 보고해야 한다. 등기사항은 다음과 같다.

① 목적
② 명칭
③ 사무소
④ 설립 허가의 연월일
⑤ 존립 시기나 해산 사유를 정한 때에는 그 시기 또는 사유
⑥ 자산의 총액
⑦ 출자의 방법을 정한 때에는 그 방법
⑧ 이사의 성명, 주소
⑨ 이사의 대표권을 제한한 때에는 그 제한

제3절 사회복지법인의 기관

사회복지법인은 임원으로서 이사(理事)와 감사(監事)를 두고, 법인의 의사결정기관인 이사회(理事會)를 반드시 두어야 한다.

1) 이사회(理事會)

(1) 이사회의 구성(「사회복지사업법」 제18조, 시행령 제8조의2 및 제9조, 「공익법인법」 제6조)

- 이사회는 이사로 구성되며(감사는 제외) 이사장은 정관이 정하는 바에 따라 이사 중에서 호선한다(「공익법인법」 제6조).
- 이사는 7인 이상 두어야 한다(외국인 이사는 이사 현원의 1/2 미만이어야 함).
- 이사회의 구성에 있어 시행령 제9조에 의한 '특별한 관계에 있는 자'는 이사 현원의 1/5을 초과할 수 없다.
- 이사 정수는 법인의 정관에서 그 인원수를 확정하여 기재한다(외부추천 이사 비율 등의 판단 기준이 됨) 예) 잘못된 예 7~15명, 잘된 예 7명.
- 이사 정수의 1/3(소수점 이하는 버림) 이상을 '시 · 도 사회보장위원회 또는 지역사회보장협의체'(근거법령: 「사회보장급여의 이용 · 제공 및 수급권자 발굴에 관한 법률」)에서 3배수 추천한 사람 중에서 선임한다.
- 설립허가 후 법인등기 이전까지 외부추천이사의 선임을 완료해야 한다.
- 각 지자체의 사회복지법인 관리 담당자는 사회복지법인 이사가 교체될 때 외부추천이사제의 적용 여부를 반드시 확인해야 한다.

특별한 관계에 있는 자의 범위(「사회복지사업법 시행령」 제9조)

1. 출연자
2. 출연자 또는 이사와의 관계가 다음 각목의 어느 하나에 해당하는 사람
   가. 6촌 이내의 혈족
   나. 4촌 이내의 인척
   다. 배우자(사실상 혼인관계에 있는 사람을 포함한다)
   라. 친생자(親生子)로서 다른 사람에게 친양자(親養子)로 입양된 사람 및 그 배우자와 직계비속
3. 출연자 또는 이사의 사용인 그 밖에 고용관계에 있는 자(출연자 또는 이사가 '출자에 의하여 사실상 지배하고 있는 법인"의 사용인 그 밖에 고용관계에 있는 자를 포함)
4. 출연자 또는 이사의 금전 그 밖의 재산에 의하여 생계를 유지하는 자 및 그와 생계를 함께 하는 자
5. 출연자 또는 이사가 재산을 출연한 다른 법인의 이사

▶ 3의 '출자에 의하여 사실상 지배하고 있는 법인'의 의미

가. 법인의 발행주식 총액 또는 출자총액의 100분의 30 이상을 출자자 1인과 그와 상기 '2', '4' 및 사용인 그밖에 고용관계에 있는 자(이하 '지배주주')가 소유하고 있는 경우

나. 법인의 발행주식총액 또는 출자총액의 100분의 50 이상을 '가'의 법인과 그의 지배주주가 소유하고 있는 경우

다. 법인의 발행주식총액 또는 출자총액의 100분의 50 이상을 '가"의 법인과 그의 지배주주 및 '나'의 법인이 소유하고 있는 경우

(2) 외부추천이사의 구성

① 추천기관의 후보군 구성(「사회복지사업법」 제18조 제8항, 2018. 4. 25. 시행)

추천기관인 시 · 도사회보장위원회 또는 지역사회보장협의체는 이사를 추천하기 위하여 매년 다음 중 어느 하나에 해당하는 사람으로 이사 후보군을 구성하여 공고하여야 한다.

- 사회복지 또는 보건의료에 관한 학식과 경험이 풍부한 사람

- 사회복지를 필요로 하는 사람의 이익 등을 대표하는 사람
- 「비영리민간단체 지원법」 제2조에 따른 비영리민간단체에서 추천한 사람
- 「사회복지공동모금회법」 제14조에 따른 사회복지공동모금지회에서 추천한 사람

단, 사회복지법인의 대표자, 사회복지사업을 하는 비영리법인 또는 단체의 대표자, 「사회보장급여의 이용 · 제공 및 수급권자 발굴에 관한 법률」 제41조에 따른 지역사회보장협의체의 대표자는 후보군에서 제외한다(최종 추천자에도 포함될 수 없음)(근거 : 「사회복지사업법」 제18조 제8항).

② 추천기관의 후보자 공고(「사회복지사업법」 제18조 제8항)

사회복지법인을 관리 · 감독하는 시 · 도 및 시 · 군 · 구에서는 사회복지법인 법령을 벗어나지 않는 범위 내에서 외부추천이사 후보군 공고방법에 대한 자체적인 세부 지침을 정해야 한다.

추천기관의 업무처리지침 마련 시 고려사항

- 사회복지법인을 관리 · 감독하는 시 · 도 및 시 · 군 · 구에서는 사회복지법인 외부추천이사제가 원활하게 운영될 수 있도록 법령을 벗어나지 않는 범위 내에서 자체적인 세부 지침(후보군 구성 및 공고방법, 법인의 추천 요청기준, 요청 방법, 추천기관의 추천업무 처리 지침, 추천 방법 등)을 정할 것
- 세부 지침을 정할 경우 관할 법인 및 시 · 도사회보장위원회 또는 지역사회보장협의체 등과 협의하되, 추천 기관의 업무처리지침은 다음 사항 등을 참고
- 후보군 구성 및 공고 : 추천기관은 공개모집이나 타 기관 추천 등을 통해 후보군을 작성 · 관리 · 업데이트하고, 특히 후보군은 분야별(예: 아동복지 분야, 노인복지 분야, 장애인복지 분야, 시설운영 분야, 지원사업 분야, 기타 분야 등)로 구분하여 매년 공고

  ※ 외부추천이사는 관할 시 · 도 뿐만 아니라 다른 시 · 도 거주자도 가능하며, 타 법인의 일반이사 또는 외부추천이사도 추천될 수 있음(특수관계자 제외)

- 이사 추천 수요 예비조사: 추천기관은 반기별 또는 분기별로 해당 지역에 있는 법인을 대상으로 추천 수요를 사전에 조사(법인명, 법인 사업의 종류 · 내용, 추천필요 인원, 추천요청 예상 시기 등)
- 정식 추천:수요조사 이후 법인이 공식적으로 추천 요청을 해올 경우, 후보군에서 적절한 사람을 선정하여 추천 · 통보
  ※ 지역사회보장협의체의 경우 대표협의체를 통한 이사추천후보자 명단이 확정되었을 경우, 업무의 효율성을 고려하여 실무협의체가 중심이 되어 추천 가능(법인 이사 추천위원회 등)
- 수요조사 이외에 추천 요청하는 경우(예측치 못한 선임사유 발생의 경우 또는 수요조사에 비해 추천 인원이 증가하는 경우 등): 추천 요청을 받은 후 가장 가까운 정기회의를 통해 추천자 결정 · 통보. 또는 정기회의가 요청 후 30일 이내에 없는 경우에는 서면 회의를 통해 추천을 진행하는 방안 검토
  ※ 실질적인 추천방법 및 절차는 위의 내용을 참고하여 지자체 여건에 맞게 업무처리 지침으로 정함

③ 법인의 추천 요청

법인은 추천 이사 선임 사유가 발생한 날부터 15일 이내에 법인의 주사무소가 소재하는 지역의 시 · 도사회보장위원회 또는 지역사회보장협의체 중 한 기관에 이사 추천을 요청하는 것이 원칙으로 한다. 선임 사유란 전임 이사의 임기만료, 전임 이사의 사임, 전임 이사의 해임, 이사 증원에 따른 신규 선임 등 법인이 외부추천이사를 선임해야 하는 모든 경우를 의미한다.

법인이 이사 추천을 요청할 때는 서면(공문)으로 하되 공문에는 법인명, 주요 사업, 선임 대상 이사 수 등을 반드시 명기하고 법인의 설립 취지, 목적 사업의 내용, 이사가 갖추어야 할 사항 등 추천에 참고할 수 있는 자료를 첨부하도록 한다(시행령 제8조의2 제1항). 이사가 갖추어야 할 사항으로는 사회복지사업 관련 경력자, 아동복지 분야 전문가, 노인복지 분야 전문가 등 법인 측에서 이사의 자질로 요구하는 사항을 상세히 설명하도록 한다.

④ 추천 이사의 선임

법인은 그 배수로 추천받은 자 중에서 법인의 이사로 선임한다. 다만, 추천받은 이사가 「사회복지사업법」 제19조의 결격사유에 해당하거나, 취임 승낙을 하지 않는 경우 등 선임이 불가능한 경우에 한하여 추천 재요청을 허용하되, 이 경우에는 추천기관과 협의하여야 한다. 관련 분야의 전문가가 아니라는 사유 등 법인이 원하지 않은 후보라는 사유로 재추천을 요청할 수 없고, 추천기관도 이를 허용해서는 안 된다. 특히 노골적으로 후보자의 취임 미승낙을 유도하기 위해 과도한 선임절차 등을 두는 경우, 이는 사실상의 선임거부행위로 「사회복지사업법」 제18조 제2항 위반으로 간주된다. 추천 이사 선임 절차는 다른 이사 선임 절차와 동일하다(취임승낙서, 이력서, 특수관계 부존재 각서 등을 받고 이사회 의결을 통해 선임).

「사회복지사업법」 제20조에 따라 결원 이사는 2개월 이내에 보충하여야 하므로, 기간 내 추천이사를 선임할 수 있도록 조치해야 하며, 추천 이사를 선임한 후에는 시·도지사에 법인 임원 임면보고를 해야 하고, 보고 시에는 다음의 서류를 반드시 첨부해야 한다(규칙 제10조).

① 선임을 결의한 이사회 회의록 사본
② 임원의 취임승낙서
③ 이력서
④ 추천기관으로부터 받은 추천서
⑤ 특수관계 부존재 각서
⑥ 결격사유 부존재 각서(2019. 6. 12. 시행)

⑤ 추천 이사의 임기만료

임기가 만료된 외부추천이사가 해당 법인의 선임이사로 추천 절차 없이 연임하는 경우에는 더 이상 외부추천이사가 아니므로 새로운 외부추천이사를 선임하여야 한다. 임기가 만료된 외부추천이사가 외부추천이사로 연임하기 위해서는 반드시 최초 선임 시와 동일한 추천 절차를 거쳐야 한다. 추천 절차 없이 외부추천이사를 연임시키는 경우, 「사회복지사업법」 제18조 제2항에 위반된다.

(3) 이사회의 기능(「공익법인법」 제7조)

- 법인의 예산, 결산, 차입금 및 재산의 취득 · 처분과 관리에 관한 사항
- 정관의 변경에 관한 사항
- 법인의 합병 · 해산에 관한 사항
- 임원의 임면에 관한 사항
- 수익사업에 관한 사항
- 기타 법령이나 정관에 의하여 그 권한에 속하는 사항

(4) 이사회의 소집(「공익법인법」 제8조)

① 이사회의 소집권자

이사회는 이사장이 소집하고 그 의장이 되는 것이 원칙이며, 예외적으로 이사장이 궐위되거나 이를 기피함으로써 7일 이상 이사회의 소집이 불가능한 때에는 재적이사 과반수의 찬동으로 시 · 도지사의 승인을 받아 이를 소집할 수 있다. 궐위 또는 기피 시에는 정관이 정하는 이사가 이사회를 주재한다.

② 이사회 소집이 가능한 경우

① 이사장이 필요하다고 인정한 때(직권소집)

② 재적이사 과반수 이상이 회의의 목적을 제시하여 소집을 요구할 때

③ 법인의 감사가 법인의 업무와 재산 상황을 감사한 결과, 불법 또는 부당한 점이 있음을 발견하여 이를 이사회에 보고하기 위해 이사회의 소집을 요구할 때

→ ②, ③의 경우 소집요구일로부터 20일 이내에 이사회를 소집하여야 한다.

③ 궐위, 사임, 해임 등으로 인해 이사의 정원이 7명 미만일 경우

「사회복지사업법」 제18조 제1항을 위반하는 이사회가 되므로 이사회 개최나 의결의 효력이 없으므로, 임시이사를 통해 정관에 따른 정수를 충족시킨 후 개최하여야 한다.

(5) 의결정족수(「공익법인법」 제9조)

이사회의 의사는 정관에 특별한 규정이 없는 한 재적이사 과반수의 찬성으로 의결한다. 표결 및 발언권 등에 있어 각 이사는 평등한 의결권을 가지며, 이사회의 의사는 서면결의에 의할 수 없다. 이사회의 의결은 대한민국 국민인 이사가 출석이사의 과반수가 되어야 하며, 이사의 의결권은 대리하여 행사할 수 없다.

사회복지법인 온라인 이사회 운영 관련

- 「공익법인법」 제9조 제3항에 따라 법령상 서면결의를 금지하는 목적은 이사들의 충분한 토론과 의견 교환을 보장하려는 것으로서,
  - 한 장소에 모이는 행위가 아니더라도 ① 이사회 출석을 요하는 자가 **동시 참여**, ② **참여자가 누구인지 확인 가능**, ③ 참여자 **상호 간 의견 교환이 가능**할 것의 요건을 **모두 충족하는 경우**,
  - **개인식별 가능한 원격통신 수단**(영상회의 등)을 통해 **온라인 이사회가 상시적으로 허용**(법무부 유권해석, 2020년 12월)
    * **(변경 전)** 대면으로 이사회 개최 → **(변경 후)** 출석 및 결의가 이사의 동일성을 확인할 수 있는 경우 비대면으로 이사회 진행 가능
    ※ 이 경우, 법인은 주무관청의 지도·감독 및 분쟁 소지 해소를 위해 영상회의를 녹화하여 보관할 것
    ※ 의사록 공증: 온라인 개최 시, 공증인은 실제 비대면 회의를 진행하는 장소에 직접 참석하여 회의 진행 및 결의 성립 등을 검사(공증인은 온라인 이사회회의록 참석 인증 시 관계 법령 엄격 준수 필요)

(6) 이사회 회의록의 작성 및 공개(「사회복지사업법」 제25조, 시행령 제10조의4, 제10조의5)

이사회는 개의, 회의 중지 및 산회 일시, 안건, 의사, 출석한 임원의 성명, 표결수, 그 밖에 대표이사가 작성할 필요가 있다고 인정하는 사항을 회의록에 기재한다. 회의록 작성이 어려운 경우, 우선 안건별로 회의조서를 작성하고 조속한 시일 내에 회의록을 작성할 수 있다. 출석임원 전원이 회의록 및 회의조서 마지막 장에 날인하며, 회의록 및 회의조서가 2매 이상인 경우에는 출석임원 전원이 간인(間印)한다. 마지막 장의 날인 방법은 ① 인감, ② 기명란에 자필 서명 후 일반 날인, ③ 기명란에 기명 후 날인 부분에 자필 서명 중 하나를 선택하여 날인한다. 다만, 법인의 감사 전원은 이사회 참석 여부와 무관하게 이사회 회의록에 기명 날인하여야 한다.

① 회의록의 공개

- 공개 기간: 회의일부터 10일 이내에 게시하여 게시일로부터 3개월간 공개
- 공개 장소: 사회복지법인의 인터넷 홈페이지(전부 공개되는 카페나 블로그도 가능)와 관할 시 · 도지사가 지정하는 인터넷 홈페이지(예: 시 · 도 홈페이지 또는 관련 협의회, 단체 홈페이지 등)에 각각 공개

공개기간 이후에도 회의록 공개를 청구할 수 있는 자는 아래와 같다.

- 해당 사회복지법인의 종사자
- 해당 사회복지법인이 설치 · 운영하는 시설의 종사자
- 해당 사회복지법인의 서비스 이용자 또는 법인이 설치 · 운영하는 시설의 이용자
- 해당 사회복지법인이 설치 · 운영하는 시설의 거주자 또는 거주자의 보호자

단, 보조금을 받는 사회복지법인은 「공공기관의 정보공개에 관한 법률」상 공공기관에 해당하므로, 위 규정과 관계없이 누구든 정보(회의록) 공개를 청구할 수 있다(「공공기관의 정보공개에 관한 법률」 제2조, 제5조, 같은 법 시행령 제

2조 제5호). 공개청구를 받은 경우, 비공개 사항에 해당하지 않으면 10일 이내에 공개하여야 한다.

② 회의록의 비공개사항(「공공기관의 정보공개에 관한 법률」 제9조 제1항 제4호부터 제8호 준용)

① 진행 중인 재판에 관련된 정보와 범죄의 예방, 수사, 공소의 제기 및 유지, 형의 집행, 교정, 보안 처분에 관한 사항으로서 공개될 경우, 그 직무수행을 현저히 곤란하게 하거나 형사피고인의 공정한 재판을 받을 권리를 침해한다고 인정할 만한 상당한 이유가 있는 정보

② 감사 · 감독 · 검사 · 시험 · 규제 · 입찰계약 · 기술개발 · 인사 관리 · 의사결정과정 또는 내부 검토과정에 있는 사항 등으로서 공개될 경우, 업무의 공정한 수행이나 연구 · 개발에 현저한 지장을 초래한다고 인정할 만한 상당한 이유가 있는 정보

③ 당해 정보에 포함되어 있는 이름 · 주민등록번호 등 개인에 관한 사항으로서 공개될 경우, 개인의 사생활의 비밀 또는 자유를 침해할 우려가 있다고 인정되는 정보. 다만, 다음에 열거한 개인에 관한 정보는 제외

가. 법령이 정하는 바에 따라 열람할 수 있는 정보

나. 사회복지법인이 공표를 목적으로 작성하거나 취득한 정보로서 개인의 사생활의 비밀과 자유를 부당하게 침해하지 않는 정보

다. 사회복지법인이 작성하거나 취득한 정보로서 공개하는 것이 공익 또는 개인의 권리구제를 위하여 필요하다고 인정되는 정보

라. 직무를 수행한 사회복지법인 임직원의 성명 · 직위

마. 공개하는 것이 공익을 위하여 필요한 경우로서 법령에 의하여 국가 또는 지방자치단체가 업무의 일부를 위탁 또는 위촉한 개인의 성명 · 직업

④ 법인 · 단체 또는 개인(이하 '법인등'이라 한다)의 경영 · 영업상 비밀에 관한 사항으로서 공개될 경우, 법인등의 정당한 이익을 현저히 해할 우려가 있다고 인정되는 정보. 다만, 다음에 열거한 정보를 제외

가. 사업활동에 의하여 발생하는 위해로부터 사람의 생명 · 신체 또는 건강을 보호하기 위하여 공개할 필요가 있는 정보

나. 위법 · 부당한 사업활동으로부터 국민의 재산 또는 생활을 보호하기 위해 공개할 필요가 있는 정보

⑤ 공개될 경우 부동산 투기 · 매점매석 등으로 특정인에게 이익 또는 불이익을 줄 우려가 있다고 인정되는 정보

2) 이사(理事)

(1) 이사의 의의

이사는 법인을 대표하고 법인의 업무를 집행하는 필수기관이다(「민법」 제58 · 59조). 이사의 정수는 대표이사를 포함한 7인 이상이고, 임기는 3년으로 연임할 수 있다(「사회복지사업법」 제18조). 이사의 수는 정관으로 정하며, 상한은 없으나 의사결정의 효율성 등을 감안하여 15인 이하(「공익법인법」 제5조 참조)로 규정하도록 지도하고 있다.

(2) 이사의 직무

이사는 선량한 관리자의 주의로 충실하게 그 직무를 행해야 하며, 이사가 그 임무를 게을리 한 때에는 법인에 대하여 연대하여 손해배상의 책임이 있다(「민법」 제61 · 65조).

① 법인의 대표(대외적 권한)

이사는 법인의 사무에 관하여 각자 법인을 대표하므로(「민법」 제59조) 이사의 행위는 대외적으로 법인의 행위로서 인정된다(대표하는 사무에는 제한이 없음). 이사의 대표권에 대한 제한은 가능하나(「민법」 제59조) 제한은 반드시 정관에 기재하여야 하며, 정관에 기재하지 않은 대표권의 제한은 무효이다(「민법」 제41조). 법인과 이사의 이익이 상반하는 사항에 관하여는 이사는 대표권이

없으며, 이 경우 이해관계인 또는 검사의 청구에 의하여 법원이 선임하는 특별 대리인이 법인을 대표한다(「민법」 제64조).

② 법인의 업무집행(대내적 권한)

이사는 법인의 모든 내부적 사무를 집행할 권한이 있으며, 정관에 다른 규정이 없으면 법인의 사무집행은 이사의 과반수로써 결정한다(「민법」 제58조).

3) 감사(監事)

(1) 감사의 의의 및 자격

감사는 법인의 재산이나 업무집행 상태의 적정 여부를 조사·감독하는 필수 기관이다. 감사의 정수는 2인 이상이어야 하며, 그 임기는 2년으로 연임할 수 있다(「사회복지사업법」 제18조). 감사는 이사와 시행령 제9조의 '특별한 관계에 있는 자'가 아니어야 하며, 감사 중 1명은 법률 또는 회계에 관한 지식이 있는 사람 중에서 선임하여야 한다.

(2) 감사의 직무(「공익법인법」 제10조)

① 대내적 직무

① 법인의 업무와 재산 상황을 감사하는 일 및 이사에 대하여 이에 필요한 자료의 제출 또는 의견을 요구하고 이사회에서 발언하는 일

② 이사회의 회의록에 기명 날인하는 일

※ 법인의 감사 전원은 이사회 참석 여부와 무관하게 이사회 회의록에 기명 날인하여야 함

③ 법인의 업무와 재산 상황에 대하여 이사에게 의견을 진술하는 일

④ 법인의 업무와 재산 상황을 감사한 결과, 불법 또는 부당한 점이 있음을 발견한 때 이를 이사회에 보고하는 일

⑤ ④의 보고를 하기 위하여 필요한 때에는 이사회의 소집을 요구하는 일

※ ①, ④의 직무수행을 위해 이사회 소집 시 반드시 감사에게도 사전에 이사회 소집 목적, 날짜, 시간, 장소를 통보해야 함

② 대외적 직무

① 법인의 직무와 재산 상황을 감사한 결과, 불법 또는 부당한 점이 있음을 발견한 때에는 지체 없이 시·도지사에 이를 보고하여야 함

② 이사가 법인의 목적범위외의 행위를 하거나 그 밖에 이 법 또는 이 법에 의한 명령이나 정관에 위반하는 행위를 하여 법인에게 현저한 손해를 발생하게 할 우려가 있는 때에는 그 이사에 대하여 직무행위를 유지(留止)할 것을 법원에 청구할 수 있음

4) 임원의 임면(任免)

이사의 임면 방법은 정관의 필요적 기재사항이며, 따라서 정관에 의하여 정해진다.

(1) 임원의 임면보고(「사회복지사업법」 제18조, 시행규칙 제10조)

「공익법인법」 제5조는 임원 취임 시 주무관청의 승인을 받도록 되어 있으나 「사회복지사업법」에서는 이를 보고로 갈음하고 있다. 법인은 임원을 임면하는 경우 법인임원임면보고서(서식 14)에 아래의 서류를 첨부하여 관할 시·도지사에게 제출하여야 한다.

① 당해 임원의 선임(연임) 또는 해임을 결의한 이사회 회의록 사본 1부

② 취임승낙서(인감증명서 첨부), 이력서 각 1부

③ 기관으로부터 받은 이사추천서 1부(외부추천이사에 한함)

④ 특수관계 부존재 각서 1부

⑤ 결격사유 부존재 각서 1부

이사의 성명 · 주소는 등기사항이며(「민법」 제49조), 이를 등기하지 않으면 이사의 선임 · 해임 · 퇴임을 가지고 제삼자에게 대항할 수 없다(「민법 제54조).

(2) 임원의 보충 및 임시이사 선임 · 해임(「사회복지사업법」 제20조, 제22조의3, 제22조의4, 시행규칙 제11조)

임원 중 결원이 생긴 때에는 2월 이내에 이를 보충하여야 하고(「사회복지사업법」 제20조), 다음의 경우에 해당하여 법인의 정상적인 운영이 어렵다고 판단되는 경우, 시 · 도지사는 지체 없이 이해관계인의 청구 또는 직권으로 임시이사를 선임하여야 한다(법 제22조의3 제1항 제1호 및 제2호, 2019. 7. 16. 시행).

① 제20조에 따른 기간 내(임원 중에 결원이 발생한 후 2개월 이내)에 결원된 이사를 보충하지 아니하거나 보충할 수 없는 것이 명백한 경우(제1호)

② 제22조 제3항에 따른 기간 내(법인이 시 · 도지사로부터 임원 해임명령을 받고 2개월 이내)에 임원의 해임에 관한 사항을 의결하기 위한 이사회를 소집하지 아니하거나 소집할 수 없는 것이 명백한 경우(제2호)

(3) 임원의 겸직 금지(「사회복지사업법」 제21조)

이사는 법인이 설치한 사회복지시설의 장을 제외한 해당 시설의 직원을 겸할 수 없다.

감사는 법인의 이사, 법인이 설치한 사회복지시설의 장 또는 그 직원을 겸할 수 없다.

지방의회 의원 겸직 금지

지자체의 보조금을 교부받는 사회복지법인은 공공단체이므로 「지방자치법」 제43조 제5항에 따라 지방의회의원은 사회복지법인의 관리인인 임원이 될 수 없음(행정안전부 선거의회과-2163(2018. 7. 4.)

(4) 임원의 해임명령(「사회복지사업법」 제22조, 시행령 제10조의3)

시·도지사는 아래의 경우 법인에 대하여 그 임원의 해임을 명할 수 있다.

① 시·도지사의 명령을 정당한 이유 없이 이행하지 아니한 때
② 회계부정이나 현저한 불법행위 기타 부당행위 등이 발견되었을 때
③ 법인의 업무에 관해 시·도지사에게 보고할 사항에 대해 고의로 보고를 지연하거나 허위보고를 한때
④ 외부추천이사 선임과 관련된 사항을 위반하거나, 특별한 관계에 있는 사람을 규정을 초과하여 선임하거나, 감사의 선임과 관련된 사항을 위반하여 선임된 사람
⑤ 임원의 겸직근무 의무를 위반한 사람
⑥ 직무집행 정지명령을 이행하지 아니한 사람
⑦ 기타 「사회복지사업법」 또는 「사회복지사업법」에 의한 명령을 위반하였을 때

해임명령은 시·도지사가 해당 법인에게 그 사유를 들어 시정을 요구한 날부터 15일이 경과하여도 이에 응하지 아니한 경우에 한한다. 다만, 다음의 어느 하나에 해당하는 경우는 시정요구 없이 임원의 해임을 명할 수 있다.

① 시정을 요구하여도 기한 내에 시정할 수 없는 것이 물리적으로 명백한 경우
② 임원이 해당 사회복지법인 또는 사회복지법인이 운영하는 사회복지시설의 재산·보조금에 대하여 회계부정, 횡령 또는 절취를 하거나 그 업무와 관련하여 뇌물수수 또는 배임(背任)행위를 한 경우

해임명령을 받은 법인은 2개월 이내에 임원의 해임에 관한 사항을 의결하기 위한 이사회를 소집하여야 한다(법 제22조 제3항, 2019. 7. 16. 시행). 임원의 해임은 「사회복지사업법」 제32조에 따라 준용되는 「공익법인법」 제7조 제1항 제

4호에 따라 해당 사회복지법인의 이사회 권한에 속하는 사안이다. 따라서 임원에 대한 해임명령을 해당 명령을 이행할 수 있는 사회복지법인을 대상으로 통보하여야 하며, 해임명령 대상인 임원에 대해서는 해당 사회복지법인에 대해 본인을 해임토록 명령을 하였다는 사실을 통보하는 것은 가능하다.

(5) 임원의 직무집행 정지(「사회복지사업법」 제22조의2)

시 · 도지사는 법 제22조에 따른 해임명령을 하기 위하여 같은 조 제1항 각 호의 사실 여부에 대한 조사나 감사가 진행 중인 경우 및 해임명령 기간 중인 경우, 해당 임원의 직무집행을 정지시킬 수 있다. 다만, 법 제18조 제2항 · 제3항 또는 제7항을 위반하여 선임된 사람에 해당하여 해임명령을 받은 경우에는 해당 임원의 직무집행을 정지시켜야 한다(법 제22조의2 제1항 단서, 2019. 7. 16. 시행).

시 · 도지사가 직권으로 임원의 직무집행을 정지시키는 것이므로, 해당 임원에 대해서 직무집행을 정지하라는 명령을 내려야 한다. 직무집행이 정지된 임원은 관련 사무 처리가 불가능하고, 이사회 참석 등도 불가능하므로, 해당 사회복지법인에 대해서 특정 임원의 직무집행이 정지되었다는 사실을 반드시 통보하여야 한다.

제3장

사회복지법인의 관리

제1절 법인의 등기 관리

1) 설립등기

이 책의 제2장 '사회복지법인 설립의 실제'의 내용을 참조한다.

2) 사무소 관련 등기

(1) 분사무소 설치의 등기(「민법」 제50조)

새로운 분사무소 설치 시 주사무소 소재지에서 3주 내에 분사무소 소재지와 설치 연월일을 등기하여야 한다(주의: 분사무소는 사업수행의 장소일 뿐 별도의 법인격이 있는 것은 아님에 유의, 분사무소에서 처리하는 사무도 해당 사회복지법인의 명의로 진행해야 한다).

(2) 사무소 이전의 등기(「민법」 제51조)

주사무소 이전 시 예전 소재지 또는 새로운 소재지에서 3주 내에 새로운 소재지와 이전 연월일을 등기하여야 한다. 분사무소 이전 시에는 주사무소 소재지에서 3주 내에 새로운 분사무소 소재지와 이전 연월일을 등기하여야 한다.

3) 변경등기(「민법」 제52조)

설립등기의 등기사항에 변경이 있는 때에는 3주내에 소재지 등기소에 변경등기를 해야 한다.

4) 직무집행정지 등 가처분의 등기(「민법」 제52조의 2)

이사의 직무집행을 정지하거나 직무대행자를 선임하는 가처분을 하거나 그 가처분을 변경·취소하는 경우에는 주사무소가 있는 곳의 등기소에서 이를 등기하여야 한다.

5) 해산등기(「민법」 제85조)

청산인은 법인이 파산으로 해산한 경우가 아니면 취임 후 3주 내에 ① 해산의 사유, ② 해산 연월일, ③ 청산인의 성명 및 주소, ④ 청산인의 대표권을 제한한 경우에는 그 제한을 주사무소 소재지에서 등기하여야 한다.

6) 등기의 효력

설립등기는 법인의 성립요건이며(「민법」 제33조), 설립등기 이외의 등기사항은 제삼자에 대한 대항요건이다(「민법」 제54조).

7) 등기기간의 계산

시·도지사의 허가를 요하는 등기사항은 그 허가서가 도착한 날로부터 등기의 기간을 기산한다(「민법」 제53조).

8) 설립등기 등의 보고

법인은 설립등기, 분사무소 설치의 등기, 사무소 이전의 등기, 변경등기 등을 한 때에는 등기를 완료한 날로부터 7일 이내에 등기보고서에 등기부등본 1부를 첨부하여 시도지사에 제출하여야 한다.

「전자정부법」 제38조 제1항의 규정에 의한 행정정보공동이용을 통하여 첨부서류에 대한 정보를 확인할 수 있는 경우에는 그 확인으로 첨부서류를 갈음한다.

제2절 정관변경의 인가

1) 정관변경 인가신청(「사회복지사업법」 제17조, 시행규칙 제8조)

법인이 정관을 변경하고자 하는 때에는 정관변경인가신청서(서식 15)에 아래의 서류를 첨부하여 시 · 도지사(시 · 군 · 구)에 제출한 후 정관변경에 대한 인가를 받아야 한다.

- 정관의 변경을 결의한 이사회 회의록 사본 1부
- 정관변경안 1부
- 사업변경계획서, 예산서 및 재산의 소유를 증명할 수 있는 서류(사업의 변동이 있는 경우에 한함) 각 1부
- 재산의 평가조서 및 재산수익조서(사업의 변동이 있는 경우에 한함) 각 1부

2) 정관변경 인가 시 검토사항

(1) 정관변경의 적법성과 타당성

정관변경 절차가 관계법령, 정관 등에 적합한지 여부 등을 검토하고 이사회 회의록에 정관변경의 구체적 내용이 논의되었는지 여부와 참석자 전원 및 감사의 날인 여부를 확인한다. 날인은 반드시 인감일 필요는 없으며, 기명란에 자필 서명 후 일반 날인 또는 기명란에 기명 후 날인 부분에 자필 서명도 가능하다.

사업변경 시, 변경된 사업이 설립자의 법인설립의도, 정관상 법인목적, 비영리 사회복지사업의 특성 등과 부합되는지 여부도 엄격하게 심사해야 한다.

(2) 정관변경에 따른 재원 확보

정관변경으로 사업의 변경이 있을 때에는 확실한 재원조달방법이 있는지를 확인한다(先 재원확보, 後 정관변경 인가).

제3절 기본재산 처분허가 등

1) 기본재산 처분허가(「사회복지사업법」 제23조, 시행규칙 제14조)

(1) 기본재산 처분허가 신청

기본재산의 매도, 증여, 교환, 임대, 담보제공 또는 용도변경하고자 할 때에는 반드시 시 · 도지사의 처분허가를 받아야 한다. 처분허가 신청 시 기본재산처분허가신청서(서식 16)에 아래의 서류를 첨부하여 시 · 도지사에게 제출하여야 하며, 이 경우 시 · 도지사는 「전자정부법」 제36조 제1항에 따른 행정정보의 공동이용을 통하여 개별공시지가 확인서를 확인하여야 한다.

- 기본재산 처분이유서 1부
- 기본재산의 처분을 결의한 이사회회의록 사본 1부(집합건물의 개별 호실 임대의 경우 전체 건물의 임대에 관해 결의한 이사회 회의록으로 갈음)
- 처분하는 기본재산의 명세서 1부
- 처분하는 기본재산의 감정평가서(교환의 경우에는 취득하는 재산의 감정평가서를 포함하며, 개별공시지가서 확인서로 첨부서류에 대한 정보를 확인할 수 있는 경우에는 그 확인으로 첨부서류를 갈음)

시 · 도지사의 기본재산 처분허가를 받은 이후 기본재산을 처분하고, 처분이 완료되면 즉시 정관을 변경하고 인가를 받아야 한다.

(2) 기본재산 처분허가 시 검토사항

① 처분의 적정성 검토

사회복지법인에 출연된 재산, 즉 기본재산은 바로 법인의 실체인 동시에 법인의 목적을 수행하기 위한 가장 기본적인 수단이므로 이를 처분한다는 것은 법인의 실체가 없어진다는 것을 의미하며, 나아가서는 법인이 그 목적을 수행할 수 없게 된다는 것을 의미한다. 기본재산 처분신청 시 해당 기본재산의 성격, 총 기본재산에서 차지하는 비중, 처분 시 목적사업 수행가능성, 처분의 의도, 처분 후 사용용도 등에 대해 종합적이고 엄격한 심사를 수행한 후 신중하게 허가 여부를 결정해야 한다.

② 처분재산의 구체적 내용 확인

처분재산 목록은 2월 이내 발행된 등기부등본 등 관련 증빙서로 확인하고 처분재산의 현재 소유권 등을 확인한다. 등기부등본의 경우, 표제부(재산의 표시), 갑구(소유권, 가압류, 가처분 등 사항), 을구(저당권, 지상권, 전세권 등의 제한물건 설정사항)의 내용을 정밀 확인한다. 처분허가 전에 기본재산을 기처분했는지 여부도 검토해야 하며,「지방자치단체를 당사자로 하는 계약에 관한 법률」에 따른 절차를 준수토록 지도한다(재무회계규칙 제30조의2).

③ 이사회 결의의 적법성 검토 등

이사회 소집의 적법성 확인(통보 여부 등)과 이사회 회의록에 처분의 구체적 내용이 포함되고 참석이사 전원 및 감사의 날인 등 결의의 성립 등에 흠이 없는지 등을 확인한다. 날인은 반드시 인감일 필요는 없으며, 기명란에 자필 서명 후 일반 날인 또는 기명란에 기명 후 날인 부분에 자필 서명도 가능하다.

(3) 처분허가 시 허가조건 부가

처분허가 시 기본재산 목록 변경에 따른 정관 변경 절차를 즉시 이행하도록 허가조건을 부가해야 하며, 기부받은 기본재산(부동산) 처분허가 시 처분의 사용 용도에 맞게 사용되었는지를 확인할 수 있도록 처분 완료보고 등 허가조건을 부가해야 한다.

(4) 기본재산 처분허가의 예외

기본재산에 관한 임대계약을 기존 계약조건과 동일한 조건으로 갱신하는 경우는 기본재산 처분허가 사유에 해당하지 않는다(「사회복지사업법」 제23조 단서 및 시행규칙 제14조). 여기서 '기존 계약조건과 동일한 조건으로 갱신하는 경우'란 다른 조건의 변동 없이 단순히 임대계약의 기간을 갱신하는 경우를 말한다. 한시적으로 2025년 1월 1일부터 2026년 12월 31일까지의 기간 동안, 기본재산에 관한 임대계약을 기존 계약조건보다 차임 또는 보증금을 증액하여 갱신하는 경우는 기본재산 처분허가 사유에 해당되지 않는다(「사회복지사업법」 제23조 단서 및 시행규칙 제14조).

2) 장기차입허가(「사회복지사업법」 제23조, 시행규칙 제15조)

(1) 장기차입허가 신청

사회복지법인이 기본재산을 담보로 장기차입하고자 하는 금액을 포함한 장기차입금의 총액이 기본재산 총액에서 차입당시의 부채총액을 공제한 금액의 100분의 5에 상당하는 금액 이상을 장기차입하고자 할 때에는 시·도지사의 허가를 받아야 한다. 장기차입금이란 1년 이상 차입하는 부채를 의미하며, 1년 이내 단기차입금의 만기를 연장하여 1년 이상 차입하는 경우에도 연장 시점부터 장기차입금으로 간주하여 허가를 받아야 한다.

예 기본재산 10억 원, 부채총액 1억 원인 A 법인이 시·도지사 허가 없이 차입할 수 있는 장기차입금의 한도는 4,500만 원 미만임
상기 A 법인이 4,400만 원을 장기차입한 후(시·도지사 허가를 받지 않아도 됨) 다시 110만 원을 장기차입하려 할 경우에는 장기차입금 총액이 4,500만 원 이상이므로 반드시 시·도지사 허가를 받아야 함

상기의 금액 이상을 장기차입하고자 할 때에는 장기차입허가신청서(서식 17)에 아래의 서류를 첨부하여 시·도지사에 제출하여야 한다.

- 이사회회의록 사본 1부
- 차입목적 또는 사유서(차입용도 포함) 1부
- 상환계획서 1부

(2) 장기차입 허가 시 참고사항

차입허가 시 차입의 의도, 차입 후 법인의 정상 운영 여부, 차입금의 사용처 등을 면밀히 검토하고, 특히 차입금의 상환이 가능한지 여부를 엄격하게 심사한다. 장기차입허가 시 차입에 대한 근거(담보제공)에 대해서는 별도로 기본재

산처분허가를 병행하며, 장기차입 허가에 대한 심사 시 종전의 차입금액 규모를 명확히 파악해야 한다.

3) 재산의 취득과 정관변경(법 제24조, 규칙 제16조)

(1) 재산의 취득

법인이 매수, 기부채납, 후원 등의 방법으로 재산을 취득한 때에는 지체 없이 이를 법인의 재산에 편입조치하고, 매년 3월 말까지 전년도의 재산취득상황을 아래의 서류와 함께 시도지사에게 보고해야 한다[종전 보고시한은 1월 말이었으나 시행규칙 개정('19. 1. 4. 시행)으로 '19년도부터는 3월 말로 변경].

- 재산 취득사유서 1부
- 취득한 재산의 종류, 수량 및 금액을 기재한 서류 1부
- 취득한 재산의 등기부등본 또는 금융기관의 증명서 등 증빙서류 1부

(2) 정관의 변경

상기의 사유 등으로 법인의 재산이 증가하는 경우에도 재산이 감소했을 경우와 마찬가지로 지체 없이 정관을 변경하여 시·도지사의 인가를 받아야 한다.

4) 수익사업(법 제28조)

법인은 목적사업의 경비에 충당하기 위하여 수익사업을 할 수 있다. 수익사업은 법인의 설립목적 수행에 지장이 없어야 하고, 수익사업의 범위 및 종류는 비영리법인의 본질을 위배할 수 없으며, 법인 설립목적 달성을 위한 법인 내 인적, 물적 상황 등 제반여건을 충분히 고려하여 판단하여야 한다. 그리고 수익사업에서 발생한 수익은 법인 또는 법인이 설치한 사회복지시설의 운영에 한하여 사용하여야 하며, 수익사업에 관한 회계는 법인회계나 시설의 시설회계와

구분하여야 한다(재무회계규칙 제6조 제2항).

수익사업은 정관에 명시하여야 하며(법 제17조 제1항 제8호), 수익사업의 수행을 위한 정관변경인가 요청이 있을 시에는 다음의 서류 등을 종합검토하여 인가 여부를 결정한다.

- 사업계획서 1부
- 추정손익계산서 및 부속명세서 1부
- 사업에 종사할 임원명부 1부
- 해당 수익사업에 대한 허가사실증명원 1부(행정관청의 허가가 필요한 사업인 경우)

수익사업은 승인사항이 아니며, 정관변경인가 사항임에 유의해야 한다.

제4절 법인의 소멸(합병 포함)

1) 법인소멸의 의의

법인의 소멸은 해산과 청산의 절차로 행해지는데, 주의해야 할 점은 해산으로 법인의 권리능력이 곧 전적으로 소멸하지 않으며 청산의 종결로 법인은 완전히 소멸한다(先 해산, 後 청산: 해산이라 함은 법인이 본래의 적극적 활동을 정지하고 청산 절차에 들어가는 것을 말하며, 청산은 해산한 법인의 재산관계를 정리하는 절차).

해산 후 법인의 권리능력이 곧바로 소멸되는 것이 아니라 청산이 종결될 때까지 법인은 제한된 범위에서 권리능력을 가지며, 해산 후 청산종결까지 존속하는 법인을 청산법인(淸算法人)이라고 한다.

2) 법인해산(解散)의 사유(「민법」 제77조)

(1) 존재기간의 만료 기타 정관에 정한 해산 사유의 발생

(2) 파산(「민법」 제79조)

법인이 채무를 변제할 수 없는 상태, 즉 채무 초과(부채 >자산)가 된 때에는 이사는 지체 없이 파산을 신청해야 한다. 법인의 파산 원인은 단순한 채무 초과로써 충분(「채무자 회생 및 파산에 관한 법률」 제306조)하며, 자연인과 같이 채무변재능력 등은 고려하지 않는다.

(3) 설립허가의 취소(「민법」 제26조)

필요적 설립허가 취소사유(반드시 취소해야 함)는 다음과 같다.

- 거짓이나 그 밖의 부정한 방법으로 설립허가를 받았을 때
- 법인 설립 후 기본재산을 출연하지 아니한 때

임의적 설립허가 취소사유는 다음과 같다.

- 설립허가 조건에 위반한 때
- 목적 달성이 불가능하게 된 때: 시설 폐쇄, 기본재산 소멸, 이사회 소멸 등으로 정관상 목적사업 수행이 사실상 불가능할 때
- 목적사업 외의 사업을 한 때: 정관변경 인가 없이 수익사업을 수행하는 경우, 사회복지사업 이외의 사업을 수행하는 경우, 지원법인이 정관변경 인가 없이 시설을 운영하는 경우 등
- 정당한 사유 없이 설립허가를 받은 날부터 6월 이내에 목적사업을 개시하지 아니하거나 1년 이상 사업실적이 없을 때
- 법인이 운영하는 시설에서 반복적 또는 집단적 성폭력 범죄 및 학대 관련 범죄가 발생한 때

- 법인이 운영하는 시설에서 중대하고 반복적인 회계부정이나 불법행위가 발생한 때[법 제26조 제1항 6의2호 신설(2023. 8. 16.), 시행(2024. 2. 17.)]
- 대표이사를 포함한 이사 7명과 감사 2명 이상을 선임하지 아니한 때
- 외부추천이사 선임과 관련된 사항을 위반하여 이사를 선임한 때
- 임원의 해임명령을 이행하지 아니한 때
- 기타「사회복지사업법」또는「사회복지사업법」에 의한 명령이나 정관에 위반한 때

「사회복지사업법」제26조에 따르면 동법 제1항 각호에 따른 허가취소 사유가 발생한 경우, 다른 방법으로 감독목적을 달성할 수 없거나 시정을 명한 후 6월 이내에 법인이 이를 이행하지 아니한 경우에 한하도록 규정하고 있으나, 거짓 등으로 설립허가를 받았거나 및 기본재산을 미출연한 경우는 시정명령 없이 설립허가를 취소한다.

3) 청산(清算)

(1) 청산의 의의

청산이란 해산한 법인이 처리되지 않고 남은 사무를 처리하고 재산을 정리하여 완전히 소멸할 때까지의 절차를 뜻한다. 청산은 ① 파산으로 해산하는 경우의 청산과 ② 파산 이외의 원인에 의해 해산하는 경우의 청산이 있다.

파산으로 해산하는 경우는「채무자 회생 및 파산에 관한 법률」이 정하는 절차에 따라 청산을 진행하며, 파산 이외의 원인에 의한 해산은「민법」이 규정하는 청산 절차에 따라 이루어진다.

청산 절차는 그 어느 것이나 모두 제삼자의 이해관계에 중대한 영향을 미치기 때문에 이에 관한 규정은 강행규정이며, 따라서 정관에서 다른 규정을 하고 있더라도 그것은 효력이 없다.

(2) 청산법인

① 청산법인은 청산의 목적범위 내에서만 권리를 행사하고 의무를 부담(「민법」 제81조)

② 청산법인의 기관

법인이 해산하면 이사는 그 지위를 당연히 상실하며, 이사에 갈음하여 청산인이 청산법인의 집행기관이 된다. 청산인은 청산법인의 능력의 범위 내에서 내부의 사무를 집행하고 외부에 대하여 청산법인을 대표한다. 이사를 제외한 기타의 기관에는 변동이 없으며, 계속하여 청산법인의 기관으로서 종전과 마찬가지의 권한을 가진다(예: 법인의 감사는 계속하여 청산법인의 직무를 감독).

③ 청산인

청산인의 자격(「민법」 제82조, 제83조)은 다음과 같다.

- 정관에서 정한 자
- 정관에서 정하지 않으면 이사회의 의결로 선임
- 이사회가 선임하지 않은 경우에는 대표이사
- 위에 해당하는 자가 없거나 청산인의 결원으로 인하여 손해가 생길 염려가 있는 때에는 법원이 직권 또는 이해관계인이나 검사의 청구에 의해 청산인을 선임

청산인의 직무는 다음과 같다.

첫째, 해산의 등기와 신고(「민법」 제85조, 제86조)이다. 청산인은 파산의 경우를 제외하고는 취임 후 3주 내에 해산의 사유 및 연월일, 청산인의 성명 및 주소와 청산인의 대표권을 제한한 때에는 그 제한을 주된 사무소 및 분사무소 소재지에 등기하여야 한다.

둘째, 현존사무의 종결(「민법」 제87조)이다.

셋째, 채권의 추심(「민법」 제87조)이다. 회수할 수 있는 채권은 적극적으로 추심하여 회수하고, 변제기가 아직 닥쳐오지 않은 채권이나, 조건부 채권과 같이 즉시로 추심할 수 없는 채권은 적당한 방법으로 환가해야 한다.

넷째, 채무의 변제(「민법」 제87조)이다. 청산인은 취임한 날로부터 2개월 내에 3회 이상 공고로 일반채권자에 대해 일정한 기간 내에 그의 채권을 신고할 것을 최고하여야 한다(단 신고기간은 2개월 이상으로 정함). 상기 공고에는 채권자가 기간 내에 신고하지 않으면 청산으로부터 제외된다는 것을 표시하여야 하며, 공고는 법원의 등기사항의 공고와 동일한 방법으로 행해야 한다. 또한 청산인이 알고 있는 채권자에 대하여는 개별적으로 채권을 신고할 것을 최고하여야 한다(개별통보할 것).

청산인은 상기 채권신고 기간 내에는 채권자에게 변제하지 못하나 이로 인해 채권자에 대한 지연손해배상책임 의무를 면하지 못한다. 청산 중의 법인은 아직 변제기가 닥쳐오지 않은 채권에 대해서도 변제할 수 있다. 단, 조건 있는 채권, 존속기간의 명확하지 않은 채권, 기타 가액이 명확하지 않은 채권에 관하여는 법원이 선임한 감정인의 평가에 의하여 변제한다.

채권신고기간 내에 신고하지 않은 채권자는 청산에서 제외되고, 법인의 채무를 완제한 후 귀속권리자에게 인도하지 않은 재산에 대해서만 변제를 청구할 수 있다. 그리고 청산인이 알고 있는 채권자에 대해서는 신고하지 않았더라도 청산에서 제외하지 못하며 꼭 변제해야 한다. 만일 채권자가 변제를 수령하지 않으면 공탁하여야 한다(「민법」 제487조).

다섯째, 잔여재산의 처리(「사회복지사업법」 제27조, 시행령 제10조의6)이다. 해산한 법인의 잔여재산은 정관이 정하는 바에 의하여 국가 또는 지방자치단체에 귀속되며, 그 귀속된 재산은 사회복지사업에 사용하거나 유사한 목적을 가진 법인에게 무상으로 대부하거나 무상으로 사용 · 수익하게 할 수 있다. 단, 해산한 법인의 이사 본인 및 그와 '특별한 관계에 있는 자'가 이사로 있는 법인에 대하여는 무상으로 대부 · 사용 · 수익하게 할 수 없다.

여섯째, 파산신청(「민법」 제93조)이다. 청산 절차를 밟고 있는 도중에 법인의 재산이 그 채무를 완제하기에 부족하다는 것이 분명하게 된 때(즉 채무 초과 상태)에는 청산인이 지체 없이 파산신고를 신청하고 이를 공고해야 한다. 또한 법인의 파산으로 파산관재인이 정해지면 청산인은 파산관재인에게 사무를 인계하여야 하며, 인계함으로써 그 임무가 종료된다.

일곱째, 청산종결의 등기와 신고(「민법」 제94조)이다. 청산이 종결한 때에는 청산인은 3주 내 이를 등기하고 주무관청에 신고하여야 한다. 청산 · 파산절차 진행 중, 채무변제를 위한 기본재산처분 시에도 반드시 기본재산처분허가를 받아야만 한다.

4) 법인의 합병(법 제30조, 시행령 제11조, 시행규칙 제19조)

2개 이상 법인이 합병하고자 할 때에는 합병되는 형태에 따라 법인합병허가신청서(서식 18)에 아래의 서류를 첨부하여 시 · 도지사의 허가를 받아야 한다(시 · 도가 다른 경우에는 보건복지부장관 허가). 법인 합병 시 합병 후 존속하는 법인 또는 합병에 의해 설립된 법인은 합병에 의해 소멸된 법인의 지위를 승계하고, 합병 후 신설법인 설립 시에는 관계 법인이 각각 5인씩 지명하는 설립위원이 정관을 작성하는 등 법인설립업무를 공동처리한다.

(1) 합병 후 존속(A+B=A)

① A 법인이 B 법인을 흡수하는 형태의 합병 시 아래의 서류를 구비하여 A 법인의 주사무소가 위치하는 시 · 도지사의 허가를 받아야 한다.
- 관계법인의 합병결의서, 정관, 재산목록 및 재무상태표 각 1부
- 정관변경안 1부
- 사업계획서, 예산서 및 재산의 소유를 증명할 수 있는 서류 각 1부
- 재산의 평가조서 및 재산수익 조서 각 1부

② B 법인의 사무소를 존속하고자 하는 경우에는 분사무소 설치 절차와 동일하게 처리해야 한다.

③ B 법인이 시설법인일 경우에는 다음과 같이 행한다.

- B 법인을 흡수한 A 법인이 더 이상 시설 운영이 불가능할 경우, A 법인은 법 제38조 및 규칙 제26조에 의거, 시설 폐지 3개월 전까지 시설폐지 신고서를 관할 시 · 군 · 구청장에게 제출하고 시설 거주자에 대한 전원 및 귀가조치를 관할 시 · 군 · 구청장과 협의하여 시행
- B 법인을 흡수한 A 법인이 계속 시설을 운영하고자 하는 경우, 시설운영자가 B 법인에서 A 법인으로 바뀌었기 때문에 운영자 변경에 대해 관할 시 · 군 · 구청에 변경신고를 하고 계속 운영

(2) 합병 후 신설법인 설립(A+B=C)

④ A 법인과 B 법인이 합병하여 신규 C 법인을 설립하는 경우에는 아래의 서류를 완비하여 C 법인의 주사무소가 위치할 시 · 도지사의 허가를 받아야 한다(나머지 사항은 '(1) 합병 후 존속'과 동일)

- 합병취지서, 재산목록 및 재무상태표 1부
- 합병 당해 연도 및 다음 연도의 사업계획서 및 예산서 각 1부
- 규칙 제7조 제2항 제2호부터 제9호까지의 서류 각 1부

A 법인과 B 법인의 주사무소가 다른 시 · 도일 경우, 보건복지부장관에게 허가를 받고, 보건복지부장관은 허가 후 C 법인의 주사무소가 위치할 시 · 도지사에게 통보한다.

제5절 법인의 관리 · 감독

1) 법원(法院)

법인의 해산과 청산의 감독은 법원이 담당한다(「민법」 제84조, 제95조).

2) 시 · 도지사(법 제51조, 재무회계규칙 제42조)

법인설립허가, 법인정관변경인가, 기본재산 처분허가 등 법인 업무 전반에 대한 모든 사항은 시 · 도지사 권한사항이며, 시 · 도지사는 법인 업무 전반에 대하여 시 · 군 · 구에 검토의견을 요청할 수 있다. 시 · 도지사는 자체지도 · 감사계획에 의거 사회복지사업을 운영하는 법인(법인운영시설 포함)에 대한 소관업무에 관하여 지도 · 감독을 실시하며, 필요한 경우 그 업무에 관하여 보고 또는 관계서류의 제출을 명하거나 소속 공무원으로 하여금 법인의 사무소 또는 시설에 출입하여 검사 또는 질문하게 할 수 있다.

시 · 도지사 또는 시장 · 군수 · 구청장은 사회복지법인과 사회복지시설에 대하여 지방 의회의 추천을 받아 「공인회계사법」 제7조에 따라 등록한 공인회계사 또는 「주식회사 등의 외부감사에 관한 법률」 제2조 제7호에 따른 감사인을 선임하여 회계감사를 실시할 수 있다(2019. 6. 12. 시행). 이 경우 공인회계사 또는 감사인의 추천, 회계감사의 대상 및 그 밖에 필요한 사항은 보건복지부령으로 정하는 기준에 따라 정한 지방자치단체의 조례에 따른다.

지도 · 감독기관은 지도 · 감독에 전문적 지식이나 자문이 필요한 경우, 관계자에게 촉탁할 수 있다. 촉탁받은 자는 출입권한증명서(시행규칙 별지 제23호)를 소지하고 관계공무원과 동행한다. 법인의 주된 사무소의 소재지와 시설의 소재지가 동일한 시도 또는 시 · 군 · 구에 있지 아니한 경우, 당해 시설의 업무는 시설 소재지의 시 · 도지사 또는 시 · 군 · 구청장이 지도 · 감독하되, 별도의 행정협약을 체결한 경우 협약에 따른다. 필요한 경우 법인의 업무에 대하여 법인의 주된 사무소 소재지의 시 · 도지사 또는 시 · 군 · 구청장에게 협조를 요청하며, 상기 검사 · 질문 또는 회계감사를 하는 관계 공무원 등은 그 권한을 표시하는 증표를 지니고 이를 관계인에게 보여 주어야 한다.

3) 시 · 군 · 구청장(위임기관)

시 · 도지사는 법인 관련 업무의 일부를 조례 · 규칙 등 자치법규로 시 · 군 · 구청장에게 위임 가능하다. 단, 포괄적 위임, 법인설립허가 · 취소(시행령 제8조 참고), 해산법인의 청산 사무는 위임대상 사무가 아니며, 기본재산 처분허가, 임원의 해임명령, 주사무소 이전 등 중요사항에 대한 정관 변경인가 등의 중요사항에 대해서는 위임하지 않는 것을 원칙으로 한다. 이상의 내용을 정리하면 <표 3-1>과 같다.

〈표 3-1〉 감사 및 지도감독

종류	대상	주기	실시기관
• 정기지도감독 – 조직운영 전반 – 회계감사	법인	최소 매3년마다 1회	시 · 도지사(위임기관) 또는 시 · 군 · 구청장
	시설	연 1회 이상	
• 수시 지도점검	시설	필요시(입퇴소 실태, 생활 실태)	시 · 군 · 구청장
• 특별지도감독	법인 시설	진정, 투서, 언론보도, 비리 발생, 인권침해, 행정처분이나 지적사항 미이행 등 주무관청이 지도감독 필요성이 있다고 판단한 경우	보건복지부장관 시 · 도지사 시 · 군 · 구청장

(1) 처분 관련 정보의 공표(법 제51조, 시행령 제24조의2)

① 다음의 사항에 따라 법인의 설립허가를 취소한 경우

- 거짓이나 그 밖의 부정한 방법으로 설립허가를 받은 경우
- 목적사업 외의 사업을 한 경우
- 법인운영시설에서 반복적 또는 집단적 성폭력 범죄가 발생한 경우

② 다음의 사항에 따라 시설의 장의 교체를 명하거나 시설의 폐쇄를 명령한

경우
- 회계부정이나 불법행위 또는 그 밖의 부당행위 등이 발견된 경우
- 신고를 하지 아니하고 시설을 설치·운영한 경우
- 지도·감독에 필요한 보고나 자료 제출을 하지 않거나 거짓으로 한 경우
- 지도·감독·회계감사에 필요한 검사·질문·회계감사를 거부·방해하거나 기피하였을 때
- 시설에서 성폭력 범죄 또는 학대 관련 범죄가 발생한 경우

(2) 처분결과 관리

지자체는 사회복지법인·시설에 행정처분을 부과하는 경우, 향후 동일한 위반행위 발생 시 처분 차수 등에 대한 확인을 위해 그 이력을 사회보장정보시스템(행복이음)에 입력하여 철저히 관리해야 한다.

(3) 법인설립허가 취소통보

법인설립허가 취소 처분과 동시에 법인은 해산되고 청산 절차에 들어가게 되므로 사회복지법인의 설립허가를 취소한 경우, 관할 등기소에 취소사실을 통보해야 한다. 관할 등기소에서는「주무관청의 설립허가취소에 따른 법인등기 사무처리요령」예규에 따라 해당 법인의 인감증명서 발급과 등기업무를 중지한다.

4) 법인의 비치서류

사회복지법인은 다음의 서류 및 장부를 비치해야 한다.

- 정관(영구)
- 임원명부 및 이력서(영구)

- 재산목록(영구) → 기본재산과 보통재산 구분
- 총회 또는 이사회 회의록(영구)
- 사업계획서, 사업실적서 및 예 · 결산서(10년): 추정손익계산서, 추정재무상태표와 부속명세서 첨부
- 현금 및 물품의 출납대장(10년)
- 보조금을 받는 경우 보조금관리대장(영구)
- 주무관청 등 관계기관과의 서류 및 자산 · 회계 증빙서류(10년)

5) 벌칙규정

벌칙규정은 아래 <표 3-2>의 「사회복지사업법」과 「민법」으로 구분하여 정리할 수 있다.

〈표 3-2〉 「사회복지사업법」과 「민법」의 벌칙규정

「사회복지사업법」 관련	
기본재산 처분 또는 장기차입 허가를 받지 않고 행한 경우(법 제23조 제3항 위반)	5년 이하의 징역 또는 1천500만 원 이하의 벌금
보조금을 목적 외의 용도로 사용하였을 경우(법 제42조 제2항 위반)	
임원의 선임과 관련하여 금품, 향응 또는 그 밖의 재산상 이익을 주고받거나 주고받을 것을 약속한 사람(법 제18조의2 위반)(시행일: 2018. 4. 25.)	1년 이하의 징역 또는 1천만 원 이하의 벌금
수익사업에서 생긴 수익을 법인 또는 법인이 설치한 사회복지시설의 운영 외의 목적에 사용하였을 경우(법 제28조 제2항 위반)	
사회복지시설을 시장 · 군수 · 구청장에게 신고하지 아니하고 설치 · 운영하는 경우(법 제34조 제2항 위반)	
사회복지시설의 운영을 휴지 · 중단할 시 시설거주자의 권익을 보호하기 위한 조치를 하지 아니한 경우(법 제38조 제3항 · 제40조 제2항 위반)	
사회복지시설에 대한 개선, 사업정지, 시설장 교체, 시설폐쇄의 명령을 이행하지 아니할 경우(법 제40조 제1항 위반)	
업무수행과정에서 알게된 다른 사람의 비밀을 누설한 경우(법 제47조 위반)	
정당한 이유 없이 행정기관에 보고를 하지 않거나 허위보고를 한 자, 자료를 제출하지 않거나 허위자료를 제출한 자, 검사질문을 거부 방해 또는 기피한 자(법 제51조 제1항 위반)	

<table>
<tr><td>사회복지사 채용을 회피한 자(법 제13조 위반)</td><td>300만 원 이하의 벌금</td></tr>
<tr><td>사회복지사 보수교육 이수를 이유로 사회복지사에게 불리한 처분을 한 경우(법 제13조 제2항 단서 및 제3항 위반)</td><td rowspan="5">100만 원 과태료</td></tr>
<tr><td>임원의 임면보고를 하지 아니한 경우(법 제18조 제6항 위반)</td></tr>
<tr><td>매수, 기부채납, 후원 등의 방법으로 취득한 재산의 취득사유, 취득재산의 종류·수량 및 가액을 (매년) 시·도지사에게 보고하지 아니한 경우(법 제24조 위반)</td></tr>
<tr><td>사회복지시설 설치·운영 신고가 완료되었음에도 시설운영을 시작하지 아니한 경우(법 제38조 제1항 위반)</td></tr>
<tr><td>사회복지시설의 운영 재개신고를 시장·군수·구청장에게 하지 아니한 경우(법 제38조 제2항 위반)</td></tr>
<tr><td>사회복지법인이 아님에도 사회복지법인이라는 명칭을 사용한 경우(법 제31조 위반)</td><td rowspan="2">200만 원 과태료</td></tr>
<tr><td>사회복지시설 운영의 휴지, 폐지신고를 시장·군수·구청장에게 하지 아니한 경우(법 제38조 제2항 위반)</td></tr>
<tr><td>운영 중인 사회복지시설에 대하여 책임보험 또는 책임공제에 가입하지 아니한 경우(법 제34조의3 위반)</td><td rowspan="2">300만 원 과태료</td></tr>
<tr><td>후원금의 수입·지출 내용을 공개하지 아니한 경우(법 제45조 위반)</td></tr>
<tr><td colspan="2">법인의 대표자 또는 법인의 대리인, 사용인, 기타 종업원이 그 법인 업무에 관하여 위반행위를 한 때에는 행위자를 벌하는 외에 그 법인 또는 개인에 대하여도 각각에 해당하는 벌금형을 과함</td></tr>
<tr><th colspan="2">「민법」 관련</th></tr>
<tr><td>법인 설립 등기(변경등기를 포함함)를 하지 아니한 경우(「민법」 제49조 제1항 및 제52조 위반, 제97조 제1호)</td><td>500만 원 이하 과태료</td></tr>
</table>

〈서식 1 : 사회복지법인 설립허가신청서〉

■ 사회복지사업법 시행규칙〔별지 제7호 서식〕

사회복지법인 설립허가 신청서

(앞쪽)

접수번호	접수일	허가일	처리기간 17일

신청인 (대표자)	성명	생년월일
	주소	전화번호

법인		
	법인의 명칭	
	주된 사무소의 소재지	전화번호
	설립 목적	
	사업의 종별	

자산			종류	규모	평가액 (천 원)	연간수익액 (천 원)	출연자
	기본 재산	목적 사업용					
			계				
		수익용					
			계				

자산				
	보통 재산	종류	수량	가액(천 원)

임직원		직위	임기	성명	생년월일	주소
	임원					
	직원	총인원 명			사회복지사자격증 소지자 수 명	

「사회복지사업법」 제16조, 같은 법 시행령 제8조 및 같은 법 시행규칙 제7조 제1항에 따라 사회복지법인 설립허가를 신청합니다.

년 월 일

신청인 (서명 또는 인)

시 · 도지사 귀하

210㎜×297㎜[백상지 80g/㎡]

〈서식 2: 설립취지서〉

설 립 취 지 서(예시)

1. 법인 설립 취지
   ○
   ○

2. 사업내용
   ○
   ○
   ○

※작성요령
- 설립 취지를 간략 명료하게 정리하여 기재
- 설립 취지에 따른 목적사업을 개조식으로 기재함
- 설립취지서 작성이 어려울 때는 발기인 회의록으로 대체하여도 무방함

첨부서류 : 1. 발기인 총회 회의록 1부
2. 설립발기인명단 1부.

〈서식 3: 발기인 총회 회의록〉

발기인 총회 회의록(예시)

○ 회의일시: ○○년 ○○월 ○○일 ○○시 ~ ○○시

○ 회의장소: ○○시·도 ○○구 ○○동 ○○빌딩 ○○층

○ 참 석 자: 발기인 ○○명

○ 의 제: 1. 정관의 심의·의결

2. 임원선출

3. 재산출연사항

4. 사업계획 등

- 발기인 대표선출: ○○○을 만장일치로 선출함
- 200○년 ○○월 ○○일 ○○시 가칭 '사회복지법인 ○○○ 복지재단' 설립을 위한 발기인 총회를 개최, 발기인 전원이 참석하여 발기인대표 ○○○의 사회로 개회를 선언하다.
- 발기인 대표
  법인 설립 취지와 목적사업을 설명하고 정관 안건 상정
- ○○○

※ 의제별로 구체적인 토의사항을 발표자 순서대로 기록정리함

- 이상으로 가칭 '사회복지법인 ○○○○'의 설립 발기인총회를 모두 마치겠습니다. 위 결의를 명확히 하기 위하여 회의록을 작성하여 발기인 전원이 다음에 기명하고 인감 날인한다.

200○년 ○○ 월 ○○ 일

가칭 사회복지법인 ○○○○○○

발 기 인 ○○○ 인

발 기 인 ○○○ 인

발 기 인 ○○○ 인

〈서식 4: 설립 발기인명단〉

설립 발기인 명단(예시)

연번	직위	성명	주민번호	주소	약력 (간략히)	비고

〈서식 5: 사회복지법인 정관〉

사회복지법인 정관(예시)

제1장 총 칙

제1조(목적) 이 법인은 ····· 법의 규정에 의한 ····· 을 수행함으로써 ········ 함을 목적으로 한다.

(비고) 1) 당해 법인의 특성에 따라 목적을 개괄적으로 기재한다.

제2조(명칭) 이 법인의 명칭은 '사회복지법인' ○○○회 · 원 · 단(이하 '법인 회 · 원 · 단' 이라 한다) 이라 칭한다.

(비고) 1) 다른 법인과의 명칭상의 혼동을 피하기 위하여 다른 법인과 유사하거나 동일한 명칭은 가급적 사용하지 않도록 한다.

※ 이하 '법인'이라 칭한다.

제3조(사무소 등의 소재지) ① 이 법인의 주된 사무소는 ○○시 · 도 ○○○시 · 군 · 구 ○○○로 ○○(○○동, ○○○) 에 둔다.

② 이 법인은 「민법」 제50조의 규정에 의하여 다음과 같은 분사무소(지부)를 둔다.

1. ○○○분사무소: ○○시 · 도 ○○○시 · 군 · 구 ○○○로 ○○(○○동, ○○○)
2. ○○(사회복지시설): ○○시 · 도 ○○○시 · 군 · 구 ○○로 ○○(○○동, ○○○)

(비고) 1) 분사무소가 없는 경우에는 제2항은 필요하지 않다.

2) 사무소의 소재지는 도로명 주소까지 구체적으로 기입한다.

제4조(사업의 종류) ① 이 법인은 제1조의 목적을 달성하기 위하여 다음의 사업을 수행한다.

1. 「국민기초생활 보장법」 제○○조의 ○○사업
2. 「노인복지법」 제○○조의 노인의료복지지설 중 무료노인요양시설 운영
3. 「아동복지법」 제○○조의 아동양육시설

(비고) 1) 각종시설 운영사업은 사회복지관계 법령에서 정하는 시설 명칭을 사용한다.

제2장 자산 및 회계

제1절 자 산

제5조(자산구분) ① 이 법인의 자산은 기본재산과 보통재산으로 구분하되, 기본재산은 목적사업용 기본재산과 수익용 기본재산으로 구분하여 관리한다.

② 기본재산은 다음 각 호의 재산으로 하며, 평가가액에 변동이 있을 때에는 지체 없이 정관 변경의 절차를 밟아야 한다.

1. 설립 당시 기본재산으로 출연한 재산
2. 부동산
3. 이사회의 결의에 의하여 기본재산으로 편입된 재산

③ 기본재산의 목록과 평가가액은 '별지 1'과 같다.

④ 기본재산 이외의 모든 재산은 보통재산으로 한다.

(비고) 1) 설립 당초의 기본재산은 반드시 별표의 기본재산 목록에 등재되어야 한다.

2) 시설운영을 목적으로 하지 않고 일정한 출연재산에서 얻어지는 과실로서 보호대상자에 대한 단순한 지원 등 사회복지사업을 지원하는 것을 목적으로 하는 경우에는 목적사업용 기본재산과 수익용 기본재산으로 구분하지 아니한다.

3) 기본재산의 목록은 정관의 일부로서 간인 필요

제6조(자산의 관리) ① 기본재산을 매도 · 증여 · 교환 · 임대 · 담보제공 또는 용도변경하거나 그 밖의 권리의 포기, 의무의 부담 등의 처분을 하고자 하는 때에는 이사회의 의결을 거쳐 주무관청의 사전허가를 얻어야 한다.

② 법인이 매수 · 기부채납 · 후원 등의 방법으로 재산을 취득한 때에는 지체 없이 이를 법인의 재산으로 편입조치 하여야 한다.

③ 제2항의 재산을 취득한 경우 법인은 그 취득사유, 취득재산의 종류 · 수량 및 가액을 매년 1월 말까지 전년도의 재산취득상황을 주무관청에게 보고하여야 한다.

④ 법인이 보건복지부령이 정하는 금액 이상을 장기차입하고자 하는 때에는 주무관청의 허가를 받아야 한다.

⑤ 기본재산과 보통재산의 운영과 관리에 관하여는 법령과 이 정관에 따로 정한 경우를 제외하고는 별도의 규정이 정하는 바에 의한다.

제7조(경비와 유지방법) 이 법인의 운영비는 기본재산에서 발생하는 과실, 수익사업의 수익금, 기부금과 그 밖의 수입으로 충당한다.

제2절 회 계

제8조(회계의 구분 등) 이 법인의 회계는 법인에 속하는 법인 일반회계와 시설운영에 속하는 시설회계 수익사업에 속하는 수익사업회계로 구분한다.

제9조(회계의 처리) 이 법인의 회계처리는「사회복지사업법」및 관련 법령에서 따로 정한 경우를 제외하고는 별도의 규정이 정하는 바에 따른다.

제10조(회계연도) 이 법인의 회계연도는 정부의 회계연도에 따른다.

제11조(사업계획 및 예산) 이 법인의 매 회계연도의 사업계획 및 예산은 대표이사가 매 회계연도 개시 5일 전까지 이사회의 의결을 거쳐 확정한 후「사회복지법인 및 사회복지시설 재무 · 회계규칙」(보건복지부령)이 정하는 서류를 첨부하여 주무관청에 제출하여야 한다.

제12조(사업실적 및 결산) 이 법인의 매 회계연도의 사업실적 및 결산은 회계연도가 끝난 후 1월 이내에 대표이사가 작성하여 감사의 감사를 거친 후 이사회의 의결을 거쳐「사회복지법인 및 사회복지시설 재무 · 회계규칙」(보건복지부령)이 정하는 서류를 첨부하여 3월 31일까지 주무관청에 제출하여야 한다.

제13조(잉여금의 처리) 이 법인의 매 회계년도 결산 잉여금은 차입금 상환 또는 다음 회계연도에 이월 사용하는 것을 원칙으로 하되, 이사회의 결의에 의하여 특정한 사업을 위한 기금으로 적립할 수 있다.

제14조(예산외의 채무부담) 수지예산으로서 정한 것 이외 의무부담 또는 권리의 포기는 이사회의 의결을 거쳐야 한다.

제3장 임 원

제15조(임원의 종류와 정수) 이 법인은 다음의 임원을 둔다.

1. 대표이사 1인
2. 상임이사 1인
3. 이사 7인(대표이사 및 상임이사 포함)
4. 감사 2인

(비고) 1) 대표이사의 명칭은 회장 등의 명칭을 붙이는 것도 가능하다.

2) 상임이사의 직이 필요한 때에는 상임이사를 두되, 필요가 없는 때에는 두지 아니하여도 된다.

3) 이사의 정수는 7인 이상 감사는 2인 이상으로 하고, 업무의 심의에 적정한 수를 확정적으로 기재하되, 약간인 또는 7인 이상 10인 이하 등으로 표기하지 않아야 한다.

제16조(임원의 선임) ① 대표이사, 이사 및 감사는 이사회에서 선출한다.

② 상임이사는 대표이사가 선임된 이사 중에서 지명하여 이사회의 의결을 거쳐 선임한다.

③ 이사정수의 1/3(소수점 이하는 버림) 이상은 사회복지위원회 또는 지역사회복지협의체에서 추천을 받아 이사회의 의결을 거쳐 선임한다.

④ 이사를 임면하는 경우에는 보건복지부령이 정하는 바에 의하여 지체 없이 이를 주무관청에 보고하여야 한다.

(비고) 1) 대표이사는 선임된 이사 중에서 호선하여도 가능하다.

2) 상임이사가 없는 때에는 제2항은 필요 없다.

3) 상임이사의 선임방법은 달리하여도 된다.

제17조(임원선임의 제한) ① 이 법인은 이사 상호 간의 관계에 있어서 「사회복지사업법」 제18조 제3항의 규정에 의한 '특별한 관계에 있는 자'가 이사현원의 5분의 1을 초과할 수 없다.

② 감사는 감사 상호 간 또는 이사와의 관계에 있어서 「사회복지사업법」 제18조 제3항의 규정에 의한 '특별한 관계에 있는 자'가 아니어야 한다.

제18조(임원의 임기 등) ① 이 법인의 대표이사 및 이사의 임기는 3년으로 하고 감사의 임기는 2년으로 하되, 연임할 수 있다.

② 임원 중 결원이 생긴 때에는 2월 이내에 보충하여야 하며, 임기가 만료되는 임원의 후임자는 임기만료 1월 이전에 선임하여야 한다.

(비고) 1) 임원의 법정임기를 초과하여 종신직으로 하는 것 등은 불가하다.

제19조(임원의 결격사유) ① 「사회복지사업법」 제19조 각호의 1에 해당하는 자는 법인의 임원이 될 수 없다.

② 법인의 임원이 제1항의 사유에 해당할 때에는 그 직을 상실한다.

제20조(임원의 해임) ① 이 법인은 그의 임원에 대하여 「사회복지사업법」 제22조의 규정에 의한 시·도지사의 해임명령을 받은 때에는 지체 없이 해임하여야 한다.

② 이 법인은 그의 임원이 다음 각 호의 1에 해당할 때에는 이사회의 의결을 거쳐 해임할 수 있다.

1. 법령, 법인의 정관 또는 규정에 위반한 때
2. 고의 또는 중대한 과실로 법인에 상당한 손해를 끼친 때
3. 직무태만·품위손상 기타 사유로 인하여 임원으로서 적당하지 아니하다고 인정되는 때
4. 기타 임원으로서의 능력이나 자질이 현저히 부족하다고 판단되는 때

제21조(임원의 직무) ① 대표이사는 이 법인을 대표하고, 제반 사무를 총괄하여 이사회의 의장이 된다.

② 상임이사는 대표이사를 보좌하고, 대표이사가 사고가 있는 때에는 그 직무를 대행한다.

③ 이사는 이사회를 구성하고, 이사회의 권한에 속하는 사항을 심의·의결한다.

④ 대표이사 유고 시에는 대표이사가 지명하는 이사가 대표이사의 직무를 대행한다. 다만, 대표이사가 직무대행자를 지명하지 못한 경우에는 나머지 이사 중에서 연장자순으로 그 직무를 대행한다.

⑤ 감사는 다음의 직무를 행한다.

1. 이 법인의 재산상황과 회계를 감사하는 일
2. 이사회의 운영과 그 업무에 관한 사항을 감사하는 일
3. 제1호 및 제2호의 감사결과 부정 또는 불비한 점이 있음을 발견하는 때에 이사회와 주무관청에 보고하는 일
4. 제3호의 보고를 하기 위하여 필요한 때에는 이사회의 소집을 요구하는 일
5. 그 밖에 이사회 운영과 그 업무에 관한 사항에 대하여 이사회에 참석하여 의견을 진술하는 일

(비고) 1) 상임이사가 없는 경우에는 제2항은 불필요하나, 이 경우 직무대행자를 별도 규정하여야 한다.

제22조(대표권의 제한) 이 법인의 대표이사 이외의 이사는 이 법인을 대표하지 않는다.

제23조(임원의 대우) 이 법인의 상임이사를 제외한 임원은 명예직으로 하되, 예산의 범

위 안에서 임원의 활동에 필요한 실비를 지급할 수 있다.

제24조(겸직 금지) ① 이사는 이 법인의 시설장을 제외한 직원을 겸할 수 없다.
② 감사는 이 법인의 이사, 시설장 또는 직원을 겸할 수 없다.

제4장 이 사 회

제25조(이사회 구성) ① 이 법인에 대표이사 및 이사로 구성되는 이사회를 둔다.
② 감사는 이사회에 출석하여 발언할 수 있다.

제26조(의결사항) 이사회는 다음 사항을 심의 · 의결한다.
1. 정관의 변경에 관한 사항
2. 제규정의 제정 및 개정에 관한 사항
3. 법인 합병 및 해산에 관한 사항
4. 임원임면에 관한 사항
5. 사업계획 · 실적 및 예산 · 결산에 관한 사항
6. 재산의 취득, 처분 및 관리에 관한 사항
7. 법인이 설치한 시설의 장의 임면에 관한 사항
8. 법인이 설치한 시설의 운영에 관한 사항
9. 수익사업에 관한 사항
10. 그밖에 법령이나 이 정관에 의하여 이사회의 권한에 속하는 사항

(비고) 1) 법인특성에 따라서 의결사항의 변동이 있을 수 있다.
2) 지원법인의 경우에는 7, 8호는 해당되지 않는다.

제27조(이사회의 소집 등) ① 이사회는 정기이사회와 임시이사회로 구분한다.
② 정기이사회는 매년 1월 중에 개최하고, 임시이사회는 대표이사가 필요하다고 인정하는 때 또는 재적이사의 과반수가 회의의 목적을 제시하여 소집을 요구할 때와 감사가 소집을 요구할 때에 소집한다.
③ 이사회를 소집하고자 하는 때에는 대표이사가 회의목적을 명시하여 회의개최 7일 이전까지 각 이사에게 통지하여야 한다.
④ 대표이사는 재적이사 과반수가 회의안건을 명시하여 소집을 요구한 때와 감사가 소집을 요구한 때로부터 20일 이내에 이사회를 소집하여야 한다.

제28조(이사회의 개의와 의결정족수) ① 이사회는 이 정관에서 따로 정한 바를 제외하고는 재적이사 과반수의 출석으로 개의하고, 출석이사 과반수의 찬성으로 의결한다.
② 이사회의 의사는 대리인이나 서면결의에 의할 수 없다.

제29조(의결제척사유) 대표이사 또는 이사가 다음 각 호의 1에 해당하는 때에는 그 의결에 참여하지 못한다.
1. 임원선임 및 해임에 있어서 자신에 관한 사항
2. 금전 및 재산의 수수를 수반하는 사항으로서 임원 자신이 법인과 직접 관계되는 사항

제30조(이사회 회의록) ① 이사회의 의사에 관하여는 회의록을 작성하여야 한다.
② 회의록에는 의사의 경과, 요령 및 결과를 기재하고, 의장과 참석이사 전원이 기명 · 인감 날인하여야 한다.
③ 회의록은 회의일부터 10일 이내에 법인 홈페이지와 주무관청에서 지정하는 인터넷 홈페이지에 3개월간 공개하며, 법인 사무실에도 비치하여야 한다.

제5장 수익사업

제31조(수익사업의 종류) ① 이 법인은 「사회복지사업법」 제28조의 규정에 의하여 법인의 목적사업 수행에 지장이 없는 범위 안에서 각 사업마다 이사회의 의결 및 정관변경 인가를 거쳐 다음 각 호의 수익사업을 할 수 있다.
1. 부동산임대업
2. 간행물발행사업
② 제1항의 수익사업을 경영하기 위하여 대표이사는 이사회의 의결을 거쳐 관리자 또는 책임자를 임명한다.

제32조(수익의 처분 및 관리) 수익사업에서 얻어지는 순수익은 법인 목적사업에 충당하거나, 이사회의 결의에 의거 특정한 기금으로 적립할 수 있다.

제6장 사무조직 및 운영

제33조(사무국) ① 이 법인의 업무를 처리하기 위하여 법인사무국을 둔다.

② 사무국의 조직과 운영에 관하여는 별도의 규정으로 정한다.

제34조(상근임직원) ① 법인사무국 및 시설에는 필요한 상근임직원을 둔다.
② 상근임직원의 임용 · 복무 · 보수 등에 관하여는 별도의 규정으로 정한다.
③ 제2항의 규정에는 종사자의 정년을 규정한 인사규정이 반드시 포함되어야 한다.
④ 제2항의 규정은 주무관청에 보고하여야 한다.

제7장 정관변경 및 해산

제35조(정관변경) 이 법인의 정관을 변경하고자 하는 때에는 재적이사 3분의 2 이상의 의결을 거쳐 주무관청의 허가를 받아야 한다.

제36조(해산 및 합병) 이 법인을 해산하거나 다른 법인과 합병하고자 하는 때에는 재적이사 4분의 3 이상의 의결을 거쳐 주무관청의 허가를 받아야 한다.

제37조(잔여재산의 귀속) 이 법인이 해산하는 때의 청산 후 잔여재산은 주무관청의 허가를 받아 국가 또는 지방자치단체에 귀속한다.

제8장 공고방법

제38조(공고의 방법) ① 이 법인의 법령과 정관 및 이사회의 의결에 의하여 공고하여야 할 사항은 일간신문에 싣는다.
② 제1항의 공고기간은 7일 이상으로 한다.

제9장 보 칙

제39조(준용규정) 이 정관에 규정하지 아니한 사항에 대하여는 「사회복지사업법」, 「공익법인의 설립 · 운영에 관한 법률」 및 「민법」과 그 밖의 관계법규를 준용한다.

제40조(운영규정) 이 정관시행에 관하여 필요한 사항은 별도의 운영규정으로 정한다.

제41조(규정의 제 · 개정) ① 이 법인의 운영과 관련된 규정의 제 · 개정에 대하여는 이사회의 의결을 거쳐야 한다.

② 제1항의 내용 중 규정의 여부는 이사회에서 결정한다.

부 칙

① (시행일) 이 정관은 주무관청의 허가를 받은 날부터 시행한다.
② (설립 당시의 임원선임에 대한 경과조치) 이 법인 설립 당시 발기인총회에서 선임된 임원은 이 정관에 의하여 선임된 것으로 본다.
③ (설립 당시의 임원 등) 이 법인 설립 당시의 임원 및 법인이 사용할 인장은 '별지 2' 또는 '별지 3'과 같다.
(비고) 부칙으로 정한 사항이 5개항 이상일 경우에는 각각 조문으로 표기한다.

〈서식 6: 기본재산목록〉

기본재산 목록(예시)

구 분	소 재 지	규 모	평가가액	출연자	비 고

※ 목적사업용과 수익용으로 구분 작성

〈서식 7: 임원명단〉

임 원 명 단(예시)

직 위	임 기	성 명	주민등록번호	주 소
대표이사	20 . . .~ 20 . . . (3년간)			
상임이사	〃			
이 사	〃			
.	〃			
.	〃			
.	〃			
감 사	20 . . . ~ 20 . . . (2년간)			
.	〃			
.	〃			
.				

〈서식 8: 법인이 사용할 인장〉

법인이 사용할 인장(예시)

1) 직 인　　　2) 대표이사의 인　　　3) 계 인(선택)

이상과 같이 사회복지법인 　　　　　가 사용할 인장을 날인하고 발기인 전원이 기명 · 인감 날인함으로써 이를 확인한다.

20 .　.　.

발기인대표 ○○○ 인

발 기 인 ○○○ 인

발 기 인 ○○○ 인

·

·

·

〈서식 9: 재산출연증서(기부승낙서)〉

재산출연증서(기부승낙서)(예시)

사회복지법인

설립대표자 귀하

본인 소유인 다음의 재산을 설립코자 하는 사회복지법인에 무상 출연(기부)합니다.

년 월 일

위 기부자 ○ ○ ○ (인감 날인)

기 부 재 산 표 시

소 재 지	종 별	수 량	금 액	비 고

〈서식 10: 임원 취임승낙서〉

임원 취임승낙서(예시)

주　　　소 :

성　　　명 :

생 년 월 일 :

최 종 경 력 :

직　　　위 : (이사, 감사)

취 임 기 간 :

본인은 사회복지법인　　　의 (이사, 감사)직에 취임할 것을 승낙합니다.

년　월　일

(이사, 감사)　　　(인감 날인)

사회복지법인 (　　　　　) 이사장 귀하

〈서식 11: 임원의 이력서〉

임원의 이력서(예시)

1. 성 명		3. 현 주 소	
2. 생 년 월 일		4. 전화번호	

5. 학 력		
기 간		학 력
부터	까지	

6. 자격면허		7. 상 벌	
년 월 일	종 별	년 월 일	종 류

8. 훈 련		
기 간		훈 련 내 용
부터	까지	

9. 경 력						
기 간		부 서	직 위	직 명	발령청	비고
부터	까지					

11. 비 고	

위에 기재한 사항은 사실과 틀림이 없음.

년 월 일

성 명 (인)

〈서식 12: 특수관계 부존재 각서〉

특수관계 부존재 각서(예시)

주　　　소 :
성　　　명 :
생 년 월 일 :
직　　　위 : (이사, 감사)
취 임 기 간 :

본인은 출연자 및 임원 상호 간의 관계에 있어서 「사회복지사업법 시행령」 제9조의 규정에 의한 '특별한 관계에 있는 자'가 아님을 확인합니다.

년　월　일

(이사, 감사)　　　(인감 날인)

사회복지법인 (　　　　) 이사장 귀하

〈서식 13: 사회복지법인 설립허가증〉

■사회복지사업법 시행규칙〔별지 제8호 서식〕

(앞쪽)

제　　호

사회복지법인 설립허가증

법인명 :

소재지:　　　　　　　　생년월일 :

대표자 성명 :

목적 :

사업의 종류 :

허가조건 :

「사회복지사업법」 제16조에 따라 사회복지법인의 설립을 위와 같이 허가합니다.

년　　월　　일

보건복지부장관
시 · 도지사　　[인]

31313-01211일　　210㎜×297㎜
98. 7. 20. 승인　　[백상지 80g/㎡]

(뒤쪽)

1. 허가조건

2. 변경사항

번호	연월일	내용	기재자 성명(인)

〈서식 14: 사회복지법인 임원임면보고서〉

■ 사회복지사업법 시행규칙 [별지 제10호 서식]

법인임원 임면보고서

<table>
<tr><td rowspan="2">보고자</td><td colspan="5">법인명</td><td>대표자 성명</td></tr>
<tr><td colspan="5">소재지</td><td>전화번호</td></tr>
<tr><td rowspan="3">임원선임
또는
해임내용</td><td>직위</td><td>임기</td><td>성명</td><td>생년월일</td><td>주소</td><td>출연자 등과의
특별한 관계 여부</td></tr>
<tr><td></td><td></td><td></td><td></td><td></td><td></td></tr>
<tr><td></td><td></td><td></td><td></td><td></td><td></td></tr>
</table>

「사회복지사업법」 제18조 및 같은 법 시행규칙 제10조에 따라 사회복지법인 임원의 선임(해임)을 보고합니다.

년 월 일

보고인 사회복지법인 대표이사 (서명 또는 인)

시 · 도지사 귀하

<table>
<tr><td>첨부
서류</td><td>1. 해당 임원의 선임 또는 해임을 결의한 이사회의 회의록 사본 1부
2. 임원의 취임승낙서 및 이력서 각 1부
3. 「사회복지사업법」 제18조 제2항 각 호의 어느 하나에 해당하는 기관으로부터 받은 이사추천서 1부
4. 임원 상호 간의 관계에 있어 법 제18조 제3항에 저촉되지 아니함을 입증하는 각서 1부</td><td>수수료
없음</td></tr>
<tr><td colspan="3">유의사항</td></tr>
</table>

※ 특별한 관계에 있는 사람의 범위

1. 특별한 관계에 있는 사람
   가. 출연자
   나. 출연자 또는 이사와의 관계가 다음 각 목의 어느 하나에 해당하는 사람
      1) 6촌 이내의 혈족
      2) 4촌 이내의 인척
      3) 배우자(사실상 혼인관계에 있는 사람을 포함한다)
      4) 친생자(親生子)로서 다른 사람에게 친양자(親養子) 입양된 사람 및 그 배우자와 직계비속
   다. 출연자 또는 이사의 사용인 그 밖에 고용관계에 있는 자(출연자 또는 이사가 출자에 의하여 사실상 지배하고 있는 법인의 사용인 그 밖에 고용관계에 있는 자를 포함한다)
   라. 출연자 또는 이사의 금전 그 밖의 재산에 의하여 생계를 유지하는 자 및 그와 생계를 함께 하는 자
   마. 출연자 또는 이사가 재산을 출연한 다른 법인의 이사
2. 제1호 다목의 출자에 의하여 사실상 지배하고 있는 법인
   가. 법인의 발행주식총액 또는 출자총액의 100분의 30 이상을 출자자 1인과 그와 제1호 나목·라목 및 사용인 그 밖에 고용관계에 있는 자(이하 이 호에서 '지배주주'라 한다)가 소유하고 있는 경우
   나. 법인의 발행주식총액 또는 출자총액의 100분의 50 이상을 가목의 법인과 그의 지배주주가 소유하고 있는 경우
   다. 법인의 발행주식총액 또는 출자총액의 100분의 50 이상을 가목의 법인과 그의 지배주주 및 나목의 법인이 소유하고 있는 경우

※ 출연자 등과의 특별관계 여부

임원이 특별한 관계에 있는 자의 범위에 해당하는 경우 그 관계를 기재합니다.

210㎜×297㎜ [백상지 80g/㎡]

〈서식 15: 사회복지법인 정관변경인가 신청서〉

■ 사회복지사업법 시행규칙 [별지 제9호 서식]

사회복지법인 정관변경인가 신청서

(앞쪽)

접수번호	접수일	허가일	처리기간 5일

신청인 (대표자)	법인명	대표자 성명
	주소	전화번호

변경내용 및 사유	변경 전의 정관 조문	변경 후의 정관 조문	변경 사유

「사회복지사업법」 제17조 및 같은 법 시행규칙 제8조에 따라 사회복지법인 정관변경인가를 신청합니다.

년 월 일

신청인 (서명 또는 인)

시·도지사 귀하

구분	내용	수수료
신청인 제출서류	1. 정관의 변경을 결의한 이사회 회의록 사본 1부 2. 정관변경안 1부 3. 사업계획서 및 예산서 각 1부 4. 재산의 소유를 증명할 수 있는 서류 각 1부(사업변동이 있는 경우에만 해당하며, 행정정보의 공동이용을 통하여 소유권에 대한 정보를 확인할 수 있는 경우에는 그 확인으로 첨부서류를 갈음합니다) 5. 재산의 평가조서 1부(감정평가업자의 감정평가서를 첨부하되, 개별공시지가 확인서로 첨부서류에 대한 정보를 확인할 수 있는 경우에는 그 확인으로 첨부서류를 갈음합니다) 6. 재산의 수익조서 1부(사업의 변동이 있는 경우에만 해당하며, 수익용 기본재산을 갖춘 경우에 한하며, 공인된 감정평가기관의 수익증명 또는 수익을 증명할 수 있는 기관의 증빙서류를 첨부하여야 합니다)	수수료 없음
담당 공무원 확인사항	1. 건물 등기사항증명서 2. 토지 등기사항증명서 3. 개별공시지가 확인서	

210㎜×297㎜ [백상지 80g/㎡]

〈서식 16: 기본재산처분 허가 신청서〉

■사회복지사업법 시행규칙〔별지 제11호 서식〕

기본재산처분 허가 신청서

(앞쪽)

접수번호	접수일	허가일	처리기간 10일

신청인 (대표자)	법인명	대표자 성명
	소재지	전화번호

처분재산의 표시	종류	규모	평가가액	소재지

처분종류	[ ] 매도 [ ] 증여 [ ] 교환 [ ] 담보제공 [ ] 기타
처분사유 및 용도	
처분방법	
감소된 재산의 보충방법	

「사회복지사업법」 제23조 및 같은 법 시행규칙 제14조 제1항에 따라 위와 같이 사회복지법인의 기본재산을 처분하고자 신청하오니 허가하여 주시기 바랍니다.

년 월 일

신청인 (서명 또는 인)

시·도지사 귀하

보고자 (대표자) 제출서류	1. 기본재산의 처분을 결의한 이사회 회의록 사본 1부 2. 처분하는 기본재산의 명세서 1부 3. 처분하는 기본재산의 감정평가서 1부(교환의 경우에는 취득하는 재산의 감정평가서를 포함하며, 개별공시지가 확인서로 첨부서류에 대한 정보를 확인할 수 있는 경우에는 그 확인으로 첨부서류를 갈음합니다.)	수수료 없음
담당 공무원 확인사항	개별공시지가 확인서	

210㎜×297㎜ [백상지 80g/㎡]

〈서식 17: 장기차입 허가 신청서〉

■ 사회복지사업법 시행규칙 〔별지 제12호 서식〕

장기차입 허가 신청서

(앞쪽)

접수번호	접수일	허가일	처리기간 17일

신청인 (대표자)	법인명	대표자 성명
	소재지	전화번호

차입금액	
차입사유 및 용도	
상환계획 또는 방법	

	종류		규모	평가가액(천 원)	연간수익액
기본재산총액	목적사업용				
		계			
	수익용				
		계			

	종류	규모	평가가액(천 원)	연간이자액
부채총액				
	계			

「사회복지사업법」 제23조 및 같은 법 시행규칙 제15조 제2항에 따라 위와 같이 사회복지법인의 장기차입의 허가를 신청합니다.

년 월 일

신청인 (서명 또는 인)

시·도지사 귀하

첨부서류	1. 이사회 회의록 사본 1부 2. 차입목적 또는 사유서(차입용도를 포함합니다) 1부 3. 상환계획서 1부	수수료 없음

210㎜×297㎜ [백상지 80g/㎡]

〈서식 18: 사회복지법인 합병허가 신청서〉

■ 사회복지사업법 시행규칙 〔별지 제14호 서식〕

사회복지법인 합병허가 신청서

(앞쪽)

접수번호	접수일	허가일	처리기간 보건복지부: 22일 시·도: 17일

<table>
<tr><td rowspan="2">신청인
(대표자)</td><td colspan="5">성명</td><td colspan="2">생년월일</td></tr>
<tr><td colspan="5">주소</td><td colspan="2">전화번호</td></tr>
<tr><td rowspan="4">법인</td><td colspan="7">법인의 명칭</td></tr>
<tr><td colspan="5">주된 사무소의 소재지</td><td colspan="2">전화번호</td></tr>
<tr><td colspan="7">합병 목적</td></tr>
<tr><td colspan="7">사업의 종별</td></tr>
<tr><td rowspan="10">자산</td><td rowspan="8">기본
재산</td><td rowspan="4">목적
사업용</td><td>종류</td><td>규모</td><td>평가액
(천 원)</td><td>연간수익액
(천 원)</td><td>출연자</td></tr>
<tr><td></td><td></td><td></td><td></td><td></td></tr>
<tr><td></td><td></td><td></td><td></td><td></td></tr>
<tr><td>계</td><td></td><td></td><td></td><td></td></tr>
<tr><td rowspan="3">수익용</td><td></td><td></td><td></td><td></td><td></td></tr>
<tr><td></td><td></td><td></td><td></td><td></td></tr>
<tr><td>계</td><td></td><td></td><td></td><td></td></tr>
<tr><td colspan="6"></td></tr>
<tr><td rowspan="2">보통
재산</td><td colspan="2">종류</td><td colspan="2">수량</td><td colspan="2">가액(천 원)</td></tr>
<tr><td colspan="2"></td><td colspan="2"></td><td colspan="2"></td></tr>
<tr><td rowspan="4">임직원</td><td rowspan="3">임원</td><td>직위</td><td>임기</td><td>성명</td><td>생년월일</td><td colspan="2">주소</td></tr>
<tr><td></td><td></td><td></td><td></td><td colspan="2"></td></tr>
<tr><td></td><td></td><td></td><td></td><td colspan="2"></td></tr>
<tr><td>직원</td><td colspan="3">총인원 명</td><td colspan="3">사회복지사자격증 소지자 수 명</td></tr>
</table>

「사회복지사업법」 제30조, 같은 법 시행령 제11조 및 같은 법 시행규칙 제19조 제1항에 따라 사회복지법인의 합병허가를 신청합니다.

년 월 일

신청인 (서명 또는 인)

보건복지부장관
시·도지사 귀하

210㎜×297㎜ [백상지 80g/㎡]

제 4 장

사회복지시설에 대한 이해

제1절 사회복지시설의 이해

1) 사회복지시설의 개념 정의

사회복지시설이란 "사회복지사업을 행할 목적으로 설치된 시설"을 뜻한다(「사회복지사업법」 제2조).

사회복지사업은 「사회복지사업법」 제2조에 규정된 다수의 법률에 따른 보호, 선도 또는 복지에 관한 사업과 사회복지상담 · 직업지원 · 무료숙박 · 지역사회복지 · 의료복지 · 재가복지(在家福祉) · 사회복지관 운영 · 정신질환자 및 한센병력자의 사회 복귀에 관한 사업 등 각종 복지사업과 이와 관련된 자원봉사활동 및 복지시설의 운영 또는 지원을 목적으로 하는 사업을 말한다. 즉 사회복지시설이란 사회복지사업을 행할 목적으로 설립된 시설로 주거서비스를 제공하는 생활시설과 통원서비스만을 제공하는 이용시설을 모두 포함한다.

사회복지시설은 과거에 요보호대상자가 자신의 가정을 떠나 사회복지시설에 일정 기간 동안 또는 평생 생활하는 방식이 주를 이루었지만, 오늘날엔 요보호대상자가 가정에서 생활하면서 필요한 서비스를 사회복지시설로부터 제공받는 방식으로 점차 확대되고 있다. 또한 사회복지시설과 가정과의 중간 형태인 중간시설(half-way house)도 등장하고 있다. 이러한 시대적 변화에 따라 사회복지시설도 단순히 건물, 설비, 기자재 등의 외형적 틀 안에서 생활하는 생활시설과 더불어 시설생활인에게 제공되는 가족 서비스, 즉 시설직원이나 자원봉사자, 지역사회 주민이나 각종 단체에 의해 제공되는 다양한 서비스와 지역사회 주민에게 제공되는 사회복지관, 교육, 상담, 각종 서비스까지 포함하는 광의의 의미로 사용되고 있다.

2) 사회복지시설의 필요성

사회복지실천은 시대의 변화와 경제 성장, 고령화와 저출산에 따른 인구구조의 변화, 핵가족으로의 가족구조 변화, 사회적 위험의 증가와 사회문제의 복잡화, 복지욕구의 다양화 및 고도화에 따라 다층적이고 체계화된 시스템으로 실행되고 있다. 아울러 여가와 문화생활의 중요성이 부각되면서 사회복지시설의 서비스는 주거 보호 외에도 여가, 문화, 직업기술 습득, 대인관계 기능 향상, 사회생활훈련 등 정신적·신체적·사회적으로 건강한 생활을 향유하게 하는 차원으로까지 확장되었다. 이처럼 사회복지시설은 사회복지 구현을 위해 설립된 시설로서 빈곤 및 다양한 어려움에 처한 사람들의 생활 지원과 사회 진출을 모색하고 인간다운 생활을 지원하는 핵심 교두보라는 점에서 의의를 갖는다고 할 수 있다. 사회복지시설의 필요성을 종합하여 정리하면 다음과 같다.

첫째, 지역사회가 보호하지 못하고, 사회적으로 소외되어 보호의 필요성이 시급한 장애인, 노인, 아동, 부랑인 등에게 일정한 주거서비스와 각종 복지서비스를 제공하는 복지시설의 사회적 역할은 여전히 필요하다.

둘째, 노인들은 연령 증가와 더불어 생활의 독립성이 감소되므로 시설이나 전문가에 의존하는 욕구 해결이 필요하며, 의료적 욕구가 강한 중증장애인의 경우에도 서비스가 집중되는 복지시설에의 입소가 필요할 수 있다.

셋째, 사회복지서비스는 가능한 한 가정보호의 원칙이 유지되는 것이 최선이지만, 시설보호가 필요한 복지대상자와 그 가족들이 실제로 존재하며, 그러한 그들의 욕구 또한 무시할 수 없다. 특히 다음과 같은 경우에 시설보호가 필요하다.

① 가족이나 부양의무자가 없어 적절한 보호를 받을 수 없는 경우
② 가족이 있더라도 경제상, 시간상, 거리상 가족의 적절한 도움을 받을 수 없는 경우
③ 복지대상자의 상태가 중증이어서 가족들의 능력으로는 보호하거나 돌볼 수 없는 경우
④ 재가 서비스로는 복지대상자에게 효율적인 보호가 불가능할 경우
⑤ 복지대상자의 문제가 만성적이어서 의료기관에서 치료받기에 비용상 적절하지 못한 경우

넷째, 그러나 단순한 보호차원이 아니라 생활대상자들에게 각종 복지서비스를 제공하고, 지역사회와의 긴밀한 연계 속에서 보다 높은 수준의 질적 서비스를 갖추기 위해서는 시설운영의 전문성, 효율성, 민주성, 개방성이 필요하다.

3) 사회복지시설의 운영원리

최근 사회복지에 대한 국민들의 욕구와 의식수준이 높아지면서 사회복지시설의 환경은 급속한 변화를 겪고 있다. 이에 따라 전통적으로 생활보호 및 주거서비스 위주로 제공되던 사회복지시설의 서비스는 경제 성장과 생활방식의 변화, 그리고 가족문화와 고령화 등과 같은 환경의 변화에 따라 이용자의 삶의 질 향상을 위한 포괄적 서비스를 제공하는 역할로 확대되고 있는 추세이다. 사회복지시설의 운영에 있어서 이용자의 삶의 질 향상을 위해 갖추어야 할 기본 운영원리에 대해 살펴보면 아래와 같다(박종팔, 2019).

(1) 인권보장의 원리

인권이란 인간이기에 갖는 본질적이고 선천적인 권리로서, 인간이 그 자체로서 존엄성을 인정받고 인간답게 살아가는 데 필요한 모든 권리로 표현할 수 있다(권중돈, 2012). 그러므로 누구나 법 앞에 평등하며 자유롭게 인간다운 삶을 누

릴 수 있는 거주, 직업, 사생활, 종교, 양심, 통신, 학문, 재산, 정치, 언론 등의 제반 권리가 개별적·사회적으로 보호되어야 한다(국가인권위원회, 2011).

인권보장의 원리는 헌법에 보장된 가장 기본적인 권리로서, 인간의 존엄성과 행복추구권(헌법 제10조), 평등권(제11조), 인간다운 생활을 할 권리(제34조) 등이 보장되어야 한다는 것을 의미한다. 인권보장에서 규정한 인권의 영역은 천부적 권리, 규범적 권리, 형성적 권리로 구분된다. 천부적 권리는 생명권, 자유권, 평등권을 의미한다. 규범적 권리는 생활, 직업, 교육, 언론, 재산, 참정권, 권리구제에 관한 것을 의미한다. 형성적 권리는 우리의 사회공동체를 위한 구성원으로서 권리, 재구성되어야 할 인권, 차별 금지 등에 관한 것이다. 따라서 사회복지시설의 운영자가 시설의 운영과정에서 가장 우선시해야 하는 것이 바로 인권보장의 철학이라 할 수 있다.

(2) 정상화의 원리

정상화의 원리는 1950년대 후반 북유럽에서 시설수용보호 중심의 서비스를 받는 지적장애 자녀에게 일반인과 같은 정상적 생활을 보장해 주고 싶다는 생각에서 나온 개념이다. 지적장애인은 격리되어야 할 특별한 사람이 아니라 모든 시민과 함께 살아갈 권리를 가진 사회 구성원으로 보고 이들의 생활조건, 즉 주거생활, 직장생활, 여가생활 등에서 정상화가 구체화되어야 한다고 하였다. 현재 이는 사회복지실천의 주요 이념으로 제시되면서 정신장애인뿐 아니라 노인, 아동, 청소년 등에 관한 서비스에서 소비자의 권리를 옹호하기 위한 수단으로 활용되고 있다.

정상화 원리의 기본원칙으로는 첫째, 장애인의 정상적이고 일상적인 생활 리듬을 존중해야 한다는 것, 둘째, 장애인 개인의 성장과 발달에서 비장애인과 같은 정상적인 발달경험을 할 수 있게 하며, 셋째, 삶의 중요한 과정에서 선택의 자유와 자기결정권을 부여하는 것, 넷째, 사회에서 가치 저하에 놓일 위기가 있는 클라이언트를 위해 가능한 한 클라이언트의 내재화된 잠재력과 사회적 역할을 강화하기 위한 자원을 제공하여 방어해 주는 것을 강조하고 있다(김용득 외, 2007).

시설보호에서 정상화의 원리를 실현하기 위해서는 법적 장치를 통한 제도화와 더불어 시설운영자의 실천의지 강화 및 실천을 위한 구체적 프로그램 마련을 통하여 가능하다. 따라서 정상화의 원리는 시설의 운영자 및 입소한 클라이언트에게 사회복지시설에서 지역사회와의 관계 맺음에 대한 이론과 실천적 지침을 제공한다고 할 수 있다.

(3) 사회통합의 원리

사회통합(social integration)이란 사회 구성원 간, 또는 인간사회 내의 여러 집단, 단체, 기관 간에 서로 결속력을 갖도록 해 주는 것을 말한다. 현대 사회에서는 시설에 입소한 클라이언트를 사회에서 격리하고 배제시키는 것이 아니라 그들을 경제적으로 자립시키거나 신체적으로 재활시켜 생산적 인간으로 만들어 사회통합을 이루려는 데 목적을 두고 있다(정무성, 2005). 사회통합을 이루기 위해서는 6단계를 거쳐야 한다.

첫째, 시설 내부에서 지역사회로 이전하는 것으로 물리적 통합을 이루는 것이고, 둘째, 기능적 통합으로 지역사회 내에서 사는 것이다. 셋째, 조직적으로 지역사회의 조직을 활용하는 것이고, 넷째, 사회적 통합으로 지역 주민과 사회적으로 혼합되는 것이고, 다섯째, 개인적 · 심리적으로 지역 주민과 친밀한 관계를 유지하는 것이다. 마지막으로 지역사회에 완전히 통합되는 것이다. 사회통합이 완전히 이루어지기 위해서는 사회복지시설에서 계획하고 진행하는 모든 사업과 프로그램이 지역사회 안에서 개방되어야 한다(엄미선 외, 2019). 즉 사회통합은 시설에 거주하는 클라이언트가 어떠한 사회적 차별과 편견을 받지 않고 일상적인 사회생활이 가능한 그런 사회적 조건을 만드는 것을 의미하므로, 사회통합은 클라이언트의 삶의 질을 증진하는 매우 중요한 영향요인이라고 할 수 있다.

(4) 자립생활의 원리

사회복지시설에 거주하는 클라이언트에게 있어서 자립생활이란 '개인의 삶에 대해 결정할 때 타인의 개입이나 보호를 최소화하고 스스로 삶에 대해 선택하고 결정하는 과정에 당사자가 참여하는 과정'이다. 자립생활 원리의 핵심은 클라이언트의 자기 의사결정과 선택권이다. 즉 어디에서, 누구와 함께, 어떤 생활양식을 선택하고, 자신의 시간을 어떻게 활용할 것인지 등에 대한 생활 전반에 걸친 상황을 결정하고 선택할 수 있는 권리가 클라이언트 본인에게 있다는 것이다. 그러므로 자립생활은 타인에 대한 의존을 최소화하면서 자기결정과 선택권에 따라 자신의 삶을 지배하고, 사회적 역할을 수행하면서, 그로 인해 발생하는 위험도 책임질 수 있는 인생의 주체자라는 것을 주변 사람들로부터 인정받는 것을 의미한다(임은주, 2022). 즉 클라이언트에게 있어 자립생활이란 기존의 신체적 자립이나 경제적 자립에 국한된 의미만이 아니라 스스로의 선택과 결정, 주도적인 역할을 기반으로 지역사회에 통합되어 사는 것이라고 볼 수 있다.

(5) 강점관점의 원리

강점관점(Strength Perspective)의 원리는 클라이언트의 특성을 인정하고 존중하면서 클라이언트의 결점보다는 잠재력, 가능성, 강점에 주목하여 사회복지사의 협력적 관계를 토대로 사회적 적응을 이루어 가는 데 초점을 둔 실천원리이다. 강점관점 실천에서는 전문가의 치료와 개입보다 당사자가 원하는 삶의 목표를 세우고 이를 이루기 위해 필요한 강점과 자원을 찾고 활용할 때 더 큰 변화와 성장이 가능하다고 강조한다(김선정, 2013).

즉 강점관점 원리는 사회복지실천현장에서 기존에 일반적으로 적용되어 오던 문제 중심 모델이 그들의 문제를 궁극적으로 해결하지 못함을 인식하면서 이에 대한 반성으로부터 출발하게 되었다. 따라서 강점관점의 원리는 인간이면 누구나 강점을 가지고 있다고 보고 이러한 강점을 중심으로 개입하며 그 과정에서 클라이언트의 역량을 강화해 가는 적극적인 사회복지실천이라고 할 수 있다. Saleebey(2006; 김희수 · 최선희, 2023 재인용)는 강점관점의 핵심원칙을 다음의 6가지로 제시하였다.

① 개인, 가족, 지역사회는 강점을 가지고 있다.

사회복지사는 클라이언트를, 비록 드러나 보이지 않는다고 하더라도, 역량이 있고 기술과 강점을 가진 존재로 봐야 한다. 또한 클라이언트에게는 찾아서 활용할 수 있는 가족과 지역사회의 자원이 있다는 것을 잊지 말아야 한다.

② 질병, 학대, 갈등은 기회로 작용할 수 있다.

클라이언트는 어려운 상황을 극복할 수 있을 뿐만 아니라 그 과정을 통해 새로운 기술을 배우고 긍정적 보호기제를 개발할 수 있다. 다양한 트라우마를 경험한 개인이라고 해서, 언제나 희생자이며 무기력하거나 회복이 불가능한 자가 아니다.

③ 변화에 대한 클라이언트의 열망을 존중하며, 기대를 높이 가진다.

종종 전문가들은 클라이언트가 가진 목표가 비현실적이라고 생각하며 클라이언트의 성장 잠재력을 가로막는다. 사회복지사는 클라이언트에 대한 기대를 보여 줘서 클라이언트가 스스로 회복하고 희망을 이루어갈 수 있도록 해야 한다.

④ 클라이언트와 협업한다.

사회복지사가 모든 답을 가지고 전문가의 역할을 수행하게 되면 클라이언트의 강점과 자원을 인식하지 못하게 된다. 강점관점은 사회복지사와 클라이언트의 협업을 강조한다.

⑤ 어떠한 지역사회에도 자원은 있다.

아무리 열악한 지역사회라고 하더라도 지식, 지원, 멘토십, 유형자원 등의 분야에서 그중 어떤 한 가지라도 가지고 있다. 즉 자원이 없는 지역사회는 없다.

⑥ 서로를 돌본다.
강점관점은 공동체의 중요성과 사회의 모든 구성원들에 대한 포용성을 인식하고, 사회정의를 위해 노력한다. 이는 서로를 돌보는 것이 사회통합과 시민참여의 기본 형태라는 전제에 기초한다.

제2절 사회복지시설의 기능과 역할

1) 사회복지시설의 기능

사회복지시설의 개념이 과거 거주시설에서 지역 주민의 다양한 욕구를 충족하기 위해 상시 이용할 수 있는 각종 사회복지시설을 포함하는 넓은 의미로 변화되면서 사회복지시설의 기능과 역할도 변화되고 있다. 그럼에도 시대를 초월한 사회복지시설의 보편적인 기능이 있는데, 이는 다음과 같다(엄미선 외, 2019).

(1) 기초적 기능

이는 종래부터 시설이 담당해 오던 기능으로, 인간의 생명 유지를 위한 일상적 보호를 뜻한다. 이러한 일상적 보호에 필요한 생활환경을 정비하는 보호적 기능과 시설생활인(거주인)이 각자의 발달과정에 도달할 수 있도록 지원하는 교육적 기능이 있다. 또한 시설생활인이 해결하거나 도달해야 할 생활과제를 설정하여 이를 해결하기 위하여 치료, 교육, 훈련, 자립지원 등의 서비스를 제공하는 전문적 기능이 있다.

(2) 고유적 기능

고유적 기능에는 문화적 기능과 변호적 기능이 있는데 이는 시설생활인의 주체적인 자립생활을 위하여 정착되어야 하는 기능이다. 문화적 기능은 시설이 시설생활인의 문화 활동, 사회참여, 가치 있는 삶을 추구하기 위한 문화적 생활 기반을 확충해야 한다는 의미이다. 이와 더불어 지역사회 주민에게도 시설을 개방하여 시설과 지역의 상호교류를 촉진시키는 사회복지센터로서의 역할을 수행해야 한다. 지역사회의 욕구에 적극적으로 대응하여 지역사회 중심 프로그램을 개발하고, 지역사회 공동체와 연계를 실천함으로써 지역사회의 복지를 증진시킨다. 시설생활인과 지역사회 주민이 함께 어우러져 진정한 이웃으로의 삶을 살아갈 수 있도록 체험의 장이 되어야 한다.

(3) 파생적 기능

이는 기초적 기능과 고유적 기능이 상호관계를 가지면서 향후 발전해 가야 하는 기능을 뜻한다. 단위시설로서는 대처하기 어려운 경우, 여러 사회자원의 개발과 연락, 조정, 네트워크를 통하여 시설생활인의 복잡하고 다양한 생활을 여러 사회자원의 개발, 연결, 조정, 네트워크를 통하여 해결해 나가는 조정개발적 기능, 그리고 긴급한 상황에 처한 요보호 대상자에게 일시보호나 단기입소를 제공하여 긴급 상황을 극복할 수 있도록 지원하는 긴급 단기지원 기능이 있다.

2) 사회복지시설의 사회적 역할

사회복지시설의 중요한 역할은 경제, 사회, 신체, 정신상의 결여나 장애 때문에 자택에서 일상생활을 영위하기 어려운 사람들을 보호하며 이들에게 의식주를 비롯한 각종 생활서비스와 복지서비스를 제공하는 것이다. 사회복지시설의 개념과 운영상의 원리를 토대로 한 사회복지시설의 역할은 다음과 같이 제시할 수 있다(우혜숙 외, 2023).

첫째, 시설생활인의 생활을 유지하고 지원하는 역할이다. 사회적 자립이 곤란한 시설생활인이 자신의 가정에서 보호를 받기 어려울 경우에 사회복지시설에 입소하여 생활 전반에 필요한 서비스를 제공받는다. 시설생활인은 시설보호서비스를 받아서 자신의 문제와 장애를 치료, 훈련, 회복하게 된다.

둘째, 가정생활을 지원하는 역할이다. 시설생활인이 시설보호서비스를 이용하여 그 가족의 생활을 직간접적으로 지원하고 가족관계를 조정하며, 가족의 부양기능을 안정시킨다. 이를 위하여 가족상담, 가족 상황에 적합한 지원체계와 구축 등 가족관계를 강화하기 위한 조치를 통하여 가정생활을 지원한다.

셋째, 지역사회의 복지를 증진하는 역할이다. 최근까지 사회복지시설은 주로 시설 생활인에 대한 서비스만을 제공해 왔다. 그러나 시설은 지역사회와의 긴밀한 연계가 이루어지지 않고서는 그 역할을 충분히 수행한다고 볼 수 없다. 따라서 사회복지시설은 시설보호에 충실하면서 지역사회와의 관계를 면밀히 하기 위해 지역사회의 요구를 충족시키는 복지서비스도 제공해야 한다.

넷째, 지역 주민에 대한 복지교육적 역할이다. 사회복지시설은 복지교육을 체험할 수 있는 교육의 장이다. 그리고 사회복지시설이 속해 있는 지역의 주민들이 복지문제를 제대로 인식하지 않고서는 적절한 복지재원의 확보나 시설에 대한 편견의 극복은 기대하기 어렵다. 사회복지시설은 이러한 지역 주민의 복지교육의 장을 제공하는 기능을 담당해야 한다.

제3절 사회복지시설의 유형

1) 사회복지시설의 분류

사회복지시설은 설립 및 운영주체, 시설 이용형태, 이용자에 대한 이용료 부담 등에 따라 다음과 같이 분류할 수 있다.

(1) 설립 및 운영주체에 따른 분류

〈표 4-1〉 설립 및 운영주체에 따른 분류

유형	특성
국·공립 공영시설	국가나 지방자치단체가 설립하여 직접 운영 민간이 운영하기 어려운 시설이나 시범적인 복지시설
국·공립 민영시설	국가 또는 지방자치단체가 설립하고 민간법인에 위탁 운영하는 사회복지시설
사립 국·공영시설	민간이 설립하고 국가 또는 지방자치단체에 기증하여 운영하는 사회복지시설
사립 민영시설	민간이 설립하고 민간이 국가 또는 지방자치단체의 지원을 받아 직접 운영하는 시설
개인 운영시설	개인이 설립하고 운영하는 사회복지시설

(2) 시설 이용형태에 따른 분류

- **생활시설**: 요보호대상자를 수용하여 24시간 보호하는 시설(예: 요양원, 아동양육시설 등)
- **이용시설**: 재가 혹은 생활시설의 요보호대상자를 통원하게 하여 대개 낮동안 서비스를 제공하는 시설(예: 사회복지관, 주간보호센터, 각종 상담소 등)

(3) 이용자에 대한 이용료 부담에 따른 분류

- **유료시설**: 이용자 또는 그 부양의무자로부터 모든 요금을 수납하여 운영하는 시설로, 수납금액은 지자체장에게 승인을 받고 징수
- **무료시설**: 국가 또는 지방자치단체가 일정액을 지원함으로써 전액 무료로 서비스를 제공하는 시설
- **실비시설**: 실비의 요금을 수납하는 시설로, 시설이용자에게 직접 투여된 비용이 포함될 뿐 기타의 비용은 포함되지 않음

2) 사회복지시설의 종류

사회복지 관련법에서 규정하고 있는 사회복지시설의 종류를 살펴보고자 한다. 우선 소관부처에 따른 시설 종류를 살펴보면 <표 4-2>와 같다.

〈표 4-2〉 사회복지시설의 종류

소관 부처	시설종류	세부종류		관련법
		생활시설	이용시설	
보건 복지부	노인복지시설	노인주거복지시설 노인의료복지시설 학대피해노인전용쉼터	재가노인복지시설 노인여가복지시설 노인보호전문기관 노인일자리지원기관	「노인복지법」
	복합노인복지시설	농어촌에 지역에 한해 「노인복지법」 제31조 노인 복지시설을 종합적으로 배치한 복합노인복지시설을 설치·운영 가능		「농어촌주민의 보건복지 증진을 위한 특별법」
	아동복지시설	아동양육시설 아동일시보호시설 아동보호치료시설 자립지원시설 공동생활가정 학대피해아동쉼터	아동상담소 아동전용시설 지역아동센터 다함께돌봄센터 아동보호전문기관 가정위탁지원센터 자립지원전담기관	「아동복지법」
	장애인복지시설	장애유형별 거주시설 중증장애인 거주시설 장애영유아 거주시설 장애인단기 거주시설 장애인공동생활가정 피해장애인쉼터 피해장애아동쉼터	장애인지역사회재활시설 장애인직업재활시설 장애인의료재활시설 장애인생산품판매시설 지역보조기기센터	「장애인복지법」, 「장애인·노인 등을 위한 보조기기 지원 및 활용촉진에 관한 법률」
	정신건강증진시설	정신요양시설 정신재활시설 중 생활시설	정신재활시설 중 이용시설	「정신건강증진 및 정신질환자 복지서비스 지원에 관한 법률」
	노숙인시설	노숙인자활시설 노숙인재활시설 노숙인요양시설	노숙인종합지원센터 노숙인일시보호시설 노숙인급식시설 노숙인진료시설 쪽방상담소	「노숙인 등의 복지 및 자립지원에 관한 법률」
	사회복지관		사회복지관	「사회복지사업법」

소관 부처	시설종류	세부종류		관련법
		생활시설	이용시설	
질병관리청	지역자활센터		지역자활센터	「국민기초생활 보장법」
	결핵 · 한센시설	결핵 · 한센시설		「사회복지사업법」
성평등가족부	성매매피해지원시설	일반지원시설 청소년지원시설 외국인지원시설 자립지원공동생활시설	자활지원센터 성매매피해상담소	「성매매방지 및 피해자 보호 등에 관한 법률」
	성폭력피해보호시설	성폭력피해자보호시설	성폭력피해상담소	「성폭력방지 및 피해자 보호 등에 관한 법률」
	가정폭력보호시설	가정폭력피해자보호시설	가정폭력상담소 긴급전화센터	「가정폭력방지 및 피해자 보호 등에 관한 법률」
	한부모가족복지시설	출산지원시설 양육지원시설 생활지원시설 일시지원시설	한부모가족복지상담소	「한부모가족지원법」
	다문화가족지원센터		다문화가족지원센터	「다문화가족지원법」
	건강가정지원센터		건강가정지원센터	「건강가정기본법」
	청소년복지시설	청소년쉼터 청소년자립지원관 청소년치료재활센터 청소년회복지원시설		「청소년복지 지원법」
통일부	북한이탈주민지원시설		북한이탈주민지역적응센터	「북한이탈주민의 보호 및 정착지원에 관한 법률」
교육부	어린이집		어린이집	「영유아보육법」

출처: 보건복지부(2025). 사회복지시설관리안내.

제4절 사회복지시설의 역사

1) 서구 사회복지시설의 발달사

사회복지시설의 역사는 인류의 보편적 가치인 상호부조, 박애정신, 자선 등의 핵심가치에 뿌리를 두고, 제도적인 접근보다는 종교적인 박애정신을 기초로 한 나눔과 돌봄 형태의 구제활동에서 시작이 되었다. 그러나 시대의 변화와 경제 성장, 의식구조의 변화, 여가와 문화생활의 중요성이 부각되면서 현대의 사회복지시설은 구제와 보호의 관점만이 아닌 총체적인 생활복지로의 기능전환, 즉 이용자의 삶의 질을 향상시킬 수 있는 다면적 생활공간으로의 역할로 확대되기에 이르렀다. 이러한 시대적 요구에 따라 사회복지시설 관리와 운영 측면에서도 전문화 및 적극성을 보다 강화하는 흐름으로 이어지고 있다.

(1) 서구 사회복지시설의 역사

사회복지시설의 시작은 인류가 태동하면서 이웃을 향한 사랑을 실천한 자선 및 구제활동에서부터 그 기원을 찾을 수 있다. 실증적인 기록에 의해 확인 가능한 사회복지사업과 시설의 역사는 기독교의 발전에 따른 교회 중심의 빈민구제 사업에서 나타난다. 그 최초의 기록은 사도행전 6장에 나타난 신앙 및 구제 공동체 활동과 기원 초 이집트 수도자들이 병약자, 의지할 곳 없는 자들에게 자선을 베푼 구빈원(Diaconia) 활동에서 찾아볼 수 있다(전광현 외, 2015).

구빈원은 359년 니케아 공의회 이후 도시에 설립된 '여행자의 집(Xenodochium)', 그리고 375년 바실(St.Basil) 신부가 설립한 'The Basiliad' 병원으로 발전되면서 빈곤자들을 수용하고 이들을 위한 공장을 세워 일자리를 제공했으며, 환자들을 치료하고 행려병자들을 보호하며 봉사하였다. 이후 그레고리안 1세 교황(590~640년)이 설립한 교회숙박소가 나중에 독립된 구빈원(poorhouse)으로서 병자, 노인, 고아, 과부 등을 보호하는 수용시설 형태로 발전되었다.

이러한 구빈원은 교회와 수도원으로부터 점차 국왕, 귀족, 종교단체, 길드(guild), 신흥 도시 등으로 운영주체의 범위가 확대되었다. 그 결과 수도원이나 교구의 구제기능이 붕괴되어 실업자, 부랑자 등의 증대로 1601년 엘리자베스 구빈법을 제정하게 되었는데, 이 법에 따라 근대적 의미의 구빈원(poorhouse)이 설립·운영되게 되었다(우혜숙 외, 2023). 엘리자베스 구빈법으로 집대성된 영국의 구빈제도는 이후 다양한 변천 과정을 거치지만 그럼에도 향후 약 300년간 영국에서 국가의 책임하에 이루어지는 사회복지제도의 기본 골격으로 유지되었다. 이는 당시 영국의 식민지였던 미국에도 계승되었으며, 현재까지도 다른 많은 나라들의 사회복지 행정에 상당한 준거가 되고 있다(김영종, 2010).

한편, 현대적 의미의 지역복지시설인 인보관(settlement movement)은 1884년 영국 성공회 바네트(S.A. Barnett) 신부가 설립한 토인비 홀(Toynbee Hall)이 효시이며, 미국은 1889년에 제인 아담스(J. Addams)가 설립한 헐 하우스(Hull House), 일본은 1897년 가타야마 신(片山 潛)이 설립한 킹스레이(Kingsley)관, 한국에서는 1921년 마이어스(M. D. Myers) 선교사에 의해 설립된 서울 태화여자관이 시초이다.

(2) 사회복지시설의 변천 과정

사회복지시설은 시대의 변화에 따라, 즉 요보호자의 유형과 발생에 따른 욕구 정도와 정부의 대응방식, 그리고 시설보호자의 보호에 대한 주민의 정서 및 보호이념 등에 따라 시설의 형태와 내용이 변화·발전되고 있으며, 3단계의 변천 과정을 경험하여 왔다(조승석 외, 2022).

1단계는 사회보호적 단계로, 사회복지시설이 억압, 격리, 일시보호적 성격으로 운영된 시기이다. 이러한 시설보호는 대량의 실업, 빈곤 원인에 대한 사회조사의 결과 및 사회개혁가들의 비판 등으로 인하여 일대 변화를 맞이하게 된다.

2단계는 사회보장적 단계이다. 이 시기에는 사회복지시설이 최저생활에 대한 보장수준으로 향상되며, 가정적인 분위기에서 생활하도록 하기 위해 대규모적 집단시설에서 소규모 형태의 사회복지시설로 전환되었다. 시설생활인의 가족이나 이웃, 자원봉사자 등 비공식적인 지지망을 시설보호에 활용하려는 시도도 전개하였지만, 그 기초가 되는 지역사회 기반이 조성되지 않아 이상과 현실의 괴리에 머물러있는 단계이다.

3단계는 사회복지적 단계이다. 이 시기에는 정상화 이념의 확산으로 인해 시설보호는 시설생활인의 '삶의 질'을 높이기 위한 수단으로 사회복지시설의 사회화 기능, 사회통제 및 통합의 기능, 지역사회 복지욕구에 적극적으로 대처하는 기능을 한다. 사회복지시설이 지역사회와 연계자원을 활용하여 지역사회와 함께 하는 지역사회복지센터로서의 역할을 다하는 적극적인 복지실천 단계라고 할 수 있다.

현재 우리나라의 사회복지시설은 수급자격을 갖춘 자에 한하여 최저생활을 보장하는 수준이므로 2단계 수준으로 볼 수 있다. 앞으로 3단계의 사회복지적 단계로 나아가기 위해서는 다양한 노력이 필요하다(박종팔, 2019). 시설보호의 변천과정은 <표4-3>과 같다.

〈표 4-3〉 시설보호의 변천 과정

단계 \ 내용	보호수준	보호목표	보호형태	지역사회와의 관계
사회보호적 단계	열등처우	사회적 방위	격리	단절(폐쇄)
사회보장적 단계	최저생활	발달 가능성	수용	수동적, 일방적
사회복지적 단계	최적생활	정상화	생활, 육성	능동적, 상호적

2) 우리나라 사회복지시설의 발달사

우리나라에서 최초의 사회복지시설은 1888년에 프랑스의 신부인 블랑(Jean Blanc) 주교에 의해 설립된 명동의 종현고아원이며, 이후 1906년 경성고아원, 1908년 평양양로원, 1926년 원산 보혜여자관, 1927년 민간 아동복지시설인 목포공생원, 1932년 최초의 민간 장애인 복지시설인 좌각원 설립 등으로 이어졌다. 또한 1921년 우리나라 최초의 사회복지관인 태화여자관이 복음전도, 여성교육, 사회사업을 목적으로 설립되어 미국인 선교사들에 의해 사회사업이 소개되고 프로그램이 마련되었는데 1963년까지 약 43년간 외국인 선교사들에 의해서 운영되었다(도광조, 2021).

이어 1950년 한국전쟁 직후 수많은 전쟁고아와 피난민이 발생하여 이들에 대한 구제사업과 시설보호사업 등이 필요하게 되었고, 정부의 재정이 부족함에 따라 기독교세계봉사회, 홀트아동복리회, 선명회 등과 같은 외원사회사업기관들의 구호활동이 활발히 전개되었다. 이들 외국 민간원조기관들은 국가적인 보호시스템이 부재했던 시기에 국민들이 전후의 피폐한 상황에서도 삶을 포기하지 않고 재기의 발판을 마련할 동력을 제공해 주었다는 점에서 중요한 의미가 있다(최명민 외, 2022).

사회복지시설은 1961년 「생활보호법」, 1970년 「사회복지사업법」의 제정으로 법령 절차와 규정에 따라 법인화되었는데, 그 변천은 민간 개인시설에서 사회복지법인과 재단법인으로 또는 재단법인이 사회복지법인으로 전환되어 공익법인체로서 정부의 사업을 공공의 복지 목적에 따라 위임받게 되면서 정부의 지원금에 의해 운영되는 초석을 마련하였다. 1989년에는 「주택건설촉진법」 등에 의해 영구임대아파트 건립 시 사회복지관 건립을 의무화하여 복지관 설치가 급격히 늘어나게 되었고, 2007년 「노인장기요양보험법」의 제정으로 민간 노인장기요양시설 건립이 대폭 증가하게 되는 추세로 이어졌다.

이러한 사회복지시설 운영이 실제적으로 중요성을 인정받고 사회복지시설 운영에 관한 연구활동이 활성화된 시기는 1990년대 이후부터라 할 수 있는데, 특히 사회복지시설 운영에 관한 수요를 촉발시킨 계기는 다음과 같은 세 가지 요인에서 찾을 수 있다(황성철 외, 2016).

첫째, 민간복지재단이 사회복지사업에 관한 사업계획서를 엄격히 심사하여 재정적 지원을 하기 시작한 것과 사회복지공동모금회의 본격적인 시행으로 사회복지서비스 프로그램 관리에 관한 중요성이 크게 부각되었다. 또한 1998년부터 본격적으로 민간 주도의 공동모금제도가 시행됨으로써 사회복지공동모금회의 재정지원을 받게 된 사회복지시설은 프로그램 관리와 재정관리에 보다 많은 노력과 관심을 기울이게 되었다.

둘째, 사회복지시설에 대한 평가제도의 시행이 사회복지시설의 조직 관리, 인적 자원 관리, 프로그램관리, 재정관리 등 사회복지시설 운영 전반에 대한 관심과 실천적 노력을 증대시켰다. 1997년 정부는 「사회복지사업법」을 개정하여 보건복지부 장관이나 시 · 도지사는 사회복지시설을 3년에 1회 이상 평가하도록 규정하였다. 이에 따라 1999년 보건복지부는 한국보건사회연구원으로 하여금 사회복지관을 비롯한 각종 사회복지시설에 대한 평가지표를 개발하도록 하였고, 2000년 전국 사회복지시설에 대한 대대적인 첫 평가를 실시하였다. 이는 시설운영의 책임성, 효과성, 효율성을 높일 수 있었다는 관점에서 사회복지시설 운영의 중요성을 더욱 강화하는 데 큰 역할을 하였다.

셋째, 사회복지시설의 증가에 따른 지역사회에서 시설운영에 대한 경쟁적 분위기가 고조되고 이에 따른 자원확보의 중요성이 강조되었다. 사회복지관의 증가는 1990년대 후반 집중되었고, IMF 외환위기 이후 제정된 「국민기초생활보장법」의 시행에 따른 자활후견기관과 지역사회 다양한 NGO 기관의 출현으로 인해, 기존 사회복지시설들이 한정된 지역사회의 자원을 놓고 서로 각축을 벌이는 상황이 전개되었다. 이에 사회복지시설을 운영하는 데 필요한 관리 및 경영기법이 요구되어 사회복지시설의 전문적이고 체계적인 운영에 대한 관심이 크게 고조되는 계기가 되었다.

이후 점진적으로 다양한 계층의 사회복지욕구가 사회 전면에 등장하게 됨에 따라 복지공급 주체가 전문화 · 조직화되어 가고 있으며, 최근에는 고령화로 인해 이용시설인 재가복지시설뿐만 아니라 생활시설인 요양원 또한 급증하는 추세를 나타내고 있다. 전반적으로 탈시설화 및 사회통합의 차원에서 사회복지시설사업이 점차 확대되어 가는 상황이라고 할 수 있다.

제 5 장

사회복지시설의 인권 및 운영 철학

제1절 인권에 대한 이해

1) 인권의 정의

인권(human rights)이란 '인간다운 삶을 영위하기 위해 모든 인간이 지니는 최소한의 권리'를 말한다. 국가인권위원회는 인권의 사전적 의미를 '사람이 사람답게 살기 위해 필요한 것으로 당연히 인정된 기본적 권리' 또는 '인간이 자연인으로서 누려야 할 당연한 권리'로 제시하였다(국가인권위원회, 2004). 또한 「대한민국 헌법」 제10조에는 "모든 국민은 인간으로서의 존엄과 가치를 가지며, 행복을 추구할 권리를 가진다. 국가는 개인이 가지는 불가침의 기본적 인권을 확인하고 이를 보장할 의무를 진다."라고 규정되어 있다.

이러한 인권의 개념에 대해 한마디로 단정적인 정의를 내리는 것은 쉽지 않다. 인권이라는 개념과 범주는 고정되어 있다거나 정태적인 것이 아니라 시대 변화에 따라 새로운 인권문제 또는 영역이 계속 발생하기에, 인권을 확장하고 새로운 개념을 만들어 나가는 맥락 속에서 끊임없이 변화하기 때문이다. 인권의 정의에 대해 국제적인 합의를 규정한 내용을 살펴보면, 세계인권선언(1948)에서는 인권을 '인간이 누구이고 무엇을 하든지 간에 하나의 존엄한 존재로서 존중받을 권리'로 규정하고 있으며, UN인권센터(UN Center for Human Rights)는 인권은 일반적으로 우리의 타고난 천성에 내재되어 있는 것으로, 이것 없이는 인간으로 살 수 없는 권리라고 정의하고 있다.

또한 우리나라의「국가인권위원회법」제2조 1항에서 '인권이라 함은 헌법 및 법률에서 보장하거나 대한민국이 가입, 비준한 국제인권조약 및 국제관습법에서 인정하는 인간으로서의 존엄과 가치 및 자유와 권리를 말한다'라고 정의하고 있다. 또한 제2조 제4항에서는 '평등권 침해의 차별행위'를, 합리적인 이유 없이 성별, 종교, 장애, 나이, 사회적 신분, 출신지역, 출신국가, 민족, 용모 등 신체조건, 혼인 여부, 가족 형태나 가족상황, 피부색, 사상 또는 정치적 의견, 전과 경력, 성적 지향, 학력, 병력 등을 이유로 고용이나 교육에서의 차별대우, 성희롱을 하는 것으로 정의하면서 이를 금지하도록 규정하고 있다.

위와 같은 법의 규정에서 나타난 바와 같이 인권의 정의에는, 인간의 존엄과 행복 추구에 대한 권리를 상당히 폭넓게 인정하고 있으며 구체적인 차별행위의 금지까지도 포함하고 있음을 알 수 있다. 이러한 인권은 인종, 성별, 사회적 신분 등에 구애받지 않고 모든 인간이 누려야 하는 보편성과 타고난 고유한 권리라는 의미에서 천부적 특성을 가지며, 국가 권력도 인권을 최대한 존중하고 보장해야 하며, 그 본질적인 부분에 대해 절대로 침해할 수 없다는 점에서 그 불가침성을 그 특질로 한다(윤찬영, 2000).

2) 인권의 특성

인권이란 '각 개인이 오로지 인간이라는 이유 하나만으로 가지는 권리'이다. 이 권리는 어떤 국가나 법체계가 권리로 인정하는가와 상관없이 우리 각자에게 인정되는, 실정법 이전의 권리로서 모든 인간 및 조직, 사회, 국가, 국제조직 등이 존중하여야 할 의무이다. 즉 국가와 실정법이 인정하는가와 상관없이 인간이라면 누구나 누리는 권리라는 점에서 자연권(natural rights) 또는 도덕적 권리(moral rights)라고도 한다. 국가인권위원회(2015)는 인권의 특성을 다음과 같이 요약하여 제시하였다.

(1) 권리 주체의 보편성

인권은 모든 인간이 누구나 향유할 수 있는 권리로서, 보편적 주체성이 인정되는 보편적 권리이다. 즉 인권은 개인으로서의 모든 인간에게 당연히 부과된 권리이기 때문에 개인의 노력이나 품성, 제도적 승인과 같이 어떤 후천적 기준을 충족함으로써 획득되는 권리가 아니라는 점에서 보편성의 의미를 갖는다. 인권은 그 발전 과정에서 특권에 도전하면서 성장했다. 그 결과로 인권은 부·권력·인종·국적·성별·종교·장애 여부·사회적 신분 등 인간을 둘러싼 어떠한 조건과도 상관없이 어떠한 차별도 없이 누구나 보편적으로 향유해야 할 권리가 될 수 있었다(인권운동사랑방, 1999).

그렇다고 해서 보편성이 모든 사람이 다 똑같음을 의미하는 것은 아니다. 또한 인권이 동일한 방식으로 적용되어야 한다는 것을 의미하는 것도 아니다. 오히려 각 개인과 개별 집단 간의 다양성과 차이를 인정하는 등 다양성을 수용하는 것을 뜻한다. 따라서 보편성을 이해하고 인정한다는 것은 개인과 집단 등의 다름을 인정하고, 다름의 문화를 이해하며, 각각의 문화적 다양성을 존중하면서 서로 다른 차이를 인정하는 것을 의미한다(Reichert, 2011; 양옥경, 2017, 재인용).

(2) 도덕적 정당성

인권은 어떤 규범이든 모든 개인에 대하여 도덕적으로 정당화되는 권리이다. 어떤 권리의 내용이 긴급하고도 중요하여 모든 개인에 대하여 정당화될 수 있다면 그 권리는 인권이라 할 수 있다. 인권은 그 내용이 보편적으로 정당하기 때문에 국가와 사회에 제도화할 것을 요구할 수 있는 강한 의미의 권리이다. 즉 인권은 실정법적 권리로 곧바로 전환될 수 있고 되어야만 하는 권리이다. 따라서 인권은 그 내용과 효력을 실정법이 확인하고 보장해야 할 의무를 가지는 '준-실정법적 권리'이다.

(3) 권리내용의 중요성

개인이 인간으로서 가지는 근본적인 이익과 욕구가 인권의 대상이 된다는 점에서, 어떤 권리의 대상이 되는 이익과 욕구가 근본적이면 근본적일수록 인권으로서의 정당화는 보다 손쉬울 것이다. 따라서 인간이 최소한의 생존, 신체적 안전, 자주성의 핵심영역에서 보장을 누리기 위하여 반드시 필수적인 '근본적으로 필요하고 긴박한 재화나 가치'가 인권의 권리내용에 포함될 수 있다.

(4) 실정법에 대한 우선성

인권은 제도적 권리 및 실정법적 권리에 우선하는 지위를 갖고 있다. 실정법적 권리가 인권 형성 및 평가의 기준이 되는 것이 아니라, 인권이 실정법적 권리의 내용을 구성하고 평가하는 기준이 된다는 점에서 인권은 실정법에 대한 우선성이라는 속성을 갖는다. 인권을 침해하는 실정법은 내용상으로 정당성을 잃게 되며, 이러한 부정당함은 단순히 도덕적인 부당함에만 그치는 것이 아니라 법적인 성격을 가지게 된다. 즉 '不法的 법률'이라는 것이다. 이러한 표현은 2차 세계대전 후 라드브루흐라는 독일의 법 철학자가 독일 나치 시대의 법체계와 법률들을 평가하면서 사용하였다. 즉, 인권을 의도적으로 침해하는 법률은 '극도로 부정의한 실정법으로 이는 법이 아니다.'라고 정의하였는데 이처럼 실정법에 대하여 갖는 강한 우선성이 인권의 속성이라고 할 수 있다.

제2절 사회복지시설에서의 인권

1) 사회복지의 가치와 인권

인권은 인간이기 때문에 당연하게 갖는 권리이며, 인간으로서 누려야 할 생활에 관한 모든 영역에서 보장되어야 할 권리이다. 따라서 모든 인간이 기본적 욕구, 권리를 충족하여 높은 삶의 질을 누리도록 지원하는 사회복지 분야는 인권과의 연관성이 어느 분야보다도 높다. 사회복지의 궁극적 목적이자 출발점이 바로 인간의 존엄성에 대한 존중이며 사회복지가 개입하는 다양한 사회문제, 즉 빈곤, 질병, 가족, 차별, 사회적 배제, 불평등, 학대와 폭력 등이 인권의 문제와 다르지 않기 때문이다. 이는 세계적 공식문서와 다수 학자들의 연구를 통해 설명되고 있다.

UN 세계인권선언(1948)의 제22조부터 제27조의 '충분한 삶의 수준 확보 노력'에 대한 부분은 특히 사회복지와 관련성이 높으며, 국제사회복지사연맹(International Federation of Social Workers, IFSW)은 정책백서에서 "사회복지사들은 UN 세계인권선언과 그 선언에서 파생된 국제조약들에서 규정한 개인과 집단들의 기본적 인권들을 존중한다."라고 언급하고 있다. 또한 '사회복지는 인권전문직'이라고 규정한 유엔인권센터(2005)는 인권과 사회복지 모두 기본적으로 도덕적·가치적 차원에 토대를 두고 있다는 점에서 유사하며, 사회복지는 인격과 권리 개념에 기초를 두고 있어 인권이 사회복지의 이론, 가치, 윤리, 실천과 분리될 수 없고, 인권이 사회복지실천 활동에 정당성을 구현하고 동기를 강화한다고 하였다. 미국사회복지사협회(NASW)도 2000년 정책선언을 통해 사회복지전문직이 인권에 근거하고 있으며, 인권을 지향하고 있다는 것을 분명히 밝히고 있다(김기덕, 2008).

또한 한국사회복지사협회의 '사회복지사 윤리강령'(2001) 전문과 '사회복지사 선서문'을 보면, 인간의 존엄성과 가치 존중, 그리고 사회정의의 신념 등을 주장하고 있다. 인권과 정의를 주요한 가치와 이념으로 내세우고 있는 것이다(윤찬영, 2023). 사회복지사는 다른 어떤 유형의 전문직보다 인권과 직접적인 관련을 가지고 일하고 있으며, 사회복지현장에서 일어나는 실천업무의 대부분은 클라이언트의 인권을 회복하거나 옹호하는 활동과 관련되어 있다. 따라서 사회복지사가 실천 활동을 수행하면서 인권의식을 가지고 클라이언트의 인권을 존중하며 인권 증진의 역할을 해야 할 사회적 요구와 당위성 또한 점차 높아지고 있다. 이에 국제사회복지사연맹(IFSW)은 '국제인권정책(International Policy on Human Rights)'에서 사회복지실천에서 준수해야 할 인권 원칙을 아래의 <표 5-1>과 같이 제시하였다(국가인권위원회, 2014).

〈표 5-1〉 국제사회복지사연맹(IFSW)의 인권 원칙

• 모든 사람은 고유의 가치를 가지고 있으며 그것은 그 사람을 위한 도덕적 배려로 정당화된다. • 모든 개인은 자립(self-fulfillment)의 권리를 가지고 있으며, 다른 사람의 동등한 권리를 침해하지 않는 범위에서 최대화되어야 한다. 또한 모든 개인은 사회의 안녕에 기여할 의무를 가지고 있다. • 어떠한 형태의 사회이든지 모든 사회는 그 구성원에게 최대의 이익을 제공하기 위한 기능을 해야 한다. • 사회복지사는 사회정의의 원칙에 대한 소신을 가져야 한다. • 사회복지사는 개인과 집단, 지역사회와 사회의 발전을 도모하고 개인-사회적 갈등을 해결하기 위한 객관적이고 훈련된 지식과 기술에 헌신할 책임을 지니고 있다. • 사회복지사는 성, 연령, 장애, 인종, 사회계층, 종교, 언어, 정치적 신념, 성적 취향에 기초한 어떠한 차별 없이 가장 최선의 가능한 지원을 제공하여야 한다.

최근 들어 우리나라 사회복지 전문직 가치의 영역에서는 점차 전문직의 권위적 관계보다 클라이언트와의 동반자적 파트너십이 강조되면서 시민권 및 임파워먼트(empowerment)가 실천의 핵심 개념으로 부상하였고 이는 인권의 관점과 자연스럽게 연결되어 왔다(김기덕, 2017). 구체적으로 2001년 발족된 국가인권위원회의 활동과 사회복지와의 연대는 사회복지 안에서 인권 관점을 보다 강조하고 확산시키는 전환점으로 작용했다. 이에 따라 인권에 대한 국민의 관심이 높아지고, 우리 사회의 전반적인 인권실태조사 결과들이 나오면서 사회복지실천에서 인권에 관한 주제가 부각되는 중요한 계기가 되었다(권선진, 2004).

이와 같은 인권에 대한 이해와 인지는 클라이언트가 인간으로서 가지는 다양한 측면의 권리를 이해하는 것이며, 또한 사회적 존재로서 어떠한 권리가 보

장되어야 하는가를 반영하는 것으로서 사회복지실천의 내용과 방향을 구성하는 지표가 될 수 있다. 또한 인권과 관련된 법률상의 권리가 점차 확장되면서 사회복지사의 인권증진 역할은 복지서비스 제공자로서 중심에 서 있는 사회복지사의 공적이며 전문직업적인 책임을 실현하는 업무로서 강조되고 있다. 따라서 사회복지사는 인권 보호와 인권 관점에 근거하여 클라이언트의 욕구와 자원을 사정하고 보호계획을 수립하며 개별화된 서비스를 제공해 나갈 때, 사회복지실천의 질적 수준이 높아질 수 있을 것이다.

2) 사회복지시설에서의 인권침해 유형

사회복지 현장에서의 클라이언트 인권이 어떻게 다루어지고 있는가에 대한 사회적 관심이 점차 높아지면서 이와 관련된 사회복지 관련종사자의 인권활동에 대한 요구도 갈수록 높아지고 있다. 이는 사회복지 생활시설 내의 인권침해 사례가 방송매체를 통해 반복적으로 알려지는 과정에서 사회 취약계층과 복지서비스 수급자를 보호하고 옹호해야 할 사회복지실천자가 오히려 인권침해의 주범일 수 있거나 수급자의 인권을 보호하는 데 소극적이지 않느냐는 의문이 발생하였고, 다른 한편으로는 사회복지사의 윤리성이 클라이언트의 인권 보호와 관련이 깊다는 점에 관심이 쏠리고 있기 때문일 것이다.

사회복지시설 보호 또는 이용 대상자를 포함한 사회적 취약계층의 권리를 보장하고 신장하기 위한 국가의 법적·제도적 노력과 이들의 권리 옹호를 위한 비정부기구들의 참여에도 불구하고, 여전히 사회복지시설에서의 인권침해가 사회적 문제로 남아 있는 것은 국가의 법 실천의지와 시민사회의 인식 제고를 요구하는 우리의 실정을 보여 준다. 이에 사회복지시설에서의 인권침해 유형과 발생원인, 인권옹호 방안과 실현 대책 등에 대해 살펴보고자 한다. 우선, 사회복지시설의 인권침해는 시설생활인이나 이용인에 대한 폭력을 수반한 학대와 방임, 생존, 보호, 발달 및 참여권에 대한 침해, 자기결정권의 침해를 포함한 복지권과 사회적 욕구에 대한 침해 등으로 나누어 설명될 수 있다(이종복 외, 2013).

(1) 사회복지시설 내에서의 학대와 방임

사회복지시설 내에서의 생활이나 이용인에 대한 폭력을 포함한 학대나 방임에는 신체적 학대, 정서적 학대, 성적 학대 그리고 방임이 있다. 신체적 학대란 사회복지시설 생활인이나 이용인에게 폭력을 수반한 신체적 손상을 입히거나 또는 신체적 손상을 입도록 허용한 우발적 사고를 제외한 모든 사고를 말한다. 특히 생후 12개월 이하의 영아에게 가해진 체벌은 학대로 간주한다. 정서적 학대란 신체적 구속을 하거나 억제 혹은 시설 내의 일정 장소에 감금을 하거나 욕설이나 비하 등 언어적 또는 정서적 위협, 기타 가학적 행위를 포함한다. 또한 이들에게 신체적 혹은 성적 학대를 하겠다는 위협이나 위해 행위, 고의적 · 반복적으로 의식주를 제공하지 않는 행위, 부당한 노동을 강요하거나 상업적으로 이용 또는 착취하는 행위를 말한다. 성적 학대 또는 성폭력은 성기나 기타의 신체적 접촉을 포함하여 강간, 성적 행위, 성기노출, 자위행위, 성적 유희 등 성인의 성적 충족을 목적으로 시설생활인이나 이용인에게 가해진 신체적 접촉이나 상호작용을 말한다.

방임은 시설장이나 시설직원이 고의적 · 반복적으로 생활인이나 이용인에 대한 보호 및 관리를 소홀히 하여 이들의 건강이나 복지를 해치거나 혹은 정상적 생활을 저해할 수 있는 모든 행위를 말한다. 방임에는 생활인이나 이용인에게 가해진 신체적 방임, 이들을 장기간 위험한 상태로 방치하는 등의 부적절한 관리감독, 의료적 처치의 거부 등의 의료적 방임, 보호를 받고 있는 18세 미만의 아동교육의 기회를 제한하는 교육적 방임, 지지와 격려가 아닌 비난과 무시 또는 관심을 보이지 않는 정서적 방임 등이 있다.

(2) 생존, 보호, 참여, 발달의 권리 침해

우리나라는 헌법 제34조 제1항에서 "모든 국민은 인간다운 생활을 할 권리를 갖는다."라고 규정함으로써 생존권을 보장하고 있다. 따라서 사회복지시설 생활인들의 인간다운 생활보장을 위한 생존권은 반드시 보장되어야 한다. 시설생활인들은 하루 24시간 시설 내에서 생활해야 하기 때문에 영양적으로 부족하지 않은 음식을 제공받아야 하고, 냉난방을 포함한 주거 상태가 적정 수준에 맞게 유지되어야 하는 등 인간행동의 필수적 전제조건인 의식주를 포함한 적절한 생활수준을 보장받을 권리가 침해되어서는 안 된다.

보호받을 권리의 침해란 시설 내에서의 폭력이나 학대, 방임, 각종 노동력 착취나 강제노동, 화재나 화학적 유해물질 등 유해한 환경으로부터의 안전보호, 건물의 붕괴 등 위해한 환경으로부터의 보호, 가족과의 인위적인 분리로부터 보호받을 권리에 대한 침해를 말한다. 참여의 권리에 대한 침해란 시설생활인이나 이용인 자신의 의사를 표현할 자유와 자기 생활에 영향을 주는 일에 대하여 말할 수 있는 권리, 집단을 구성하며 집단의 의사를 표현하거나 행동할 수 있는 권리, 하나의 인격체로 존중받으며 자신의 능력에 부응하여 적절한 사회활동에 참여할 기회를 가질 권리에 대한 침해를 말한다.

발달의 권리의 침해란 시설생활인이나 이용인의 자기 개발을 위한 학습의 기회, 건전한 놀이와 여가를 향유할 수 있는 권리, 정보에 대한 접근과 정보를 누릴 권리, 각종 문화 활동을 할 수 있는 권리, 사상이나 양심 및 종교의 자유를 누릴 권리에 대한 침해를 말한다.

(3) 공공복지를 받을 권리에 대한 침해

사회복지의 주요 목적은 개인이 의존에서 벗어나 자립하는 데 있다. 따라서 시설생활인이나 이용인은 공공복지를 받을 권리를 가지며 복지급부의 수혜로부터 부당하게 배제되지 않을 권리, 복지행정가로부터 부당한 처우를 받지 않을 권리, 인간으로서의 존엄성을 존중받을 권리가 있으며, 클라이언트의 자기결정권을 보장받을 권리, 사생활에 대해 보호받을 권리, 클라이언트로서 받을 수 있는 서비스의 범위와 내용에 대해 정확하고 충분한 정보를 받을 권리가 침해되지 않아야 한다.

또한 시설생활인이나 이용인은 종교, 인종, 정치 · 경제적 지위를 포함한 그 어떠한 이유로도 차별 대우를 받지 않을 권리가 침해되어서는 안 된다. 클라이언트로서의 시설생활인이나 이용인은 상담 또는 서비스를 받는 과정에서 비밀을 보장받을 권리가 있으며, 사회복지시설의 각종 서비스는 클라이언트의 지불능력에 상관없이 제공받아야 하며, 이를 이유로 차별을 받지 않을 권리가 침해되지 않아야 한다.

3) 사회복지시설에서의 인권침해 발생원인

최근 들어 우리나라 사회복지 영역에서는 사회복지시설의 서비스 제공방식과 운영방식에 대해 이의를 제기하면서 시설생활인이나 이용인의 인권침해 문제가 발생하지 않도록 지침을 강화해야 한다는 논의가 강조되고 있다. 사회복지시설 운영은 사회적 약자, 돌봄이 필요한 사람에 대한 보호적 원리에 기반해야 함이 맞고, 이에 사회복지시설의 운영자와 사회복지사들은 시설생활인의 인권보장 범위와 처우 지원을 위해 노력하고 있지만, 타법과의 충돌 시 적용순위 문제 및 24시간 신변 케어와 생활 전부를 지원하는 역할의 과중함 외에 인권침해 예방을 위한 시설지침이 명확하지 않다는 정책 및 제도의 한계를 호소하고 있다.

아울러 보다 근본적인 문제는 보호조치를 우선하는 서비스 전달방식에 있다고도 할 것이다. 보호조치 우선은 현재 우리나라 사회복지서비스의 일반적인 지원방식으로, 지역사회 케어보다 시설중심, 특히 대규모 시설중심의 복지시스템 지원이 우세하다. 이는 개인의 권리 행사에 치명적인 결과를 유발하게 되며, 시설운영자의 운영방침과 의지에 따라 시설생활인의 인권이 침해될 수도 있고 아닐 수도 있다는 것을 내포하고 있어 인권친화적인 서비스 지원이 제도적으로 촘촘하게 강화되어야 할 필요성이 상당하다고 할 수 있다. 이에 제도적 · 운영적 측면에서 인권침해 발생원인을 요약하면 다음과 같다(박용순 외, 2012).

(1) 제도적 측면

- 시설보호에 있어서 인권을 보장할 지원체계가 별로 없음
- 지방자치단체나 인권 NGO, 민간단체 등에도 적극적인 인권옹호를 위한 정보 제공 및 상담 지원체계가 구축되어 있지 못함
- 단위시설이나 시설협회 차원의 대응책도 미비한 실정임
- 기존에 설립된 시설보호의 수준이 인간다운 생활권을 보장할 수 있는 수준과는 거리가 있음

(2) 시설관리 및 운영 측면

- 사회복지시설에 대한 허술한 관리, 감독 체계
- 시설운영자의 비도덕성, 비전문성
- 시설운영의 폐쇄성, 비민주적 운영
- 시설보호에 있어서 인권을 보장할 지원체계 미흡
- 시설재정의 부족과 종사자의 열악한 처우
- 인권에 대한 이용자의 권리의식 부족과 지역 주민의 무관심

4) 사회복지시설에서의 인권옹호 방안

사회복지지설에서의 인권침해는 다양한 이유에서 발생하므로 인권옹호 방안도 여러 측면에서 다각도로 논의되고 마련되어야 한다. 따라서 정책적 차원과 시설 관리적 차원으로 구분하여 제시하면 다음과 같다(박용순 외, 2012).

(1) 정책적 · 제도적 차원

시설생활인 인권옹호를 위해서는 무엇보다도 시설생활인의 인권에 대한 인식제고와 인권 보호가 이루어질 수 있는 제도적인 여건이 마련되어야 한다. 정

부는 인권에 대한 중요성을 인식하고 시설에서 생활하는 노인의 기본적인 인권을 규정하고 이를 보장하기 위해, 지난 2006년 보건복지부에서 구체적 행동강령을 제시하여 시설노인들이 존엄한 존재로 존경받고 건강하고 안정된 노후생활을 영위할 수 있도록 지원하고자 '노인복지시설 인권 보호 및 안전관리지침'을 내렸다.

그리고 사회보장위원회의 노인 학대 방지 종합대책(2014. 10.)에서는 시설 내 학대 예방 강화를 위하여 시설학대 평가 강화 등을 명시한 바 있고, 「노인복지법」 개정(2015. 12.)에 따라 노인학대 관련 범죄자의 노인 관련 기관의 취업 제한, 노인 학대 시설의 위반사실의 공표 등 노인복지시설 내의 노인 학대 행위자와 시설에 대한 처벌강화 등을 명시하였으며, 제39조의5에 중앙노인보호전문기관의 역할에 인권정책개발 등을 명시하였다. 이어 「노인복지법」 제6조의3에 노인복지시설의 설치 · 운영하려는 자와 종사자 · 이용자의 인권에 대한 경각심을 강화하기 위하여 노인복지시설에 대한 인권교육을 실시(2018. 4.)할 수 있도록 명시하고 있다(보건복지부, 2024). 장애인의 경우 「장애인복지법」에 따라 신고의무자가 소속된 시설, 기관 등의 장은 소속 장애인학대 신고의무자에게 신고의무에 관한 교육을 매년 1회, 1시간 이상씩 실시하고, 그 결과를 중앙행정기관의 장에게 제출할 의무를 부과하고 있다. 이상을 기초로 앞으로는 모든 세대 시설생활인들의 인권을 보호하기 위한 정책적 · 제도적 장치를 보다 더 강화할 필요가 있다.

한편 시설 내에서 지속적으로 발생하고 있는 각종 인권유린이나 침해는 법 규정이 없거나 미약하기 때문이 아니라 국가의 법과 정책 집행 의지가 미흡하기 때문이라는 원인 또한 제기되고 있다. 폭력, 학대, 노동력 착취 등의 인권유린 행위 및 시설을 사적 축재의 수단으로 이용하여 각종 범법행위를 한 시설장과 시설관련자들이 가벼운 형벌을 받고 다시 시설운영에 복귀하는 것은 법 실행기관이 사회적 약자인 시설생활인이나 이용인의 권리를 적극적으로 보장하고 옹호하고 있다고 볼 수 없는 것이다(이종복 외, 2013). 따라서 시설의 인권유린을 예방하고 시설생활인의 기본적 인권을 옹호하기 위해서는 보다 면밀한 법과 정책, 제도의 정비와 보완이 우선되어야 할 것이며, 인권 보호를 위한 강력한 정책적 실행력도 함께 동반되어야 한다.

(2) 탈시설화와 개방화 · 사회화 정책 확대

사회복지시설에 보호되어 있는 시설생활인을 지역사회로 복귀시키고, 지역사회 내의 요보호자에 대한 적절한 서비스를 제공하며, 시설보호의 전반적인 수준을 향상시키기 위해서는 탈시설화가 필요하다. 즉 시설복지 중심으로부터 재가복지, 지역사회보호 위주로 전환하여야 한다. 한편 사회복지시설의 개방화는 시설이 설립자 개인의 것이 아니라 지역사회가 공유하고 필요로 하는 시설이 되는 것을 의미한다. 즉 사회복지시설의 사회화란 시설과 지역사회의 상호적 과정으로 시설생활인의 생활수준 향상을 위한 노력과 지역사회 복지욕구에 대응하기 위하여 시설의 제 자원을 지역사회에 제공하고 공개하며 사회복지에 대한 주민의 교육과 체험을 돕는 제반활동을 뜻한다고 볼 수 있다.

(3) 시설관리 및 운영 차원

① 시설관리감독 및 시설평가 강화

시설의 인권문제를 예방하고 옹호하기 위해서는 가장 우선적으로 해당 지자체가 시설에 대한 현장 중심의 관리감독과 평가체계 등을 잘 수행해야 한다. 대부분의 인권문제는 관리감독 체계가 허술한 틈을 타고 발생하거나 유착관계가 형성되면서 시작된다. 또한 평가도 단순히 실적 위주의 성과평가가 아니라, 실질적인 차원에서 평가가 되도록 해야 한다. 현재 「사회복지사업법」에 의해 매 3년마다 시설평가를 하고는 있으나, 평가내용을 수정 · 보완해야 한다는 의견이 많다. 예컨대, 노동조합의 여부, 후원금 등 주요 회계에 대한 예산지출 내역의 공개, 운영위원회나 이사회 구성 체계 및 실질적인 운영 여부 이외에도 지역사회조직력 및 사회자원 확보와 관계 등의 내용이 적극적으로 평가항목에 추가되어야 할 필요가 있다.

② 사회복지지설에서의 인권교육 강화

사회복지시설에서 근무하는 종사자는 시설에 입소한 사회적 취약계층의 24시간 일상을 대하는 대표적인 휴먼서비스 제공자로서 업무의 대부분이 인권 실천과 밀접한 연관성이 있다. 따라서 사회복지시설 종사자들이 갖추고 있는 인권의식은 실제 인권옹호행동에 중요한 지표이기 때문에 사회복지종사자의 인권의식 향상을 위한 체계적이고 내실 있는 인권교육은 상당히 중요하다.

「사회복지사업법」 제1조의2 제3항은 “사회복지사업을 시행하는 데 있어서 사회복지를 제공하는 자는 사회복지를 필요로 하는 사람의 인권을 보장하여야 한다.”라고 하여 사회복지시설에서의 인권보장 의무를 기본이념으로 명시하고 있고, 제4조 복지와 인권증진 및 제5조 인권존중 봉사의 원칙에 따라 사회복지시설 의무 인권교육이 강화되었다. 제10조에서는 사회복지법인 및 시설의 종사자들이 인권교육을 의무적으로 이수하도록 하였으며, 제13조에서는 인권에 관한 내용이 포함된 보수교육에 대한 조항을 추가함으로써 사회복지사 보수교육에 인권교육을 포함하게 되었다. 사회복지시설 종사자는 이와 같은 법률에 근거하여 의무 인권교육을 포함하여 직장 내 괴롭힘 예방교육, 성희롱 예방교육, 노인 학대 신고의무자교육, 개인정보보호교육 등의 법정 의무교육을 이수하여야 한다. 그 외에도 장애인식 개선교육, 인권침해 예방교육, 아동학대 및 신고의무자 교육 등의 인권 관련 교육이 관련 개별법에 기반하여 실시되고 있다(국가인권위원회, 2021).

이처럼 최근 사회복지시설 운영과 이용자 개인의 권리를 보장하기 위한 인권교육은 점차 강화되고 있는 추세이지만 몇 가지 보완사항이 논의되고 있는 중인데, 주연선 등(2022)은 아래와 같이 정리하였다.

첫째, 사회복지시설 각 개별법령의 규정 간 혼재된 인권교육의 명칭, 교육체계, 관리체계, 수행체계 등의 문제와 함께, 형식적이고 피상적인 인권교육의 내용, 현장과의 연계성의 부족함이 보고되었으며, 아울러 개별법에서 규정하고 있는 의무 인권교육의 법적 의무사항과 시행 여부에 대한 모니터링의 필요성이 제기되어 개선이 필요하다.

둘째, 인권교육의 시간과 교육 횟수를 확대할 필요가 있다. 사회복지시설 종사자 인권교육이 인권 감수성을 향상시키는 효과를 거두고 있지만, 실제 인권교육을 받는 시간은 제한적이고 일회성 교육으로 끝나는 경향이 있다. 인권교육 시간을 확대하고 교육 횟수를 늘리는 안을 고려하되, 분야에 따라 추가적 인권교육이 필요한 분야에 있어서는 분야별 추가교육이 제공될 수 있도록 하는 방안을 고려할 필요가 있다.

셋째, 인권교육의 내용과 방식의 내실화가 필요하다. 인권교육의 교육방식 및 내용과 관련하여 일방적인 강의 중심의 교육, 형식적이고 반복적인 교육내용, 또한 사회복지 현장으로의 연계성이 부족하며 일반론적인 인권교육이 주로 이루어져서 실제 현장에서 접하는 인권문제에 대한 대응이나 클라이언트를 바라보는 시각의 변화를 실제적으로 끌어내지 못하고 있다는 문제점이 도출되었다. 획일적이고 피상적인 교육내용은 장기적으로 인권교육 발전을 저해하는 요인이 된다. 실제 사회복지현장에서 적용할 수 있는 실질적 교육과정 및 콘텐츠의 개발과 교육방식의 다양화에 대한 고민이 필요하다.

마지막으로, 사회복지시설 종사자 인권교육이 실질적으로 운영되기 위한 인권교육 체계가 정비되어야 한다. 시설장 교육을 별도로 실시할 수 있도록 법령이나 지침의 개정이 필요하며, 직급별, 직종별 차별화된 교육프로그램을 통해 실제 각 사회복지현장에서 적용 가능한 교육 콘텐츠를 제공할 필요가 있다. 사회복지시설 내부적으로는 시설의 규모와 역할에 따라 인권교육 전담자를 두어 의무 인권교육의 수행과 운영이 원활히 이루어질 수 있도록 지원해야 하며 외부적으로는 인권담당관 제도의 도입 등을 검토하여 인권교육이 책임성을 가지고 관리·운영될 수 있도록 지원할 필요가 있다.

사회복지는 가장 직접적인 인권 보장의 현장이며, 특히 사회복지시설은 인권

취약성이 높은 사회적 약자들을 대상으로 서비스를 제공하는 경우가 많기 때문에 사회복지시설 근무자에게 있어 인권교육은 필수적일 수밖에 없다. 따라서 사회복지사 인권교육은 인권에 대한 지식만을 전달하는 교육이 아니라, 인간과 사회에 대한 생각의 변화가 체화되면서 궁극적으로는 사회복지 현장에서의 실천으로 연계될 수 있어야 한다. 이러한 현장 밀착적인 인권교육의 전문성이 증진될 수 있도록 체계적인 지원시스템이 운영될 필요가 있으며, 나아가 사회복지 분야의 인권기반 실천을 위해 사회복지시설 인권교육에 대한 활발한 논의가 지속적으로 이루어져야 할 것이다.

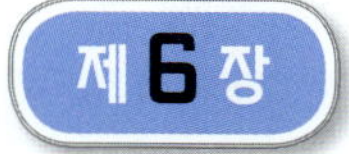

사회복지법인 및 사회복지시설의 재무회계

정부의 보조금과 시민들의 기부금으로 운영되는 사회복지법인 및 사회복지시설은 재무 정보를 투명하게 공개하고 책임 있는 경영을 실현함으로써, 사회적 신뢰를 구축하고 지속 가능한 발전을 도모할 수 있다.

'재무회계'란, 자금의 원천이 되는 이해관계자에게 재무 보고를 하기 위해 수행되는 회계 기록과 계산 일체를 포괄하는 개념이다.

현재 사회복지법인 및 사회복지시설에 적용되는 회계 기준은「사회복지법인 및 사회복지시설 재무·회계 규칙」이다. 이 규칙은「사회복지사업법」제23조(재산 등) 제4항, 제34조(사회복지시설의 설치) 제4항, 및 제45조(후원금의 관리) 제2항에 근거하여 제정된 것으로, 사회복지법인과 사회복지시설의 재무·회계 및 후원금 관리에 관한 사항을 규정하고 있다.

또한 이 규칙은 다음의 핵심 가치를 실현하는 데 목적이 있다.

- 명확성(Clarity)
- 공정성(Fairness)
- 투명성(Transparency)

이를 통해 사회복지법인과 사회복지시설의 합리적이고 신뢰성 있는 운영에 기여하는 것을 목표로 한다.

〈표 6-1〉「사회복지사업법」 상「사회복지법인 및 사회복지시설 재무 · 회계 규칙」의 근거 규정

第23조 (재산 등) 제4항	제1항에 따른 재산과 그 회계에 관하여 필요한 사항은 보건복지부령으로 정한다. [전문개정 2011. 8. 4.]
第34조 (사회복지시설의 설치) 제4항	시설을 설치·운영하는 자는 보건복지부령으로 정하는 재무·회계에 관한 기준에 따라 시설을 투명하게 운영하여야 한다. 〈신설 2011. 8. 4., 2019. 1. 15.〉
第45조 (후원금의 관리) 제2항	후원금에 관한 영수증 발급, 수입 및 사용결과 보고, 그 밖에 후원금 관리 및 공개 절차 등 구체적인 사항은 보건복지부령으로 정한다. 〈개정 2012. 1. 26.〉 [전문개정 2011. 8. 4.]

제1절 예산 및 결산

1) 예산

예산이란 법률에 명시된 절차와 형식에 따라 편성되며, 이사회의 심의 및 의결을 거쳐 확정되는 해당 회계연도의 재정 계획을 의미한다.

사회복지법인 및 사회복지시설의 예산과 관련된 사항은「사회복지법인 및 사회복지시설 재무 · 회계 규칙」 제7조부터 제18조까지에 규정되어 있으며, 주요 내용은 다음과 같다.

(1) 예산의 정의

예산은 1회계연도 동안의 수입과 지출을 예측하고 계획하는 재정 운영의 기본 틀로서, 단순한 금액 나열이 아니라 사업 목적 달성을 위한 구체적인 계획을 포함해야 한다. 따라서 예산은 단순한 회계 문서가 아닌, 기관의 운영 방향성과 실행 전략이 반영된 종합적 계획서라고 할 수 있다.

(2) 예산의 운영원칙

① 예산편성지침 마련

법인 또는 시설 소재지를 관할하는 시장 · 군수 · 구청장은 필요시 예산편성지침을 정하여 매 회계연도 개시 2개월 전까지 통보할 수 있다. 법인의 대표이사는 회계연도 개시 1개월 전까지 법인과 시설의 예산편성지침을 자체적으로 마련해야 한다.

② 건전운영의 원칙

재무 · 회계는 법인 및 시설의 설립 목적에 부합하도록 건전하게 운영되어야 하며, 공공성과 책임성을 갖춘 재정 집행이 이루어져야 한다.

③ 예산총계주의 원칙

1회계연도의 모든 수입은 세입, 모든 지출은 세출로 편성해야 하며, 모든 세입 · 세출은 예산에 반드시 계상되어야 한다.

④ 예산의 목적 외 사용금지의 원칙

세출예산은 반드시 정해진 목적에 따라 집행해야 하며, 예산 과목 간 목적 외 사용은 금지된다.

(3) 예산편성 절차

〈표 6-2〉 사회복지법인 및 사회복지시설 예산편성 절차

주요 내용	주체	일정
시·군·구에서 법인 또는 시설에 특히 필요하다고 인정하는 사항에 관해 예산편성지침 통보 가능	법인 또는 시설 소재지 관할 시장·군수·구청장	회계연도 개시 2개월 전까지
▼		
법인이 법인과 법인 산하 시설의 예산편성지침을 결정	법인 대표이사	회계연도 개시 1개월 전까지
▼		
회계별 예산(법인회계, 시설회계, 수익사업회계) 편성	법인 대표이사 및 시설의 장	회계연도 개시 전까지
▼		
시설회계 예산안에 대한 시설 운영위원회 보고 ※ 법인이 설치·운영하는 시설의 경우에도 시설회계는 법인 이사회 의결 전 시설 운영위원회에 보고 필요 ※ 법인회계 및 수익사업회계에 대해서는 불필요	시설의 장	예산안 편성 완료 시
▼		
법인의 회계별 예산(법인회계, 시설회계, 수익사업회계)안에 대한 이사회 의결, 예산안 확정 ※ 법인이 설치·운영하는 시설의 시설회계도 포함 ※ 법인이 아닌 경우에는 시설 운영위원회 보고로 예산안이 확정됨	법인 이사회	예산안 편성 완료 시
▼		
확정된 예산안을 시장·군수·구청장에 제출 ※ 법인은 법인의 회계별 예산(법인회계·시설회계·수익사업회계)을 법인 소재지를 관할하는 시장·군수·구청장에 제출하고, 시설의 장(법인이 운영하는 시설도 포함)은 해당 시설의 시설회계를 시설 소재지 관할 시장·군수·구청장에 제출	법인 대표이사 및 시설의 장	회계연도 개시 5일 전까지
▼		
법인과 시설의 회계별 세입·세출 명세서를 시·군·구, 법인, 시설의 게시판과 인터넷 홈페이지에 20일 이상 공고 ※ 「사회복지사업법」 제6조의2 제2항에 따른 정보시스템에 게재하거나 「영유아보육법」 제49조의2 제2항에 따른 공시로 갈음 가능	시장·군수·구청장, 법인 대표이사, 시절의 장	예산안 제출 20일 이내

출처: 보건복지부(2025). 사회복지시설 관리안내. pp.124-125.

(4) 예산의 편성 방법 및 제출 서류

사회복지법인 및 사회복지시설의 예산은「사회복지법인 및 사회복지시설 재무·회계 규칙」별표 1~별표 10에 따른 세입·세출 예산과목 구분에 따라 편성해야 하며, 아래의 서류를 예산안과 함께 첨부해야 한다.

① 기본 제출 서류 목록

① 예산총칙

② 세입·세출명세서

③ 추정재무상태표

④ 추정수지계산서

⑤ 임직원 보수 일람표

⑥ 예산을 의결한 이사회 회의록 또는 예산을 보고 받은 시설운영위원회 회의록

② 예외사항 : 회계방식 및 시설 유형에 따른 첨부서류

■ 단식부기 회계 처리 시 → 다음의 서류만 첨부 가능

① 예산총칙

② 세입·세출 명세서

⑤ 임직원 보수 일람표

⑥ 관련 회의록

■ 소규모 시설의 경우(국가·지자체·법인이 아닌 자가 설치·운영하며, 거주자 정원 또는 일평균 이용자가 20인 이하인 시설) → 다음의 최소 서류만 제출 가능

② 세입·세출 명세서

⑥ 관련 회의록

〈표 6-3〉 복식부기와 단식부기 예산서 첨부 서류

복식부기	단식부기
① 예산총칙 ② 세입 · 세출명세서 ③ 추정재무상태표 ④ 추정수지계산서 ⑤ 임직원 보수 일람표 ⑥ 이사회 회의록 또는 시설운영위원회 회의록 사본	① 예산총칙 ② 세입 · 세출명세서 ⑤ 임직원 보수 일람표 ⑥ 이사회 회의록 또는 시설운영위원회 회의록 사본

(5) 예산의 종류

사회복지법인 및 사회복지시설에서 사용되는 예산은 다음과 같이 세 가지로 구분된다.

① 본예산(정기예산)

법인의 대표이사 및 시설의 장은 매 회계연도 예산을 편성한 후, 각각 법인 이사회의 의결과 「사회복지사업법」 제36조에 따른 운영위원회 보고를 거쳐 확정한다.

단, 법인이 설치 · 운영하는 시설의 경우에는 시설운영위원회에 보고한 후, 법인 이사회의 의결을 거쳐 예산을 확정한다.

확정된 예산은 매 회계연도 개시 5일 전까지 관할 시장 · 군수 · 구청장에게 제출해야 한다.

② 준예산(Provisional Budget)

회계연도 개시 전까지 예산이 확정되지 않은 경우, 법인 또는 시설은 준예산을 편성할 수 있다.

준예산은 예산 성립 시까지의 기간 동안, 전년도 예산에 준하여 필수 경비 항목에 한해 집행이 가능하다. 예를 들어, 다음과 같은 경비가 포함된다.

- 임직원 보수

- 법인 및 시설 운영에 직접 사용되는 필수적 경비
- 법령상 지급 의무가 있는 경비 등

단, 준예산 편성 전에는 반드시 법인의 대표이사 및 시설의 장이 관할 시·군·구청장에게 사유를 보고해야 한다.

③ 추가경정예산(추경예산)

예산이 성립된 이후, 새로운 사유가 발생하여 기존 예산의 변경이 필요한 경우, 추가경정예산(추경예산)을 편성할 수 있다. 추경예산은 본예산 편성과 동일한 절차에 따라 편성·확정하여야 하며, 확정된 후 7일 이내에 관할 시·군·구청장에게 제출해야 한다.

※ 단서조항: 노인장기요양기관의 장은 「노인장기요양보험법」 제38조 제4항에 따라 장기요양급여비용 중 보건복지부장관이 정하여 고시한 비율에 따라 인건비로 편성해야 한다.

〈표 6-4〉 추가경정 예산 작성 예시

제○차 추가경정예산 총괄표

(단위: 천 원)

세입						세출					
관	항	목	당초(본) 예산액	1차 추경 예산액	증감	관	항	목	당초(본) 예산액	1차 추경 예산액	증감
보조금 수입			170,000	230,000	60,000	사무비			204,700	218,500	13,800
	보조금 수입		170,000	230,000	60,000		인건비		140,000	148,000	8,000
		국고 보조금	50,000	55,000	5,000			급여	90,000	88,000	△2,000
		시도 보조금	80,000	92,000	12,000			제수당	28,000	26,500	△1,500
– 중략 –											
합계			458,200	549,700	91,500	합계			458,200	549,700	91,500

※ 작성요령
- 세입액과 세출액의 증감 총액은 같아야 함
- 2차 추가경정예산안 경우에는 1차 추가경정예산이 당초(본) 예산액이 됨
- 천 원 단위로 기재하며, 일반적으로 세입은 일천 원 미만을 절사하고, 세출은 일천 원 미만이라도 절상하는 것을 원칙으로 함

제○차 추가경정예산 세입명세서

(단위: 천 원)

예산과목			당초(본) 예산액	1차 추경 예산액	증감	내역
관	항	목				
보조금수입			170,000	230,000	60,000	
	보조금수입		170,000	230,000	60,000	
		국고보조금	50,000	55,000	5,000	
		시도보조금	80,000	92,000	12,000	
– 중략 –						
합계			458,200	549,700	91,500	

제○차 추가경정예산 세출명세서

(단위: 천 원)

예산과목			당초(본) 예산액	1차 추경 예산액	증감	내역
관	항	목				
사무비			204,700	218,500	13,800	
	인건비		140,000	148,000	8,000	
		급여	90,000	88,000	△2,000	
		제수당	28,000	26,500	△1,500	
– 중략 –						
합계			458,200	549,700	91,500	

※ 작성요령
- 내역에 변경되는 사항을 기재함

출처: 세종시사회서비스원(2024). 세종특별자치시 사회복지시설 재무·회계실무 가이드. p.20.

(6) 예산의 전용

예산이 성립된 이후, 새로운 사유가 발생한 경우에는 예산 전용이 가능하다. 예산 전용은 전용 범위에 따라 절차가 상이하며, 다음과 같은 기준에 따라 처리한다.

① 전용 구분 및 절차

전용범위	전용 주체	승인절차
관 간 전용 (예 : 복지관 → 노인요양시설 등)	법인 대표이사 또는 시설장	법인 이사회의 의결 또는 시설운영위원회 보고 필요
동일 관 내 항 간 전용 (예 : 인건비 → 운영비 등)	법인 대표이사 또는 시설장	법인 이사회의 의결 또는 시설운영위원회 보고 필요
동일 항 내 목 간 전용 (예 : 직원급여 → 퇴직금 등)	법인 대표이사 및 시설의 장	자체 전용 가능

② 전용 제한 사항

다음의 경우 전용이 금지된다.

- 예산총칙에서 전용을 제한한 경우
- 예산 심의 과정에서 삭감된 관 · 항 · 목 항목

③ 행정 보고 의무

관 · 항 전용의 경우, 법인 또는 시설은 과목 전용 조서를 작성하여 관할 시 · 군 · 구청장에게 제출해야 하며, 결산 보고 시 해당 자료를 첨부해야 한다.

④ 특별 규정 : 노인장기요양기관

노인장기요양기관의 장은 예산을 전용할 경우, 「노인장기요양보험법」 제38조 제4항에 따라 장기요양급여비용 중 일부를 보건복지부장관이 정한 비율에 따라 인건비로 편성해야 한다.

〈표 6-5〉 과목전용조서 작성 예시

과 목 전 용 조 서

(단위: 원)

과목			전용 월일	예산액 (1)	전용액 (2)	예산 현액 (1+2=3)	지출 예상액 (4)	불용 예상액 (3-4)	전용 사유
관	항	목							
사무비	운영비	여비	11. 1.	5,000	2,000	7,000	7,000	0	교육출장비의 증가
		공공요금	11. 1.	15,000	▲2,000	13,000	13,000	0	전기료 할인 감액

1회기 연도 중 운영비 내의 여비가 당초 예산보다 2,000원이 부족하여 사업 진행에 어려움이 예상되는 반면 동일 항 내의 공고요금의 결산 시 2,000원의 잔액 발생이 예상되는바, 이에 대한 예산 잔액을 여비로 충당하고자 함

출처: 광주광역시(2023). 사회복지법인·시설 공통운영 매뉴얼. p.179.

(7) 세출예산의 이월

세출예산 중 다음의 경우에는 예산을 이월하여 다음 회계연도에 사용할 수 있다.

① 성질상 당해 회계연도 내 지출이 어려운 경비
② 연도 내에 지출 원인행위를 했으나, 불가피한 사유로 지출을 완료하지 못한 경비

이 경우, 법인 이사회의 의결 또는 시설운영위원회 보고를 거쳐 이월하여 사용할 수 있다.

(8) 특정목적사업 예산

완공에 수년이 소요되는 공사, 제조 또는 특수한 사업을 추진하기 위해 2개 회계연도 이상에 걸쳐 재원을 조달해야 하는 경우, 해당 사업은 '특정목적사업

예산'으로 분류할 수 있다. 이 경우, 회계연도별로 일정액을 예산에 계상하여 '특정목적사업 적립금'으로 적립할 수 있으며, 다음과 같은 사전 절차가 필요하다.

- 적립금의 적립 계획
- 적립금의 사용 계획

위 두 가지 사항은 관할 시 · 군 · 구청장에게 사전에 보고해야 한다.

2) 결산의 의의 및 관련 규정

사회복지법인 및 사회복지시설의 결산은 한 회계연도 동안의 수입과 지출을 정산하여, 기관의 재정 운영 결과를 확정하는 중요한 절차이다.

이는 다음과 같은 이유로 필수적인 과정이다.

- 투명하고 효율적인 재정 운영을 보장하기 위한 핵심 절차
- 다음 회계연도 예산 편성의 기초자료로 활용됨

관련 규정은 「사회복지법인 및 사회복지시설 재무 · 회계 규칙」 제19조 및 제20조에 명시되어 있으며, 결산과 관련된 주요 사항은 다음과 같다.

(1) 결산보고절차

〈표 6-6〉 사회복지법인 및 사회복지시설 결산보고 절차

주요 내용	주체	일정
법인회계와 시설회계의 세입 · 세출 결산보고서 작성	법인 대표이사 및 시설의 장	출납 완료 시
결산보고서의 시설 운영위원회 보고 ※ 법인이 설치 · 운영하는 시설의 경우에도 시설회계는 법인이사회 의결 전 시설 운영위원회에 보고 필요 ※ 법인회계 및 수익사업회계에 대해서는 불필요	시설의 장	결산보고서 작성 후
결산보고서의 법인이사회 의결 ※ 법인이 설치 · 운영하는 시설의 시설회계도 포함 ※ 법인이 아닌 경우에는 시설 운영위원회 보고로 결산보고서 확정	법인 대표이사	결산보고서 작성 후
확정된 결산보고서를 시장 · 군수 · 구청장에 제출 ※ 법인은 법인회계, 시설회계, 수익사업회계 결산을 법인 소재지를 관할하는 시장 · 군수 · 구청장에 제출하고, 시설의 장(법인이 운영하는 시설도 포함)은 해당 시설의 시설회계 결산을 시설 소재지 관할 시장 · 군수 · 구청장에 제출	법인 대표이사 및 시설의 장	다음 연도 3월 31일까지
법인과 시설의 세입 · 세출 결산서를 시 · 군 · 구, 법인, 시설의 게시판과 인터넷 홈페이지에 20일 이상 공고 ※ 「사회복지사업법」 제6조의2 제2항에 따른 정보시스템에 게재하거나 「영유아보육법」 제49조의2 제2항에 따른 공시로 갈음 가능	시장 · 군수 · 구청장, 법인 대표이사, 시절의 장	결산보고서 제출 20일 이내

출처: 보건복지부(2025). 사회복지시설 관리안내. p.131.

(2) 결산보고서에 첨부하여야 할 서류

결산보고서에 첨부할 서류는 다음과 같다.

① 세입 · 세출결산서

② 과목전용조서

③ 예비비사용조서
④ 재무상태표
⑤ 수지계산서
⑥ 현금 및 예금명세서
⑦ 유가증권명세서
⑧ 미수금명세서
⑨ 재고자산명세서
⑩ 그 밖의 유동자산명세서
⑪ 고정자산(토지, 건물, 차량운반구, 비품, 전화가입권)명세서
⑫ 부채명세서(차입금, 미지급금 포함)
⑬ 각종 충당금 명세서
⑭ 기본재산수입명세서(법인만 해당)
⑮ 사업수익명세서
⑯ 정부보조금명세서
⑰ 후원금 수입명세 및 사용결과보고서(전산파일 포함)
⑱ 후원금 전용계좌의 입출금내역
⑲ 인건비명세서
⑳ 사업비명세서
㉑ 그 밖의 비용명세서(인건비 및 사업비를 제외한 비용)
㉒ 감사보고서
㉓ 법인세 신고서(수익사업이 있는 경우만 해당) 등 총 23개이다.

다만, 단식부기로 회계를 처리하는 경우에는 ①~③ 및 ⑭~㉓ 항목만을 제출할 수 있다. 소규모시설인 경우는 ①과 ⑰ 항목만 제출할 수 있고 노인장기요양기관은 ①~③ 및 ⑯~㉑ 항목만을 제출할 수 있다.

〈표 6-7〉 결산 및 회계 관련 서류

결산보고서 첨부서류 (규칙 제20조)	회계장부제 (규칙 제24조)	별표 서식
① 세입 · 세출결산서 ② 과목전용조서 ③ 예비비사용조서 ④ 재무상태표 ⑤ 수지계산서 ⑥ 현금 및 예금명세서 ⑦ 유가증권명세서 ⑧ 미수금명세서 ⑨ 재고자산명세서 ⑩ 그 밖의 유동자산명세서 ⑪ 고정자산(토지, 건물, 차량운반구, 비품, 전화가입권) 명세서 ⑫ 부채명세서(차입금, 미지급금 포함) ⑬ 각종 충당금 명세서 ⑭ 기본재산수입명세서(법인만 해당) ⑮ 사업수익명세서 ⑯ 정부보조금명세서 ⑰ 후원금 수입명세 및 사용결과보고서(전산파일 포함) ⑱ 후원금 전용계좌의 입출금내역 ⑲ 인건비명세서 ⑳ 사업비명세서 ㉑ 그 밖의 비용명세서(인건비 및 사업비를 제외한 비용) ㉒ 감사보고서	① 현금출납부 ② 총계정원장 ③ 재산대장 ④ 비품관리대장	① 대차대조표(제2호서식) ② 수지계산서(제3호서식) ③ 세입결산서(법인용)(제5호서식) ④ 세출결산서(법인용)제5호의2서식) ⑤ 세입결산서(시설용)(제5호의3서식) ⑥ 세출결산서(시설용)(제5호의4서식) ⑦ 후원금수입 및 사용결과보고서(제19호서식) ⑧ 감사보고서(제23호서식) ⑨ 기타 명세서(제6호서식~제18호 서식, 제20호 서식~제22호서식, 제24호 서식~제28호 서식)

제2절 회계 및 계약, 물품

사회복지법인 및 사회복지시설의 회계(계약 포함)와 관련된 사항은 「사회복지법인 및 사회복지시설 재무 · 회계 규칙」 제21조부터 제31조까지에 규정되어 있으며, 주요 내용은 다음과 같다.

1) 회계

(1) 회계총칙

법인의 대표이사 및 시설의 장은 수입 및 지출 사무의 최종 관리 책임자이며, 해당 업무는 소속 직원에게 위임 가능하다.

수입원과 지출원은 각각 지정하여야 하며, 법인 또는 시설의 규모가 소규모인 경우에는 동일인이 겸직할 수 있다. 이때, 소규모 여부는 시·도별 지역 여건에 따라 자율적으로 정할 수 있다.

회계는 기본적으로 단식부기를 적용하며, 법인 회계 및 수익사업 회계에 한해서는 복식부기를 적용할 수 있다.

법인 및 시설은 다음의 회계 장부를 반드시 비치해야 한다.

① 현금출납부
② 총계장원장
③ 재산대장
④ 비품관리대장

전자장부(사회서비스정보시스템 '희망이음', 사회복지시설정보시스템 등)를 사용하는 경우, 위 장부를 비치한 것으로 간주한다. 단, 지방자치단체의 회계감독 요구 시 출력물 보관이 필요하다.

(2) 수입

모든 수입금은 수입원만 수납 가능하며, 금융기관이 직접 수납을 취급하는 경우는 예외로 한다.

수입원이 수납한 수입금은 다음 날까지 금융기관에 예입하여야 하며, 금융기관의 거래 통장은 회계별(법인회계, 시설회계, 수익사업회계)로 구분하여 보관해야 한다.

출납이 완료된 연도에 속하는 모든 수입 및 예산 외 수입은 현 회계연도 예산에 편입해야 한다.

지출된 세출의 반납금은 원래 지출한 세출 과목에 다시 계상할 수 있으며, 과오납 수입금은 해당 세입 항목에서 직접 반환해야 한다.

〈표 6-8〉 수입 관리 과정 및 내용

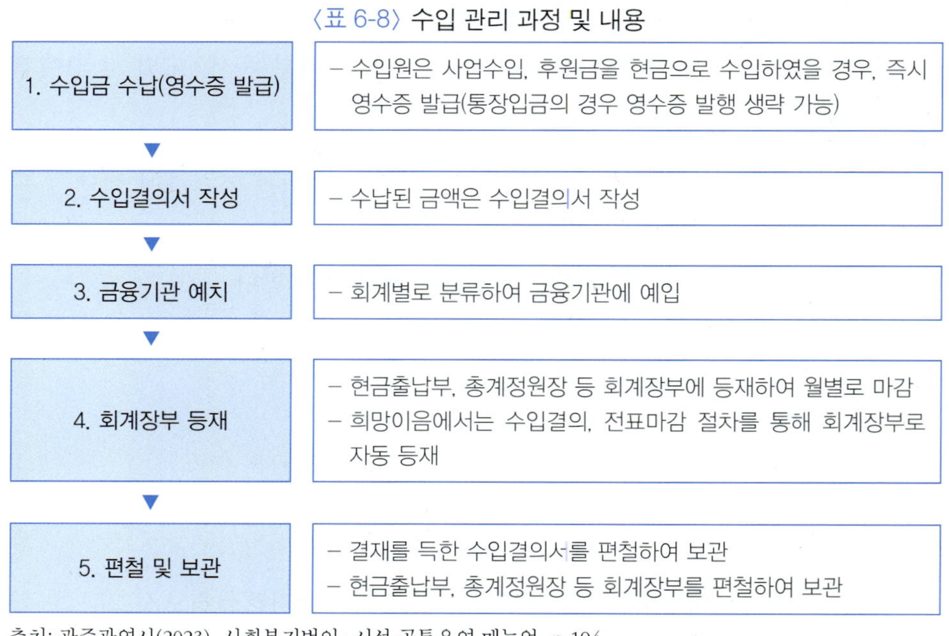

과정	내용
1. 수입금 수납(영수증 발급)	– 수입원은 사업수입, 후원금을 현금으로 수입하였을 경우, 즉시 영수증 발급(통장입금의 경우 영수증 발행 생략 가능)
2. 수입결의서 작성	– 수납된 금액은 수입결의서 작성
3. 금융기관 예치	– 회계별로 분류하여 금융기관에 예입
4. 회계장부 등재	– 현금출납부, 총계정원장 등 회계장부에 등재하여 월별로 마감 – 희망이음에서는 수입결의, 전표마감 절차를 통해 회계장부로 자동 등재
5. 편철 및 보관	– 결재를 득한 수입결의서를 편철하여 보관 – 현금출납부, 총계정원장 등 회계장부를 편철하여 보관

출처: 광주광역시(2023). 사회복지법인·시설 공통운영 매뉴얼. p.194.

(3) 지출

지출은 지출사무를 관리하는 자(대표이사 또는 시설장)가 직접 또는 위임을 통해, 예산 범위 내에서 지출 명령이 있을 경우에 한해 지출원이 집행할 수 있다.

- 일반적인 지출은 예금통장 또는 전자거래 방식으로 수행해야 한다.
- 단, 상용경비 또는 소액 경비는 현금으로 지출할 수 있으며, 이를 위해 지

출원은 100만 원 이하의 현금을 보관할 수 있다.

- 상용경비 또는 소액 지출의 구체적인 범위는 시·도지사가 자율적으로 정할 수 있다.

① 선급금의 정의 및 범위

선급금은 확정된 계약에 따라 사업 성격상 사전 지급이 필요한 경우를 말하며, 지급 가능한 항목은 다음과 같다.

① 외국에서 직접 구입하는 기계, 도서, 표본 또는 실험용 재료의 대가
② 정기간행물의 대가
③ 토지 또는 가옥의 임대료와 용선료
④ 운임
⑤ 소속 직원 중 특별한 사정이 있는 자에 대하여 지급하는 급여의 일부
⑥ 관공서(「정부투자기관관리기본법」에 의한 정부투자기관 및 특별법에 의하여 설립된 특수법인 포함)에 대하여 지급하는 경비
⑦ 외국에서 연구 또는 조사에 종사하는 자에 대하여 지급하는 경비
⑧ 보조금
⑨ 사례금
⑩ 계약금액이 1천만 원 이상인 공사나 제조 또는 물건의 매입을 하는 경우에 계약금액의 100분의 50을 초과하지 아니하는 금액

② 추산지급의 정의 및 적용 범위

추산지급은 지출 금액이 확정되지 않았지만, 지급 의무가 예정되어 있는 경우 개략적으로 산정한 금액을 선지급하는 방식이다.

추산지급은 다음 항목에 한하여 가능하다.

- 여비
- 판공비

- 관공서에 지급하는 경비
- 보조금
- 소송비용

〈표 6-9〉 지출 관리 과정 및 내용

과정	내용
1. 품의서 작성	– 예산의 범위(과목/재원) 내에서 작성(일부 지출품의 생략 가능) – 집행의사를 결정하는 행위로 실질적인 지출을 확정하는 것은 아님
2. 지출원인 행위	– 지출원인행위는 지출을 결정하는 행위 – 세출예산의 집행을 지출단계 이전부터 통제하기 위함
3. 지출결의서 작성	– 지출결의서 작성 시 지출원인행위(내부결재 등)가 선행
4. 지출(출금)	– 세출예산에 의한 지출은 사전에 지출품의가 있거나 지출원인 행위가 완료된 후에 집행
5. 회계장부 등재	– 현금출납부, 총계정원장 등 회계장부에 등재 – 희망이음에서는 지출결의, 전표마감 절차를 통해 회계장부로 자동으로 등재
5. 편철 및 보관	– 결재를 득한 지출결의서를 편철하여 보관 – 현금출납부, 총계정원장 등 회계장부를 출력하여 편철하여 보관

출처: 광주광역시(2023). 사회복지법인·시설 공통운영 매뉴얼. p.196.

2) 계약

사회복지법인 및 사회복지시설의 계약 관련 사항은 「지방자치단체를 당사자로 하는 계약에 관한 법률」, 같은 법 시행령 및 시행규칙을 준용한다. 단, 국가, 지방자치단체, 사회복지법인 외의 주체가 설치·운영하는 시설의 경우에는 해당 규정을 적용하지 않는다.

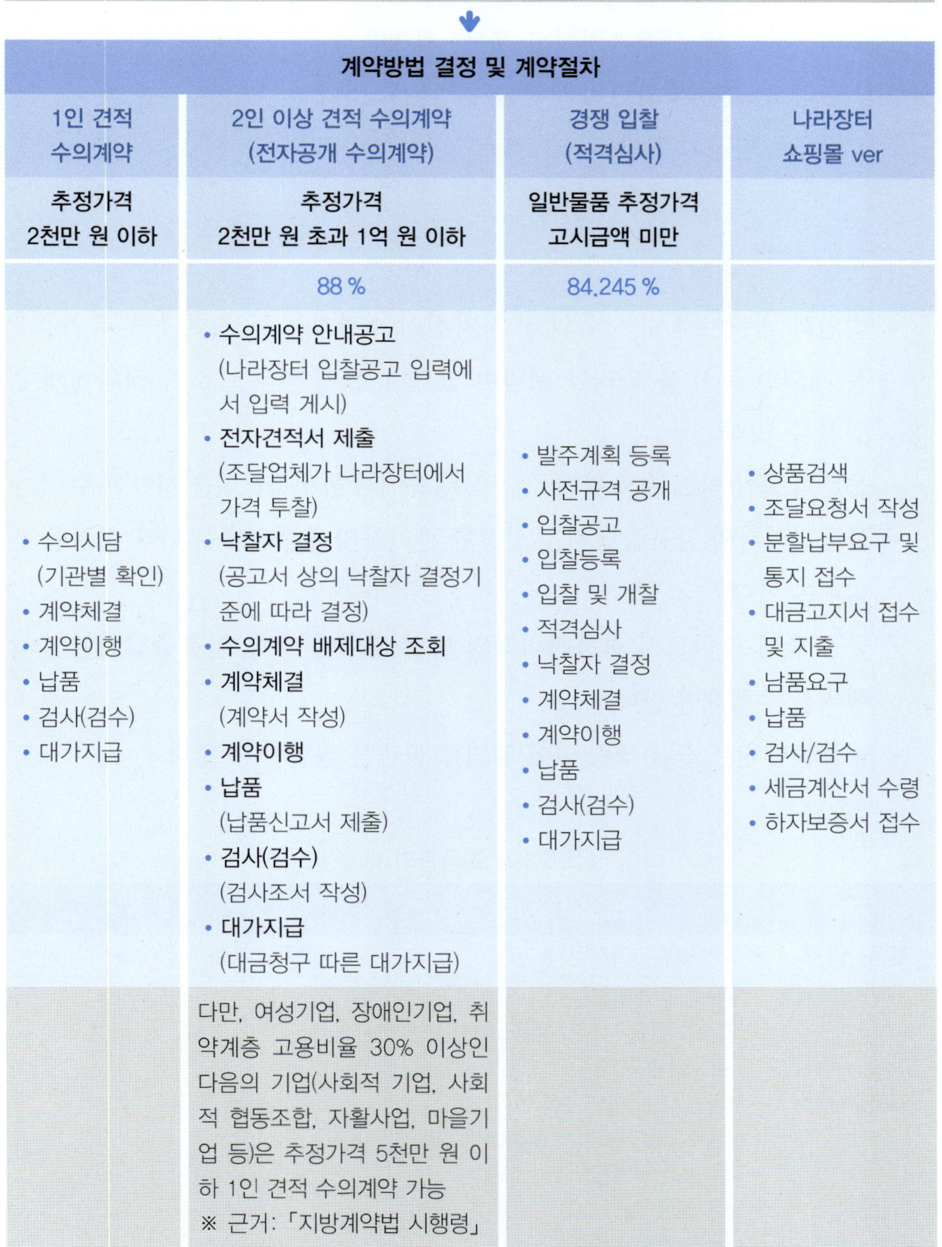

계획의 수립

↓

계약방법 결정 및 계약절차

1인 견적 수의계약	2인 이상 견적 수의계약 (전자공개 수의계약)	경쟁 입찰 (적격심사)	나라장터 쇼핑몰 ver
추정가격 2천만 원 이하	추정가격 2천만 원 초과 1억 원 이하	일반물품 추정가격 고시금액 미만	
	88 %	84.245 %	
• 수의시담 (기관별 확인) • 계약체결 • 계약이행 • 납품 • 검사(검수) • 대가지급	• 수의계약 안내공고 (나라장터 입찰공고 입력에서 입력 게시) • 전자견적서 제출 (조달업체가 나라장터에서 가격 투찰) • 낙찰자 결정 (공고서 상의 낙찰자 결정기준에 따라 결정) • 수의계약 배제대상 조회 • 계약체결 (계약서 작성) • 계약이행 • 납품 (납품신고서 제출) • 검사(검수) (검사조서 작성) • 대가지급 (대금청구 따른 대가지급)	• 발주계획 등록 • 사전규격 공개 • 입찰공고 • 입찰등록 • 입찰 및 개찰 • 적격심사 • 낙찰자 결정 • 계약체결 • 계약이행 • 납품 • 검사(검수) • 대가지급	• 상품검색 • 조달요청서 작성 • 분할납부요구 및 통지 접수 • 대금고지서 접수 및 지출 • 남품요구 • 납품 • 검사/검수 • 세금계산서 수령 • 하자보증서 접수
	다만, 여성기업, 장애인기업, 취약계층 고용비율 30% 이상인 다음의 기업(사회적 기업, 사회적 협동조합, 자활사업, 마을기업 등)은 추정가격 5천만 원 이하 1인 견적 수의계약 가능 ※ 근거: 「지방계약법 시행령」 제30조 제1항		

[그림 6-1] 계약 업무 흐름도

출처: 서울시복지재단(2023). 사회복지시설 기능보강사업 계약업무매뉴얼. p.17.

3) 물품

「사회복지법인 및 사회복지시설 재무·회계규칙」 제38조부터 제41조까지는 물품의 관리 및 출납과 관련된 사항을 규정하고 있다.

주요 내용은 다음과 같다.

(1) 물품의 관리

- 법인의 대표이사 및 시설의 장은 자신이 소관하는 물품(현금 및 유가증권을 제외한 동산)을 관리할 책임이 있으며, 관련 업무는 소속 직원에게 위임할 수 있다.
- 물품의 출납 및 보관을 위해 소속 직원 중에서 물품출납원을 지정할 수 있다.
- 물품관리자와 물품출납원은 선량한 관리자의 주의의무를 다해 물품을 관리해야 한다.
- 물품 출납은 반드시 물품관리자의 출납 명령에 따라, 물품출납원이 출납 행위를 수행해야 한다.
- 물품출납원은 출납 명령 없이 임의로 물품을 출납할 수 없다.

〈표 6-10〉 물품관리 체계

구분	담당업무 및 내용	비고
물품관리자	• 집행총괄 관리책임자	사무국장 또는 부장에게 위임 가능
물품출납원	• 물품총괄 관리업무 • 물품의 취득, 보관, 운용, 처분내역 전산 등록 및 관리 • 재물조사 보고(연 1회 이상) • 물품수급관리계획서 작성 및 보고 • 정수관리 및 변경 승인 신청 • 물품 불용 승인 신청	소속 직원 중 지정
물품사용자	• 물품 사용 및 관리 • 물품구입·수리 및 처분 품의요구서 제출	전체 직원

(2) 물품의 조사 및 처리

법인의 대표이사와 시설의 장은 매년 1회, 법인 및 시설에 대한 정기 재물조사를 실시해야 한다. 필요하다고 판단될 경우, 정기 조사 외에도 수시로 재물조사를 실시할 수 있다.

사용이 불가능하거나, 수리 후에도 재사용이 불가능한 물품은 불용 결정을 내려야 한다. 불용품을 매각한 경우, 그 매각 대금은 해당 법인 또는 시설의 세입예산에 편입해야 한다.

〈표 6-11〉 불용품 폐기처분 작성 예시

○○○○○센터

수신자 내부결재
(경유)
제목 불용품 폐기 처분

사용용도가 다한 고정자산 비품에 대해 다음과 같이 불용처리 하고자 합니다.

불용품 폐기 처분 내용

(단위: 원)

자산코드	자산명	취득일자	수량	취득가액	불용처리사유	비고
○○○-○	냉장고	2015. 10. 1.	1	500,000	누전으로 인한 수리 불능	처분 후 수입 발생 시 세입 처리

붙임 불용품 사진 1부. 끝.

출처: 광주광역시(2023). 사회복지법인·시설 공통운영 매뉴얼. p.213.

제3절 감사

「사회복지법인 및 사회복지시설 재무 · 회계규칙」의 제42조는 감사에 관한 사항을 규정하고 있다.

사회복지법인의 감사는 해당 법인과 시설에 대해 매년 1회 이상 감사를 실시해야 한다. 법인의 대표이사는 다음과 같은 경우, 감사를 통해 수입, 지출, 재산, 물품 및 현금 등의 관리 상태를 점검받아야 한다.

① 시설의 장
② 수입원 또는
③ 지출원이 사망하거나 경질된 경우

이 경우, 전임자는 감사 시 반드시 참관해야 하며, 전임자가 참관할 수 없는 경우, 관계 직원 중에서 전임자의 전임자 또는 법인의 대표이사가 지정한 자가 대리 참관해야 한다.

감사는 감사보고서를 작성하여 법인의 이사회에 보고해야 하며, 재산상황 또는 업무 집행에서 부정 또는 불미한 점이 발견된 경우, 이를 관할 시장 · 군수 · 구청장에게 보고해야 한다.

제 7 장

인적 자원 및 조직 관리

제1절 사회복지법인 및 시설 경영 이념의 중요성

1) 법인 및 시설 경영에 대한 법적 요구

사회복지법인과 사회복지시설은 「사회복지사업법」을 근거로 운영되며, 이 법은 복지기관의 공공성, 투명성, 전문성 확보를 핵심 가치로 제시한다. 사회복지기관은 단순히 서비스를 제공하는 기관이 아니라, 인간의 존엄성과 권리를 보장하는 공공적 기능을 수행하는 조직이다.

「사회복지사업법」 제1조는 사회복지사업이 지향해야 할 기본 목표를 명확히 한다. 곧, 사회복지를 필요로 하는 사람에게 인간다운 생활을 보장하고, 사회복지서비스의 질을 높이며, 공정성과 투명성을 확보하는 것을 목적으로 한다.

사회복지사업법

제1조(목적) 이 법은 사회복지사업에 관한 기본적 사항을 규정하여 사회복지를 필요로 하는 사람에 대하여 인간의 존엄성과 인간다운 생활을 할 권리를 보장하고 사회복지의 전문성을 높이며, 사회복지사업의 공정·투명·적정을 도모하고, 지역사회복지의 체계를 구축하고 사회복지서비스의 질을 높여 사회복지의 증진에 이바지함을 목적으로 한다.

또한 제1조의2에서는 기관이 반드시 준수해야 할 이념을 제시하는데, 그중에서도 공공성 확보, 인권 보장, 정보 제공, 이용자 선택권 보장은 모든 사회복지기관 운영의 기본 원칙이라 할 수 있다.

아울러 제34조는 재무 · 회계 기준을 준수한 투명한 운영을, 제43조는 서비스의 최저기준을 상회하는 수준의 유지 · 관리를 요구한다. 결국 사회복지기관의 경영은 단순한 행정 수행이 아니라, 법률이 요구하는 공공적 책임과 사회적 책무를 충실히 이행하는 과정이라 할 수 있다.

제1조의2(기본이념)

② 사회복지법인 및 사회복지시설은 공공성을 가지며 사회복지사업을 시행하는 데 있어서 공공성을 확보하여야 한다.

③ 사회복지사업을 시행하는 데 있어서 사회복지를 제공하는 자는 사회복지를 필요로 하는 사람의 인권을 보장하여야 한다.

④ 사회복지서비스를 제공하는 자는 필요한 정보를 제공하는 등 사회복지서비스를 이용하는 사람의 선택권을 보장하여야 한다.

제34조(사회복지시설의 설치)

④ 시설을 설치 · 운영하는 자는 보건복지부령으로 정하는 재무 · 회계에 관한 기준에 따라 시설을 투명하게 운영하여야 한다.

제43조(시설의 서비스 최저기준)

② 시설 운영자는 제1항의 서비스 최저기준 이상으로 서비스 수준을 유지하여야 한다.

2) 복지사업 경영의 특성과 과제

사회복지기관이 수행하는 사업은 '대인서비스(personal service)'라는 점에서 기업의 고객 서비스와 유사하게 보일 수 있다. 그러나 그 본질은 전혀 다르다. 기업이 영리 추구를 목표로 한다면, 복지기관은 사회적 약자를 대상으로 공익 실현과 비영리성을 우선시한다.

이러한 복지 경영의 특징은 노동집약적 구조에서 두드러진다. 사회복지서비스는 기술이나 설비보다는 사람과 사람 사이의 상호작용 속에서 실현되며, 종사자의 전문성과 태도가 핵심 자원이 된다. 종사자의 가치관과 책임감은 서비스의 질뿐만 아니라, 이용자의 만족, 기관의 평가, 나아가 경영의 지속 가능성에도 큰 영향을 미친다.

따라서 복지기관의 경영은 곧 사람 중심 경영이다. 직원들이 조직의 철학과 가치를 공유하고, 이를 바탕으로 공동 목표를 향해 나아갈 때 조직은 안정성과 전문성을 동시에 확보할 수 있다. 앞으로의 복지 경영은 단순한 효율성이 아니라, 인재 역량 개발과 조직문화 형성에 주력해야 하는 이유가 여기에 있다.

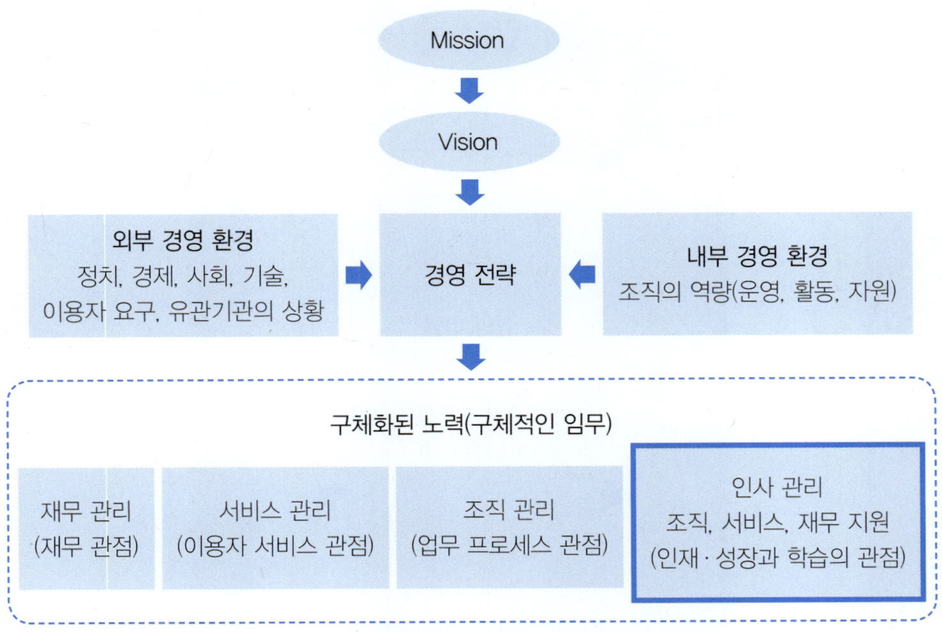

[그림 7-1] 앞으로의 사회복지 법인 · 시설의 경영

3) 경영 이념의 역할과 공유

(1) 경영 철학의 기능

사회복지법인과 시설의 경영 이념은 단순한 목표 선언을 넘어, 조직 운영의

근본적인 가치와 행동 기준을 담고 있다. 경영자는 이 철학을 통해 조직의 존재 이유와 비전을 제시하며, 구성원에게는 행동과 판단의 기준을 제공한다.

특히 사회복지 현장은 예측 불가능한 상황과 다양한 욕구에 대응해야 하므로, 획일적 매뉴얼만으로는 충분하지 않다. 종사자의 전문적 판단과 재량이 필수적인데, 이때 경영 이념은 "이 결정이 이용자에게 최선인가?", "이 행동이 조직의 가치와 맞는가?"라는 물음을 던지는 준거 틀이 된다.

이처럼 경영 이념은 내부적으로는 직원의 사고방식과 행동양식을 일관되게 이끌고, 외부적으로는 지역사회와 이용자에게 기관의 정체성과 비전을 알리는 역할을 수행한다.

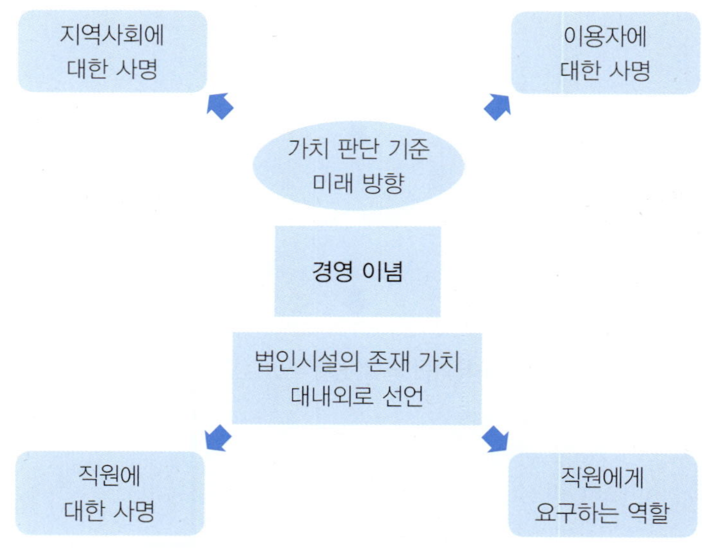

[그림 7-2] 경영 이념의 역할과 구조

(2) 경영 철학의 공유 촉진

경영 철학이 조직문화로 자리 잡기 위해서는 모든 직원이 이를 명확히 이해하고 일상에서 실천해야 한다. 이를 위해 경영자가 취할 수 있는 전략은 다음과 같이 정리된다.

첫째, 경영자의 솔선수범이다. 말로만이 아니라 실제 의사결정과 행동에서 철학을 보여 줌으로써 신뢰와 모범을 제공해야 한다.

둘째, 지속적인 소통이 필요하다. 정기 교육, 워크숍, 전 직원 간담회 등을 통해 철학을 반복적으로 전달하고, 공감과 실천으로 이어지게 해야 한다.

셋째, 실천적 적용을 강조해야 한다. 추상적 구호가 아니라, 인사 관리 · 사업 추진 · 고객 응대 등 구체적 업무 과정에서 철학이 판단 기준으로 작동하도록 제도화해야 한다.

마지막으로, 참여적 공유가 필요하다. 직원들이 스스로 철학을 토론하고 실천 사례를 만들어 갈 때 비로소 자발적 실행력이 강화된다.

결국 경영 철학은 외부에 보여 주기 위한 선언이 아니라, 조직 내부의 일상적 의사결정과 행동을 이끄는 실질적 기준이어야 한다. 이를 통해 사회복지법인과 시설은 전문성과 공공성을 동시에 확보할 수 있으며, 지속 가능한 운영체계를 구축할 수 있다.

제2절 복지 인재를 육성하는 조직 관리

1) 복지 경영의 핵심 요소

사회복지조직의 경영에서 가장 중요한 질문은 "조직 운영의 중심에 무엇을 두어야 하는가."이다. 이는 단순한 행정 효율성을 넘어, 이용자 중심의 가치 실현과 조직의 지속 가능성을 동시에 추구하는 통합적 경영 전략의 수립을 의미한다.

(1) 경영의 3대 핵심 요소

사회복지법인 및 시설의 경영에서 가장 핵심적인 질문은 "무엇을 중심에 두고 조직을 운영할 것인가."이다. 이는 단순한 행정 운영을 넘어, 이용자 중심의 가치 실현과 조직의 지속 가능성을 동시에 추구하는 통합적 경영 전략의 수립을 요구한다.

(2) 경영의 3대 핵심 요소

사회복지 경영은 이용자 만족, 직원 만족, 경영 만족이라는 세 축 위에 세워진다. 이들은 각각 독립된 요소가 아니라 서로 맞물려 순환적 구조를 이루며 조직의 성과를 강화한다.

직원이 만족하면 서비스 품질이 높아지고 → 이용자가 만족하며 → 경영 성과가 안정된다 → 다시 직원 만족으로 이어지는 선순환 구조가 형성된다.

무엇보다 출발점은 직원 만족이다. 사회복지서비스는 결국 사람이 사람에게 제공하는 서비스이므로, 인재의 역량과 태도가 곧 기관의 성패를 좌우한다. 따라서 직원이 보람과 의미를 느끼는 업무 환경, 공정한 성과평가 체계, 안정된 처우와 생활 보장, 교육 및 역량 개발 기회를 확보할 때 서비스 품질은 자연스럽게 향상된다.

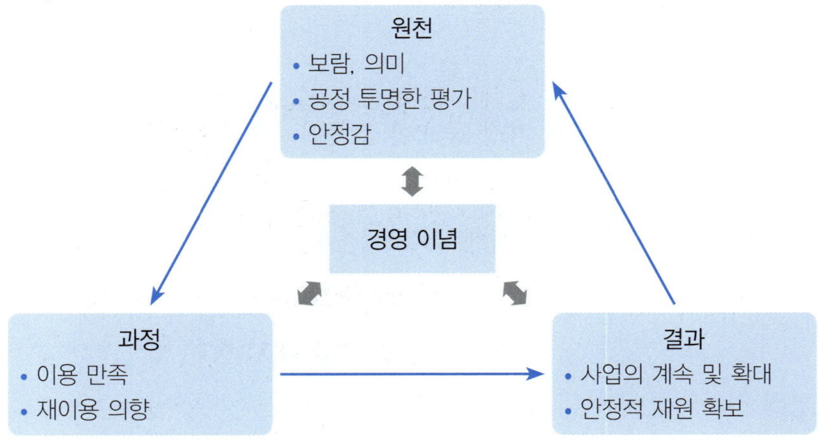

[그림 7-3] 경영 핵심 3요소

이렇게 확보된 이용자 만족은 기관에 대한 신뢰와 서비스 이용률을 높이고, 지역사회와의 긍정적 관계를 강화한다. 나아가 이는 공공재원과 민간 후원의 확대를 가능하게 하여 조직 경영의 안정과 성장으로 이어진다.

여기서 중요한 점은 직원 처우 개선을 비용이 아니라 투자로 바라보아야 한다는 것이다. 인건비는 단순한 지출이 아니라 서비스 품질 향상과 장기적 조직 경쟁력을 담보하는 생산적 자원이다. 처우 개선은 이직률 감소, 조직 몰입도 향상, 브랜드 가치 증대 등 눈에 보이는 성과로 이어진다.

(3) 복지 업무 및 조직의 특징

복지 업무는 기본적으로 사람 간의 정서적 교류와 소통에 기반한 대인 서비스이다. 이는 종사자에게 봉사와 자아실현의 기회를 제공하지만, 동시에 낮은 임금, 불안정한 고용, 과중한 업무와 책임, 높은 이직률, 경영 이해 부족 등 구조적 문제에 직면하게 한다. 이러한 요인으로 인해 사회복지 직종은 타 산업에 비해 직업적 매력이 낮게 평가되는 경향이 있다.

그러나 서비스의 질은 종사자의 전문성, 태도, 근속 기간에 크게 좌우된다. 따라서 복지조직은 전략적 인사 관리를 통해 우수 인재를 확보하고, 장기적 성장을 이끌어야 한다.

2) 조직 역할

조직은 단순히 인력이 모여 있는 집합체가 아니라, 다양한 능력과 개성을 가진 개인들이 공동 목표를 달성하기 위해 상호작용하는 전략적 시스템이다. 사회복지조직은 특히 서비스 품질 관리와 조직의 지속 가능성이라는 이중 과제를 안고 있다.

조직의 주요 역할은 다섯 가지로 정리할 수 있다.

첫째, 목표 공유이다. 조직의 비전과 전략 목표는 모든 구성원에게 명확히 전달되고, 개인의 가치와 연결되어야 한다. 단순 지시가 아니라 공감 기반의 소통을 통해 이루어질 때 진정한 협력이 가능하다.

둘째, 원활한 소통이다. 공식적 · 비공식적 의사소통 체계를 활성화해 정보가 특정 부서나 개인에게 독점되지 않도록 해야 한다. 투명한 정보 순환은 조직 효율성을 극대화한다.

셋째, 명확한 역할 분담이다. 직원은 수행 책임을, 경영자는 결과 책임을 지는 구조를 명확히 해야 갈등과 혼선을 예방할 수 있다.

넷째, 이해 조정이다. 다양한 가치관과 업무 방식의 차이를 조직 전체의 이익 관점에서 조율해야 한다. 이는 갈등 회피가 아니라 업무 재설계 과정이다.

다섯째, 통일된 규칙 설정이다. 조직 내에서 통일된 규정과 절차를 마련해 일관성을 유지하고, 업무 오류를 최소화해야 한다.

3) 조직 운영의 원칙

사회복지조직의 운영은 효율성과 책임성을 동시에 담보해야 한다. 이를 위해 네 가지 원칙이 강조된다.

첫째, 명확한 지시 체계 확립이다. 보고와 지시는 단일 상급자를 통해야 하며, 이는 책임 소재를 명확히 하고 혼란을 방지한다.

둘째, 적절한 관리 범위 설정이다. 관리 범위(span of control)는 업무 복잡성에 따라 달라져야 한다. 단순 업무는 관리자가 15명 내외를, 복잡한 업무는 6~7명을 관리하는 것이 적정하다.

셋째, 효율적인 권한 위임이다. 위임은 단순 분업이 아니라 직원의 자율성과 창의성을 촉진하는 전략적 수단이다.

넷째, 책임과 감독의 명확화이다. 권한이 위임되더라도 최종 책임은 경영자에게 있다. 따라서 지속적 감독과 피드백은 필수적이다.

4) 경영자 역할

사회복지 조직의 경영자는 조직의 비전과 미션을 실현하고, 조직 운영의 질적 수준을 결정짓는 핵심 인물이다. 특히 조직 내외의 복잡한 의사결정, 인적 자원 관리, 갈등 조정, 윤리적 기준 유지 등 다양한 영역에서 중추적인 책임을 수행한다. 사회복지 경영 환경은 빠르게 변화하고 있으며, 이에 따라 경영자는 다음과 같은 역할을 수행해야 한다.

(1) 신속하고 정확한 의사 결정

경영자는 일상적인 행정 운영부터 중장기 전략 수립에 이르기까지 다양한 상황에서 의사 결정을 내려야 한다. 의사 결정 방식이 하향식(Top-down)이든 상향식(Bottom-up)이든, 최종적인 판단과 책임은 경영자에게 귀속된다. 따라서 경영자는 정보 수집과 분석을 기반으로 신속하면서도 정확한 판단을 내려야 한다.

(2) 책임감 있는 의사 결정

경영자는 자신의 의사 결정에 따른 결과에 대해 책임 있는 태도를 가져야 한다. 의사 결정으로 인해 문제가 발생한 경우에도 회피하지 않고, 문제 해결의 최전선에서 적극적으로 대응해야 한다. 책임감 있는 자세는 조직 구성원들의 신뢰를 높이는 핵심 요소이다.

(3) 효율적인 권한 위임

경영자는 자신의 업무만 처리하기보다, 적절한 권한을 부하 직원에게 위임함으로써 업무 효율을 높여야 한다. 권한 위임은 단순한 업무 분배가 아니라, 직원의 역량 개발과 책임 의식을 촉진하는 전략적 도구이다. 이로 인해 조직은 자율성과 전문성을 동시에 확보할 수 있다.

(4) 지속적인 피드백 및 평가

경영자는 조직원들에게 지속적인 피드백과 공정한 평가를 제공해야 한다. 피드백은 직원의 성장 방향을 제시하고, 평가는 구성원의 동기 부여와 성과 향상으로 이어진다. 투명하고 공정한 평가 시스템은 조직 전체의 신뢰 문화를 구축하는 기반이 된다.

(5) 적극적인 소통

경영자는 조직원들과 수평적이고 열린 소통을 실현해야 한다. 이를 위해 정기적인 간담회, 비전 공유, 의견 수렴 등의 활동을 통해 신뢰와 응집력을 강화할 수 있다. 또한 조직 내 정보 흐름이 원활할수록 문제 예방과 신속한 대처가 가능해진다.

(6) 갈등 관리 및 문제 해결 능력

조직 내 갈등은 피할 수 없는 현상이며, 이를 어떻게 해결하느냐가 경영자의 리더십을 보여 주는 지표이다. 따라서 경영자는 객관적이고 중립적인 태도로 갈등을 조율하고, 문제를 합리적으로 해결해야 한다. 나아가 협력적인 조직문화를 조성하기 위해서는 감정적 대응이 아닌, 구조적 접근과 중재 능력이 요구된다.

(7) 변화 관리 능력

사회복지 환경은 제도, 정책, 수요자 특성 등 다양한 요소가 지속적으로 변화하는 특성을 가진다. 경영자는 이러한 변화에 유연하게 대응하면서, 조직의 적응력과 혁신 능력을 제고해야 한다. 특히 구성원들이 변화의 필요성을 인식하고 자발적으로 변화에 동참할 수 있도록 유도하는 리더십이 중요하다.

(8) 윤리적 리더십

사회복지 조직은 높은 수준의 윤리성이 요구되는 공익 조직이다. 이에 따라 경영자는 항상 윤리적 가치와 공공성을 최우선으로 삼아야 하며, 투명하고 공정한 조직문화를 형성하는 모범을 보여야 한다. 이러한 윤리적 리더십은 외부로는 기관의 신뢰성을 확보하고, 내부로는 구성원의 행동 기준이 된다.

5) 현장 리더의 역할과 책임

사회복지 조직에서 현장 리더는 서비스 질 향상과 조직 운영의 안정성 확보에 핵심적인 역할을 수행하는 중간 관리자이다. 조직의 규모나 운영 방식에 따라 역할은 달라질 수 있으나, 대부분 실무와 지도 기능을 겸하는 핵심 인력으로 활동한다. 사회복지서비스는 사람을 직접 대면하는 '대인 서비스'로, 직원의 역량이 곧 서비스의 질과 이용자의 만족도로 직결된다. 따라서 일선 직원의 성장과 지원, 이를 이끌어 가는 현장 리더의 지도력은 조직 성과의 핵심이다.

(1) 현장 리더의 핵심 역할

현장 리더는 일반 직원과 경영진(시설장 등) 사이에서 조직의 철학과 비전을 현장에 전달하고 실행하는 연결 고리 역할을 한다. 따라서 현장 리더는 단순한 실무 능력뿐만 아니라, 고도의 판단력과 조직 감수성, 구성원 간 관계 조정 능력이 요구된다.

(2) 실무에서의 직원 지원과 육성

현장 리더는 다음과 같은 실제적인 육성 과정을 주도해야 한다.

- 신규 채용자 교육: 채용 직후 기본 업무 및 조직 문화에 대한 교육을 제공한다.

- 배치 전 신임 연수: 현장 투입 전 서비스 철학과 실천 기술을 습득하게 한다.
- 정기 연수 및 회의: 직무 수행 중 주기적인 피드백과 학습 기회를 제공한다.
- 일상 업무 내 지도: 업무 수행 중 직접적인 피드백과 코칭을 통해 성장 기회를 제공한다.

이용자의 다양한 욕구와 상황은 매뉴얼만으로 대응할 수 없기 때문에, 현장 리더의 일상적인 지도력과 관찰 능력이 중요하다.

(3) 고차원적 업무 인식과 외부 자극

현장 리더는 일반적인 업무 수행 능력을 넘어서, 이용자의 개별 욕구에 맞춘 맞춤형 서비스를 제공할 수 있어야 한다. 이를 위해 단순한 '지시 · 관리' 중심에서 벗어나, 조직 전체의 구조와 흐름을 이해하는 고차원적 시각이 필요하다. 그러나 현장 리더는 타 기관과의 교류나 외부 사례 접촉이 제한적이기 때문에, 이를 보완하는 활동이 필요하다.

효과적인 방법은 다음과 같다.

- 외부 연수 및 교류 프로그램 참여
- 연수 결과를 회의에서 설명 · 보고하는 기회 제공
- 타 기관 우수 사례 벤치마킹
- 역할 중심 리더십 교육 참여

이러한 과정을 통해 지식 전달을 넘어 스스로 내면화하여 타인에게 설명할 수 있는 능력을 강화하는 것이 중요하다.

(4) 조직 내 소통과 리더의 커뮤니케이션 기술

사회복지 조직은 다양한 직군과 세대가 함께 일하기 때문에, 소통 능력은 업무 효율성과 조직 문화 유지의 핵심 요소이다. 현장 리더는 구성원 간의 다리를 놓는 역할을 수행하며, 정서적 지지자이자 중재자로서의 기능도 수행한다.

소통의 특징은 다음과 같다.

- 소통은 감정이 아니라 전문 기술이다.
- 단발성 대화가 아닌, 지속적 관계 형성 과정이다.
- 직급이 높아질수록 더 많은 소통 역량이 요구된다.
- 현장 리더는 조직 내에서 '누구와도 이야기할 수 있는 사람'이어야 하며,
- 문제 해결뿐 아니라 사람 간 신뢰 형성과 관계 유지의 중심축으로 기능해야 한다.

(5) 경영진과의 관계

경영진(시설장 및 고위 관리자)은 현장 리더를 지원하고, 그들의 활동이 의미 있게 유지되도록 제도적 · 철학적으로 뒷받침해야 한다. 현장 리더의 안정적인 활동은 결국 조직 전체의 안정성으로 이어지며, 리더-관리자 간의 상호 신뢰는 기관 성장의 동력이다.

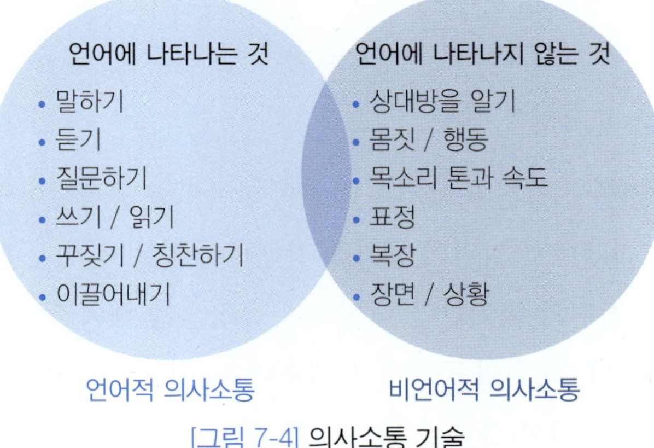

[그림 7-4] 의사소통 기술

6) 조직의 의사결정 기준

사회복지 조직의 경영자는 효율적이고 효과적인 운영을 위해 다양한 의사결정을 내려야 한다. 이때 다음 네 가지 기준을 바탕으로 한 의사결정은 조직 운영 전반에 걸쳐 지속적으로 실천되어야 한다.

(1) 조직 이념 및 가치관의 준수

경영자는 의사결정 과정에서 법인 또는 시설의 핵심 이념과 가치 기준을 반드시 고려해야 한다. 결정은 조직의 존재 이유와 추구하는 가치를 반영해야 하며, 이는 조직의 정체성을 확립하고 구성원들에게 공통된 목표 의식을 고취하는 데 기여한다.

(2) 이용자 만족도의 극대화

사회복지 조직의 궁극적인 목표는 이용자의 복지 증진이다. 따라서 경영자는 의사결정 시 이용자의 만족도를 최우선으로 고려해야 하며, 이용자의 권익을 보호하고 다양한 욕구를 충족할 수 있는 방향으로 판단해야 한다.

(3) 직원 만족도 및 공정성 확보

조직의 성공적인 운영을 위해서는 직원의 만족도와 공정성이 중요하다. 경영자는 의사결정 과정에서 직원의 동기를 저해하지 않는지, 업무 환경 개선에 기여하는지, 특정 직원의 이익만을 대변하여 공정성을 해치지 않는지를 신중히 판단해야 한다. 모든 직원이 공정하게 대우받고, 자신의 역량을 최대한 발휘할 수 있는 환경을 조성해야 한다.

(4) 비용 효율성과 효과성의 극대화

사회복지 조직은 한정된 자원을 효율적으로 활용해 최대의 효과를 창출해야 한다. 경영자는 의사결정 시 불필요한 비용이 발생하지 않도록 주의하고, 자원을 효율적으로 활용하여 최적의 성과를 도출할 수 있는지를 검토해야 한다. 이를 통해 예산 낭비를 방지하고, 합리적인 비용 관리 시스템을 구축해야 한다.

제3절 인재경영

1) 인사 관리와 복지 인재 육성

(1) 인사 관리의 목적

사회복지 조직에서의 인사 관리는 조직의 지속 가능한 성장을 위한 핵심 전략이다. 급변하는 외부 환경에 능동적으로 대응하고, 조직의 핵심 가치를 실현하기 위해서는 명확한 목표 설정과 이를 달성하기 위한 효율적인 인사 관리 시스템이 필수적이다.

특히 사회복지 사업은 사람을 통해 서비스를 제공하는 노동집약적 산업이므로, 인적 자원은 서비스의 질을 결정짓는 핵심 요소이다. 따라서 사회복지 분야에서의 인사 관리는 타 산업에 비해 조직의 성과에 미치는 영향이 크며, 매우 중요한 관리 기능으로 간주된다.

(2) 사회복지 인력 고용 환경

사회복지 분야는 높은 이직률과 여성 종사자 비율이 높은 구조를 특징으로 한다. 이는 사회복지 업무의 특성과 노동 시장의 변화가 복합적으로 작용한 결과이다. 따라서 사회복지 조직은 이러한 특성을 반영한 인력 관리 전략을 마련해야 한다.

먼저, 여성 종사자가 장기간 안정적으로 근무할 수 있도록 여건을 조성하는 것이 중요하다. 여성의 생애 주기를 고려한 유연 근무 제도, 출산·육아 지원, 경력 단절 예방 교육 등은 여성 인력의 장기근속을 유도하는 데 효과적이다.

또한 사회복지 조직은 비정규직 인력에 대한 의존도가 높은 편이다. 이들의 근무 조건과 처우를 개선하는 것은 사회복지서비스의 질 향상에 필수적인 요소이다. 이를 위해 정규직과의 차별 없는 대우를 보장하고, 고용의 안정성을 확보해야 한다.

(3) 인사 관리 전 과정의 유기적 연결

사회복지 조직의 인사 관리는 단순히 임금이나 복리후생에 국한되지 않는다. 인사 관리는 조직 전체의 인적 자원 운영 흐름을 종합적으로 고려하며 문제를 진단하고 개선하는 과정이다. 이는 조직의 목표 달성을 지원하고, 직원의 역량을 극대화하며, 지속 가능한 성장을 이끌기 위한 필수 요소이다.

효과적인 인사 관리를 위해서는 우선 조직의 인력 현황을 정확히 파악해야 한다. 채용, 배치, 교육, 평가, 보상, 퇴직 등 각 단계에서 발생하는 문제를 분석하고, 그 원인을 면밀히 규명해야 한다.

무엇보다도, 우수한 인재를 확보하고 이들이 조직 내에 안정적으로 정착할 수 있도록 체계적으로 지원하는 것이 중요하다. 그러나 사회복지 분야는 높은 이직률, 채용의 어려움, 직원 불만족 등 다양한 인사 관리 문제에 직면해 있다. 이러한 문제들은 겉보기에는 유사해 보이지만, 그 배경과 원인은 조직마다 상이할 수 있다.

따라서 사회복지 조직은 인력 관리 문제를 해결할 때 표면적인 현상에만 집중할 것이 아니라, 문제의 근본 원인을 파악하고, 조직의 특성에 적합한 맞춤형 해결책을 마련해야 한다.

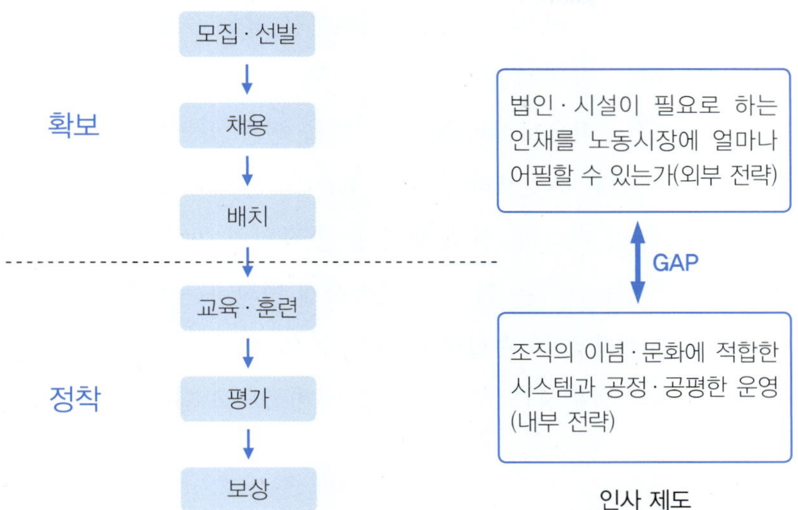

[그림 7-5] 인사 관리 전 과정의 유기적 연결 중 '확보→정착'의 연결이 중요!

2) 인재 육성을 중점으로 한 인사 관리

(1) 앞으로의 경영에 요구되는 과제 : '인재 육성'

우리나라 노동 시장은 급격한 저출산과 고령화로 인해 청년 노동자의 수가 감소하며 중대한 전환기를 맞이하고 있다. 2025년에는 65세 이상 인구 비중이 20%를 넘어설 것으로 보이며, 2028년에는 노동력 공급 부족으로 인해 취업자 수가 줄어들 것으로 예상된다. 특히 2027년부터 2032년 사이에는 추가 인력 수요가 급증하면서 노동 시장의 구조적 변화가 더욱 심화될 전망이다(한국고용정보원, 2024).

이러한 변화는 사회복지 분야에도 직접적인 영향을 미칠 것이다. 돌봄을 주요 영역으로 하는 사회복지 사업은 이미 수년 전부터 심각한 인력 확보의 어려움을 겪고 있으며, 향후 더 큰 과제를 야기할 가능성이 높다.

사회복지 사업은 전문적인 지식과 기술, 그리고 높은 윤리의식을 요구하는 분야이다. 따라서 타 산업 경험자나 사회복지 분야 미경험자를 채용할 경우, 역할 수행의 불균형으로 인해 인사 운영에 어려움을 겪을 수 있다.

그럼에도 불구하고, 급변하는 노동 시장 환경 속에서 사회복지 조직은 미경험자나 고령자를 적극적으로 채용하고, 이들을 전문 인력으로 육성하는 전략을 적극 고려해야 한다. 무엇보다 중요한 것은 '미경험자 및 고령자의 채용 및 교육훈련'의 관점뿐만 아니라, 현재 재직 중인 직원의 이직 방지 및 역량 강화 측면을 더욱 중시해야 한다는 점이다. 급속하게 변화하는 노동 시장에서 숙련된 인재의 이탈은 조직에 큰 손실로 이어질 수 있기 때문에, 기존 직원의 이직을 방지하고 이들의 전문성과 직무 능력을 체계적으로 향상시키는 데에 집중해야 한다.

(2) 우수한 인재를 육성하는 3가지 핵심 요소

법인 · 시설이 인재 육성에 중점을 두고 추진해야 할 주요 방안은 다음과 같다.

① 조직 문화 개선

조직 문화 개선이란, 법인 및 시설이 핵심 인재를 선발하고 육성하는 과정을 조직의 핵심 가치로 수용하고, 문화와 철학을 정립하는 것을 의미한다. '모두가 사이좋게 지내는 것'을 지나치게 우선시하면, 우수한 인재가 자신의 역량을 충분히 발휘하지 못하고, 성장 기회를 잃게 되는 상황이 발생할 수 있다. 이는 조직 전체의 성장을 저해할 수 있는 중요한 요인이므로 반드시 주의해야 한다.

또한 '핵심 인재는 내부 구성원 중에서 발굴하고 육성한다.'는 인사관이 중요하다. 내부 인재에게 지속적인 성장의 기회를 제공함으로써, 조직은 인재 중심의 운영 체계를 구축하고, 장기적인 발전 기반을 마련할 수 있다.

핵심 인재의 요건	⇔	핵심 인재가 될 수 없는 인재의 특징
• 쉽고 편한 일만 찾지 않고, 어려운 일에도 도전하며 성장하려 노력한다. • 눈앞의 이익보다 앞으로의 가능성을 생각하며 계획을 수립한다. • 다른 사람의 평가에 흔들리지 않고, 자신의 목표를 향해 묵묵히 나아간다. • 무슨 일이든 긍정적으로 생각하고, 문제 해결을 위해 적극적으로 노력한다. • 주변 사람들이 본받고 싶어 하는 존재가 되어, 함께 성장하는 분위기를 만든다. • 내부에서만 평가받으려 하지 않고 외부에서 자신의 실력을 인정받으려 노력한다. • 생각만 하지 않고 바로 행동으로 옮겨서 결과를 만든다. • 항상 새로운 것을 배우고 연구하며, 자신의 능력을 키운다. • 자신만의 독창적인 아이디어를 제시한다. • '받는 것(Take)'보다 '주는 것(Give)'을 중요하게 생각한다.	⇔	• 어려운 일은 피하고, 편한 일만 하려 한다. • 멀리 내다보지 못하고, 당장의 이익만 생각한다. • 상사에게만 잘 보이려 하고, 동료나 다른 사람들은 신경 쓰지 않는다. • 문제가 생기면 자기 잘못은 숨기고, 다른 사람이나 상황 탓만 한다. • 남들과 똑같아서 눈에 띄지 않고, 자신만의 강점이 없다. • 스스로를 평가할 줄 모르고, 발전하려는 노력이 부족하다. • 다른 사람의 아이디어나 성과를 가로채서 자기 것으로 만들려고 한다. • 실력보다는 인맥에만 의존해서 문제를 해결하려 한다. • 자기 주관 없이 다른 사람들의 의견에 쉽게 흔들린다. • 남들에게 도움을 '받기(Take)'만 하고, 자신은 베풀 줄 모른다.

[그림 7-6] 핵심 인재의 요건

② 퇴직 예방

다양한 조사 결과에서 나타나듯, 사회복지 종사자의 높은 이직 의사율은 조직 운영에 있어 심각하게 인식해야 할 문제이다. 보건복지부의 「2022년 보수 수준·근로여건 실태조사」에 따르면, 사회복지 종사자의 이직 의사율은 31.6%에 달한다. 이는 사회복지 현장에서 인력 유지를 얼마나 어렵게 만드는지를 보여주는 대표적인 사례이다. 특히 핵심 인재의 이탈은 단순한 인력 손실을 넘어, 법인 및 시설의 존립 기반을 위협할 수 있는 중대한 문제로 이어질 수 있다. 핵심 인재가 '조직의 비전 부재'나 '경력 개발 기회 부족' 등을 이유로 퇴직하는 상황은 반드시 예방해야 하며, 이를 위한 체계적인 대책이 필요하다. 퇴직 예방과 인재 정착은 재무적 관점에서도 매우 중요한 전략이다.

사회복지 분야의 신규 채용이 점점 더 어려워지고 있는 현실에서, 기존 직원의 이탈을 방지하고 장기근속을 유도하는 것은 가장 효과적인 인재 확보 전략이라 해도 과언이 아니다. 근무 환경을 개선하여 직원의 만족도를 높이고, 조직에 대한 소속감을 강화하는 노력은 인사 관리의 효율성을 높일 뿐 아니라, 서비스 품질로도 이어진다.

또한 직원 퇴사로 인해 발생하는 신규 채용 비용은 법인 및 시설에 상당한 부담이 된다. 고용노동부와 한국고용정보원이 발표한 「2023년 하반기 기업 채용동향 조사」에 따르면, 응답 기업의 75.6%가 신규 입사자의 조기 퇴사로 인해 1인당 2,000만 원 이상의 손실 비용이 발생했다고 응답했다.

이 손실에는 채용 공고 게시, 면접 진행, 신규 직원 교육, 업무 인수인계 등 직접적인 비용은 물론, 숙련 인력의 부재로 인한 업무 효율성 저하와 조직문화의 불안정성 등 간접적인 손실까지 포함되어 있다.

핵심 인재 퇴직 주요 원인		퇴직 예방 방안
• 법인 · 시설의 비전이 보이지 않음 • 법인 · 시설의 성장 가능성이 낮음 • 자신의 경력을 설계할 수 없음 • 본보기가 될 선배나 상급자가 없음 • 서로 발전할 수 있는 동료가 없음	⇒	• 대표자–직원 간 정기적 소통 • 우수 인재에 대한 보상 및 승진 기회 제공 • 권한 위임을 통한 성장 기회 부여 • 개인 성장–법인 · 시설 연동 비전 제시

[그림 7-7] 핵심 인재 퇴직 예방

③ 인사 제도에 의한 지원

사회복지법인 및 시설 운영에 있어, 직원의 장기적인 성장과 경력 개발을 지원하는 인사 제도의 중요성은 아무리 강조해도 지나치지 않다. 특히 현장 경험을 기반으로 다양한 경력 경로를 설계하고 체계적으로 지원하는 것은 직원의 직무 만족도를 높이는 동시에, 조직의 지속 가능한 발전을 이끄는 핵심 요소이다.

복지 현장에서 일반 직원으로 경력을 시작한 이후, 구성원들은 각자의 역량과 관심에 따라 다양한 전문 경로를 선택할 수 있어야 한다. 대표적인 경력 경로는 다음과 같다.

첫째, 관리직 경로: 조직의 운영과 관리를 총괄하며, 경영 간부로 성장할 수 있는 발판을 제공한다. 리더십, 행정 역량, 전략 수립 능력 등이 요구된다.

둘째, 교육 담당 경로: 직원들의 전문성 향상을 위한 교육 프로그램을 기획하고 운영하며, 조직 내 지식 공유 및 역량 강화에 기여한다. 교육 기획력과 커뮤니케이션 능력이 중요하다.

셋째, 숙련직 경로: 현장 실무에 특화된 역할로, 이용자와의 신뢰를 바탕으로 안정적이고 질 높은 서비스를 제공한다. 실천 역량과 현장 이해도가 핵심이다.

이러한 인사 제도는 직원 개개인의 능력과 직무 선호를 반영하여, 경력 경로 간의 유연한 이동이 가능하도록 설계되어야 한다. 특히 경영 간부로의 승진을 목표로 하는 경우, 일정 수준 이상의 관리직 경험이 필수적이라는 점을 조직 차원에서 명확히 인식시킬 필요가 있다.

이는 인재의 체계적인 성장과 조직 리더십의 안정적 확보를 위한 전략적 인사 운영의 핵심 기반이다.

(3) 위생 요인과 동기부여 요인

사회복지법인 및 시설을 운영함에 있어, 직원들의 만족과 불만족을 정확히 이해하고 효과적으로 관리하는 일은 매우 중요하다. Herzberg의 요인 이론(Two-Factor Theory)은 이와 같은 맥락에서 유의미한 통찰을 제공한다. 이 이론은 직원의 만족과 불만족을 유발하는 요인을 '동기 부여 요인'과 '위생 요인'으로 구분한다.

연구에 따르면, 직원들은 업무에서 성취감을 느낄 때 가장 큰 만족을 경험하며, 자신의 노력과 성과에 대한 인정은 강력한 동기 부여 요소로 작용한다. 이러한 동기 부여 요인은 직원들이 자발적으로 업무에 몰입하고 높은 성과를 창출하도록 유도한다.

반면, 불만족을 초래하는 요인은 조직의 정책, 근무 환경, 급여 수준, 그리고 동료 및 상사와의 관계 등으로 구성된 위생 요인이다. 이러한 요인들이 충족되지 않으면 직원들은 불만을 느끼게 되며, 아무리 뛰어난 동기 부여 요인이 갖춰져 있어도 그 효과는 크게 약화된다.

따라서 사회복지법인 및 시설은 직원 만족도를 향상시키기 위해 먼저 위생 요인을 철저히 점검하고 개선해야 한다. 안정적인 근무 환경, 공정한 보상 체계, 원활한 대인 관계는 기본적인 조건이며, 그 위에 성취감과 인정의 기회를 제공하는 시스템을 구축해야 한다. 직원들이 자신의 역량을 발휘하고 성장할 수 있도록 지원하는 것은 조직의 장기적인 성공을 위한 핵심 요소이다.

3) 인사 제도의 구성요소와 육성

(1) 인사 제도의 목적과 수단, 인재상

인사 제도는 직원들이 만족하고 성장할 수 있는 환경을 조성하는 데 핵심적인 역할을 한다. 효과적인 인사 제도는 조직의 목표를 달성하기 위한 전략적 수단이자, 직원의 역량 개발을 체계적으로 지원하는 시스템이다.

인사 제도는 법인 및 시설이 추구하는 인재상을 명확히 정의하고, 이에 부합하는 인재 육성 계획을 수립하는 것에서 출발한다. 목표 관리, 면접, 평가 시스템 등을 통해 직원의 성과와 역량을 체계적으로 관리하고, 이 결과를 보상 체계와 연계하는 것이 중요하다.

보상 체계의 구체적인 형태는 각 조직의 정책에 따라 다를 수 있지만, 핵심은 직원의 노력과 성과를 공정하게 평가하고 그에 상응하는 보상을 제공하는 것이다.

성공적인 인사 제도는 두 가지 핵심 원칙을 기반으로 한다.

첫째, 인사 제도는 조직의 경영 이념과 목표 달성을 위한 수단이어야 한다.

둘째, 인사 제도는 조직의 경영 이념, 목표, 사업 계획과 일관성을 유지해야 한다. 즉 인사 제도는 조직의 전략적 목표를 실현하기 위한 구체적 실행 방안이어야 한다.

따라서 법인 및 시설은 명확한 목표와 전략을 바탕으로 인사 제도를 설계하고 운영해야 한다. 이를 통해 직원의 동기를 높이고, 조직의 지속 가능한 성장을 도모할 수 있다.

(2) 법인 · 시설의 목표와 개인 목표의 연결

법인 및 시설을 운영함에 있어, 조직의 목표와 개인의 목표를 일치시키는 것은 매우 중요하다. 조직은 경영 이념을 바탕으로 구체적인 목표와 사업 계획을 수립하고, 이를 달성하기 위해 지속적으로 노력한다. 이때 조직의 목표는 각 부서와 개인의 목표와 유기적으로 연결되어야 한다.

목표의 연결이란 조직의 목표와 개인의 목표가 일관성을 유지하며 상호 연계되는 것을 의미한다. 이는 조직 전체의 목표를 효과적으로 달성하기 위해 각 구성원이 자신의 역할과 책임을 명확히, 그에 따라 목표 달성에 기여하도록 하는 데 필수적이다.

일상적인 업무 관리와 목표 관리는 분리되어서는 안 되며, 동일한 흐름 속에서 유기적으로 운영되어야 한다. 목표 달성을 위한 진행 상황을 지속적으로 점검하고 관리하는 것은 효율적인 업무 수행의 핵심 요소이다. 또한 상사와 부하 간의 긴밀한 소통은 목표 달성의 중요한 전제 조건이며, 정기적인 커뮤니케이션을 통해 목표의 진행 상황을 공유하고, 문제를 함께 해결하며, 필요한 자원을 적시에 지원해야 한다.

결국, 법인 및 시설은 목표의 정렬, 실행 과정의 점검, 효과적인 소통 체계를 통해 조직의 목표와 개인의 목표를 일치시켜야 하며, 이를 통해 보다 효율적이고 전략적인 업무 수행을 실현할 수 있다.

(3) 목표 관리 제도

목표 관리 제도는 조직의 효율성과 직원들의 동기 부여를 동시에 향상시키는 중요한 도구이다. 목표 관리 제도는 Herzberg의 동기 부여 이론에 기반하여, 직원들이 업무를 통해 성취감을 느낄 때 최고의 동기 부여를 경험한다는 점을 활용한다.

조직의 경영 목표와 개인의 목표를 연결하고, 조직과 개인이 함께 목표를 달성함으로써 공동체 의식을 함양하는 것이 목표 관리 제도의 핵심이다. 기존의 인사 고과 제도와 목표 관리 제도를 통합함으로써 조직은 경영 목표 달성 효율성을 높일 수 있다. 인사 고과가 평가 결과와 보상을 연계하는 데 초점을 맞춘다면, 목표 관리는 개인의 목표 달성을 통해 조직의 목표 달성에 기여하도록 유도한다.

목표 관리 제도가 성공적으로 운영되려면 조직의 경영 이념과 목표가 명확하게 정의되어야 한다. 경영진과 상급 관리자는 조직의 지속적인 성장을 위해 사업 성과와 재정적 목표를 달성해야 하며, 이러한 목표는 개인의 목표와 긴밀하게 연동되어야 한다.

현장의 일반 직원들은 일상적인 서비스 제공의 질을 유지하고 향상시키는 데 집중해야 한다. 이들의 개인 목표는 법인 및 시설의 조직 기준에 부합하는 업무 수행을 통해 달성될 수 있다.

법인 및 시설은 명확한 목표 설정, 목표 연동, 지속적인 평가 및 피드백을 통해 목표 관리 제도를 효과적으로 운영해야 한다. 이를 통해 조직은 목표 달성 효율성을 높이고, 직원들은 업무 만족도와 동기 부여를 향상시킬 수 있다.

목표 관리의 본질은 '목표에 의한 관리와 자기 통제(Management by objective and self-control)'라는 용어에서 알 수 있듯이, 직원 스스로 목표를 설정하고 관리하는 데 있다. 목표 관리라는 단어에서 상사의 일방적인 지시와 할당량 달성을 강요받는 이미지를 떠올릴 수 있지만, 실제 목표 관리 제도는 직원의 자율적인 성장을 핵심 가치로 삼는다.

목표 관리 제도는 직원이 일상 업무를 스스로 점검하고 개선해 나가며 자립적인 인재로 성장하도록 돕는 데 목적이 있다. 특히 목표 관리 제도의 성공적인 운영을 위해서는 상사와 직원 간의 긴밀한 소통이 필수적이다. 목표 설정, 진행 상황 점검, 결과 평가 등 모든 과정에서 면밀한 면담을 통해 상호 이해를 높이고 신뢰를 구축해야 한다.

(4) 성장 면담

인사 제도가 성공적으로 정착하기 위해서는 투명성, 공정성, 수용성의 세 가지 핵심 요소가 충족되어야 한다. 투명성은 평가 기준이 모든 직원에게 명확하게 공개되는 것을 의미하며, 공정성은 객관적인 기준에 따라 편견 없이 평가가 이루어지는 것을 의미한다. 수용성은 평가 결과에 대해 모든 직원이 수용할 수 있는 것을 의미한다.

성장 면담은 이러한 수용성을 높이는 데 중요한 역할을 수행한다. 면담을 통해 상사는 객관적인 사실에 기반하여 평가 결과를 직원에게 전달하고, 직원은 평가 결과에 대한 궁금증이나 이의를 제기하며 상호 간의 이해를 높일 수 있다. 이 과정에서 직원은 자신의 강점과 개선점을 파악하고, 자기 계발 및 OJT를 통해 역량을 강화할 수 있다.

그리고 단순히 평가 결과를 전달하는 데 그치지 않고, 상사와 직원이 정기적으로 소통하며 조직의 과제와 업무 개선 방안을 논의하는 기회를 제공한다. 이를 통해 조직 내 소통을 활성화하고 긍정적인 근무 환경을 조성할 수 있다. 또한 직원들의 고충을 공유하고 해결하는 창구 역할을 수행한다. 사회복지 현장에서 인력 유지가 어려운 주요 원인 중 하나가 직장 내 인간관계 문제라는 점을 고려할 때, 성장 면담은 직원들이 안정적으로 근무할 수 있는 환경을 조성하는 데 기여한다.

제 8 장

자원개발 및 관리

사회복지시설은 운영 과정에서 끊임없이 자원 부족이라는 현실에 직면한다. 이러한 자원 부족은 사회복지서비스의 질을 저하시킬 뿐만 아니라, 시설 운영에도 어려움을 초래한다. 따라서 사회복지시설은 안정적인 운영과 서비스 질 향상을 위해 자원의 지속적인 개발과 효율적인 관리에 힘써야 한다.

제1절 사회복지 자원개발의 의의

1) 사회복지시설의 자원

(1) 사회복지 자원의 개념 규정

사회복지시설 운영에 있어 '자원'이란 시설의 목적 달성, 생존 및 성장에 필수적인 모든 요소를 포괄하는 개념이다. 이는 단순히 재정적인 측면뿐만 아니라, 시설 운영에 필요한 인력, 물품, 정보, 기술 등 다양한 형태의 자원을 포함한다.

(2) 사회복지 자원의 종류

① 공급 주체에 따른 분류

사회복지시설의 자원은 공급 주체에 따라 공공 자원과 민간 자원으로도 구분할 수 있다.

첫째, 공공 자원은 국가 또는 지방자치단체가 국민의 세금을 재원으로 공공부조, 사회보험, 다양한 사회복지서비스 등에 직접적 및 간접적인 비용을 통해 집행하는 자원의 총량을 의미한다. 공공 자원은 안정적으로 제공되지만 융통성이 부족하고 관리가 복잡하며 서비스 이용자의 개별적인 욕구를 반영하기 어려울 수 있다.

둘째, 민간 자원은 국가 또는 지방자치단체를 제외한 모든 민간 영역에서 생산되고 집행되는 자원 가운데 복지 영역으로 간주할 수 있는 활동에 사용되는 자원을 의미한다. 여기에는 개인, 기업, 기관 등 다양한 주체로부터의 기부금, 후원 물품, 자원봉사 등이 포함된다. 민간 자원은 융통성이 높고 다양한 활용이 가능하지만 자원 확보의 안정성이 낮고 예측이 어려울 수 있다. 또한 자원 제공자의 취향이나 욕구에 따라 서비스의 본래 목적이 훼손될 수 있다는 단점도 존재한다.

② 자원의 내용에 따른 분류

사회복지시설의 자원은 자원의 내용에 따라 다음과 같이 분류할 수 있다.

첫째, 물적 자원은 시설 운영에 필요한 물질적 요소를 의미한다. 여기에는 정부 보조금, 기업 및 개인의 기부금, 후원 물품, 시설 공간, 장비 등이 포함된다.

둘째, 인적 자원은 시설 운영에 참여하는 모든 인력을 의미한다. 여기에는 시설 종사자, 자원봉사자, 서비스 이용자, 지역사회 주민 등이 포함된다. 인적 자원은 시설의 서비스 제공 능력과 질을 결정하는 핵심 요소이다.

셋째, 정보 자원은 사회복지 활동에서 얻거나 생성된 지식, 자료, 메시지를 체계적으로 축적·가공·전달·활용하는 것을 의미한다. 최근에는 인터넷을 활용하여 다양한 정보를 수집·교환하는 것이 일반적이다. 정보 자원은 복지 욕구 정보, 복지 서비스 정보, 복지 전달 체계 정보, 복지 지식 정보 등을 포괄한다.

넷째, 사회복지 제도 자원은 문화적 가치나 관습 중 사회적으로 바람직하다고 판단되는 것들이 제도화되어 사회성을 띠고, 법률이나 정책 등으로 규정된 자원을 말한다.

다섯째, 문화 자원은 사회 구성원들이 학습을 통해 사회로부터 습득하고 전달받는 비제도화된 정서나 관습을 의미한다. 이는 인적·물적 자원과는 달리 간접적이고 비가시적인 특성을 지니며, 인적·물적 자원 확보를 위한 매개적 역할을 수행한다.

〈표 8-1〉 사회복지시설 자원의 분류

분류 기준	유형	내용	특징
공급 주체	공공 자원	국가 또는 지방자치단체가 제공하는 재정 지원 및 서비스	안정적 제공, 융통성 부족, 복잡한 관리, 개별 욕구 반영 어려움
	민간 자원	개인, 기업, 기관 등 민간 영역에서 제공하는 기부금, 후원 물품, 자원봉사 등	융통성 높고 다양하게 활용 가능, 확보 안정성 낮고 예측 어려움, 제공자 영향력 발생 가능
자원 내용	물적 자원	정부 보조금, 기부금, 후원 물품, 시설 공간, 장비 등 물질적 요소	시설 운영의 기반
	인적 자원	시설 종사자, 자원봉사자, 서비스 이용자, 지역사회 주민 등 인력	서비스 제공 능력 및 질 결정
	정보 자원	복지 욕구 정보, 복지 서비스 정보, 복지 전달 체계 정보, 복지 지식 정보 등	사회복지 활동의 효율성 증진
	제도 자원	법률, 정책 등 제도화된 자원	사회성 및 법적 근거 제공
	문화 자원	정서, 관습 등 비제도화된 자원	인적·물적 자원 확보를 위한 매개 역할

2) 사회복지 자원개발

(1) 자원개발의 개념

사회복지시설 자원개발은 인적·물적·정보·제도·문화 자원 등을 유용하게 변화시키는 행위를 의미한다. 이는 자원을 활용 가능한 형태로 만들거나 지식, 재능 등을 발달시키고 새로운 아이디어를 창출하는 활동을 포함한다. 따라서 사회복지 자원개발은 사회복지 목표 달성에 필요한 시설, 인력, 자금, 프로그램 등을 발굴하고 활용 가능한 형태로 만들어 지역사회 삶의 질 향상에 기여하는 것을 목표로 한다.

〈표 8-2〉 학자별 자원개발 정의

학자	내용
Grace[1]	자원개발이란 잠재적인 기부자에게 그들의 투자가 기관 및 지역사회에 미치는 영향을 이해시키는 방법
양용희[2]	비영리조직의 가치 홍보, 공공선, 지역사회 자원 파악, 대상자의 욕구 파악, 잠재적 후원자 양육, 모금 등을 포함하는 것을 정의
김미숙 · 김은정[3]	일방적으로 주는 행위가 아니라 사회의 공공선을 달성하는 한 수단
Hunter & Staffenborg[4]	자원개발은 단지 비영리 조직이 활동하는 데 필요한 자원을 획득한다는 의미가 아니라 지역사회 내 다양한 자원을 파악하고 자원을 지역사회의 구체적인 문제를 해결할 수 있는 기회를 제공하는 측면에서 강조

출처: 박수지(2018). 사회복지사의 자원개발 인식에 관한 탐색적 연구-대전광역시 사회복지관을 중심으로-. 석사학위논문, 한남대학교 대학원. p.13.

(2) 자원개발의 필요성

사회복지 시설의 자원개발은 다음과 같은 이유에서 필요하다(권기창 외, 2018).

첫째, 자원개발은 사회복지시설의 부족한 재원을 보충하는 동시에 안정적인 재원을 확보한다. 증가하는 사회복지 수요에 비하여 이를 수행할 공공 및 민간 자원은 턱없이 부족한 실정이다. 이를 보완하고 대체하는 것이 자원개발을 통한 후원금품의 확보이다.

둘째, 자원개발은 사회복지시설 운영의 자율성과 독립성을 보장할 수 있게

1) 이종윤(2016). 사회복지사의 자원개발역량 척도 개발에 관한 연구. 박사학위논문, 계명대학교대학원, p.7.

2) 양용희(2010). 사회복지자원과 마케팅. 부산광역시 교육자료집, 부산복지개발원, pp.7-19.

3) 김미숙 · 김은정(2005). 사회복지시설의 민간자원 동원에 영향을 주는 요인 연구: 후원을 중심으로. 한국사회복지학, 57(2), pp.5-40.

4) Hunter, A., & Staggenborg, S.(1988) Local communities and organized action. Communityorganizations: Studies in resource mobilization and exchange, p.246.

한다. 자원을 특정 원천에 지나치게 의존하면 재원지원기관의 영향력에서 자유로울 수가 없다. 따라서 자율성과 독립성을 확보하기 위해 사회복지시설은 자원을 다원화하고 독자적으로 사용할 수 있어야 한다.

셋째, 자원개발은 신규 프로그램 개발 및 지속적 운영을 가능하게 해 준다. 사회복지시설이 다양한 프로그램을 개발하고 그것을 지속적으로 운영하기 위해서는 자원개발을 통한 안정적인 재원 확보가 무엇보다 중요하다.

넷째, 자원개발은 지역사회의 관심을 유도하고 지지 확보가 가능해진다. 지역사회에서 자원개발이라는 과정을 통해 주민들과의 다양한 접촉과 네트워크 구축이 이루어지는데, 이를 통해 지역사회의 사회복지시설에 대한 관심을 유도하고 지지를 확보하게 함으로써 지속 가능성을 담보해 준다.

다섯째, 자원개발은 사회복지시설 및 프로그램의 홍보효과를 극대화한다. 기관이 수행하는 다양한 사업과 프로그램을 지역 주민들에게 홍보하고 이에 소요되는 자원을 확보해 준다.

여섯째, 자원개발은 사회복지시설 직원들의 자부심과 자신감, 안도감에 기여한다. 자원개발을 통해 시설 직원들이 지역사회의 일원으로 역할하고 문제를 해결할 때, 직원들은 자부심과 자신감, 조직에 대한 안도감을 가질 수 있다.

(3) 자원개발 활동의 이론적 배경

사회복지시설 자원개발과 관련된 주요 이론적 배경으로는 자원의존이론과 제도이론이 있다.

① 자원의존이론(resource dependence theory)

자원의존이론은 사회복지시설이 외부 환경과의 관계 속에서 자원을 확보하고 관리하는 과정을 설명하는 이론이다. 시설이 필요한 재정 자원을 외부 재정지원자로부터 획득하며, 이러한 의존성이 시설의 활동과 목표 달성에 영향을 미친다는 것이다. 따라서 시설은 안정적인 수입 확보와 지원자와의 관계 관리에 집중해야 한다.

② 제도이론(institutional theory)

제도이론은 비영리 조직의 자원개발을 단순히 재정 확보 차원을 넘어 조직의 정통성을 확보하고 외부 제도적 환경으로부터 지지를 얻는 과정으로 설명한다. 즉 자원 확보는 조직이 사회적으로 인정받고 공공의 목적을 수행한다는 신뢰를 얻는 중요한 수단이다. 예를 들어, 정부 지원을 받는 사회복지 조직은 공익 서비스 제공자로서의 정통성을 인정받고, 이는 조직의 안정적인 운영과 사회적 신뢰 구축에 기여한다.

〈표 8-3〉 자원개발 활동의 이론적 배경

이론	핵심내용	주요개념	시사점
자원의존이론 (Resource Dependence Theory)	외부 환경과의 상호작용 속에서 자원 확보 및 관리 과정을 설명	재정 지원자, 외부 환경, 자원 의존성, 관계 관리	안정적인 수입 확보 및 지원자와의 관계 관리가 중요
제도이론 (Institutional Theory)	자원개발을 정통성 확보 및 외부 제도적 환경의 지지 획득 과정으로 설명	정통성, 제도적 환경, 사회적 신뢰, 공익 목적 수행	사회적 인정 및 신뢰 구축을 위한 자원 확보의 중요성 강조

(4) 사회복지 자원개발 시 고려사항

사회복지시설 자원개발에서 중요하게 고려하여야 할 것은 다음과 같다(엄미선 외, 2009).

첫째, 사회복지시설은 자원개발에 앞서 지역사회의 환경적인 요소를 적극 검토해야 한다. 시설이 위치하는 지역사회의 특성, 지리적 위치, 주민들의 사회·경제적 특성, 제도적 지원 등을 검토하고 자원개발 전략을 수립해야 한다.

둘째, 사회복지시설은 자원개발을 위하여 지역사회의 인적·물적·기관 등의 자원조사를 실시하여야 한다. 지역사회의 다양한 자원을 사전에 파악하고 이를 목록화하여 관리하고 활용할 수 있도록 준비해야 한다.

셋째, 사회복지시설은 지역 욕구에 기반한 자원개발을 하여야 한다. 지역사회의 자원은 지역이 갖고 있는 욕구와 연결될 때 개발이 용이하고 주민들의 참여를 유도할 수 있다.

넷째, 사회복지시설은 자원개발을 위해 기존 지역사회조직의 네트워크 자원을 충분히 활용하도록 한다. 지역사회에서 다양한 기능을 수행하는 조직 간의 네트워크를 활용하여 이들이 보유하고 있는 자원을 공유할 수 있도록 한다.

다섯째, 자원을 인적 · 물적 · 정보 · 제도 · 문화 자원 등 내용과 분야에 따라 분류하도록 한다. 인적 자원은 전문분야와 일반분야로 나누어 분류하며, 물적 자원은 업체와 물품 종류, 금액, 보관 방법 등으로 나누어 분류한다.

여섯째, 자원의 종류와 양, 필요 시기, 보관, 기부자 서비스 등 자원관리가 체계적으로 이루어져야 한다.

(5) 사회복지 자원개발의 과정(권기창 외, 2018)

〈표 8-4〉 사회복지시설 자원개발 과정

단계	주요 내용	핵심 활동
1. 지역 욕구 파악	지역사회 필요 자원 및 욕구 파악	문제점, 원인, 해결 대책 파악
2. 자원개발 목표 설정 및 계획	자원개발 목표 구체화 및 계획 수립	목표, 예산, 인력 계획 수립 및 공유
3. 지역사회 자원 파악	지역사회 내 인적 · 물적 자원 파악	시설, 기관, 단체, 관계자, 지역 유지 파악 및 법률, 예산 이해
4. 자원 목록화	지역사회 자원 정보 및 접근성 향상	자원 목록 도표화, 지도 작성, 정보 업데이트
5. 활동 평가 및 보고	자원 활용 후 평가 및 환류	평가 결과 반영, 계획 수정 및 실행

① 지역욕구 파악

지역사회가 필요로 하는 자원의 양과 목록, 즉 욕구를 파악한다. 어떠한 문제가 있는지, 그 문제의 원인은 무엇인지, 그리고 문제 해결을 위해 어떠한 대책이 필요한지를 파악하도록 한다.

② 자원개발 목표 설정 및 계획

자원개발이 어떤 계층의 어떠한 문제를 해결해 주고 그 결과로 지역사회에 어떠한 영향을 미치는지를 구체화하여야 한다. 특히 자원개발 계획에는 필요한 소요 예산 및 인력이 구체적으로 제시되어야 하며, 전 직원이 공유할 수 있도록 한다.

③ 지역사회 자원 파악

지역사회 내의 인적·물적 자원을 파악한다. 특히 지역사회 내의 시설, 기관, 단체, 관계자, 지역 유지 등을 파악해 두고 법률 및 예산 등에 대해서도 지식과 이해를 가져야 한다.

④ 자원의 목록화

지역에 산재해 있는 자원에 대한 정보와 그 접근성을 높이기 위하여 지역사회의 자원을 확인하고 목록화하여 도표로 만들고 지도를 작성한다. 이러한 자원 목록화는 자원을 어디서 어떻게 획득할 수 있는지를 쉽게 확인할 수 있도록 해 준다. 자원목록은 전화나 기관 방문 혹은 비공식적 경로를 통해 작성하며, 자원의 특성, 접근방법, 제공기준, 접촉대상자 등의 목록사항을 개발하고 수정·보완하도록 한다.

⑤ 활동의 평가와 보고

자원을 활용한 후에는 평가를 실시하며, 평가의 결과를 환류하여 새로운 계획수립과 실행과정에 반영하도록 한다.

제2절 후원개발을 위한 마케팅

사회복지시설 운영에서 모금과 후원자 개발은 시설의 지속 가능성을 확보하고, 필수적인 서비스를 제공하기 위한 핵심적인 활동이다. 이를 효과적으로 수행하려면 체계적인 마케팅 전략의 수립이 필수적이다.

1) 사회복지 마케팅(Marketing)

마케팅은 기업이 경쟁 환경 속에서 생존하고 성장하기 위해, 소비자의 욕구를 충족시키는 제품, 가격, 유통, 촉진 활동 등을 계획하고 실행하는 관리 과정을 의미한다.

사회복지 마케팅은 후원자의 욕구를 파악하고 이를 충족시키기 위해 체계적이고 조직적으로 노력함으로써, 사회복지시설의 목표를 달성하고 후원자의 만족을 실현하는 조직 활동이다.

일반 기업에서는 물품이나 서비스를 제공하고 그 대가로 금전적 보상을 받는 교환 관계가 이루어지는 반면, 사회복지시설에서는 후원자가 가치를 제공하고 사회복지시설이 후원금을 받는 비금전적 가치 중심의 교환 관계가 형성된다. 즉 사회복지시설은 단순히 돈을 받는 것이 아니라, 사회적 가치를 제공하고 후원자는 이를 통해 정서적 만족과 사회적 보람을 얻는 것이다.

(1) 사회복지시설 마케팅의 필요성

1970년대 미국에서 비영리 기관의 재정난과 운영난을 해소하기 위한 전략으로 사회복지 마케팅이 도입되었다. 사회복지기관(시설)이 존속 발전하기 위해서는 프로그램 기획, 홍보 과정, 후원자 개발과 후원 지속, 기관(시설) 자체의 운영에까지 마케팅적 요소를 가미할 필요가 있다.

(2) 비영리 마케팅의 특성

① 비영리 마케팅 전략은 영리 조직과 달리 다양한 다중의 대중(multiple publics)을 상대해야 한다는 특징을 지닌다. 이는 사회복지시설이 단순히 서비스 이용자만을 대상으로 하는 것이 아니라, 다양한 이해관계자와 관계를 맺어야 함을 의미한다.

첫째, 자원을 공급하는 후원자 그룹(donor, supplier). 사회복지시설 운영에 필요한 재정, 물품, 재능 등을 제공하는 개인, 기업, 단체 등을 의미한다. 이들은 사회적 가치 창출에 기여하고자 하는 욕구를 충족시키기 위해 후원에 참여한다.

둘째, 자원을 유능한 상품이나 서비스로 변화시키는 내부 그룹(staff). 사회복지시설의 직원, 자원봉사자 등을 의미한다. 이들은 후원받은 자원을 바탕으로 사회복지서비스를 기획, 실행, 평가하는 역할을 수행한다.

셋째, 상품이나 서비스를 전달하는 그룹(agent, facilitator). 사회복지서비스를 이용자에게 전달하는 역할을 수행하는 기관, 단체 등을 의미한다. 이는 사회복지시설과 이용자 간의 연결고리 역할을 수행한다.

넷째, 공급받은 상품이나 서비스를 사용하는 그룹(client). 사회복지서비스를 이용하는 대상자를 의미한다. 이들은 사회복지서비스를 통해 삶의 질 향상, 문제 해결, 사회 참여 등을 도모한다.

② 다중의 대중을 대상으로 마케팅을 전개할 때 목표 역시 다중성(multiple objectives)을 가져야 한다. 사회복지시설은 후원자, 이용자, 지역사회 등 다양한 이해관계자를 대상으로 마케팅 활동을 수행해야 한다. 따라서 각 그룹의 요구와 기대를 충족시킬 수 있는 다양한 목표를 설정해야 한다.

③ 비영리 조직 마케팅은 상품 중심이 아니라 서비스 중심의 마케팅이다. 사회복지시설은 유형의 상품이 아닌 무형의 서비스를 제공한다. 따라서 서비스의 질 향상, 이용자 만족도 제고, 사회적 가치 창출 등에 초점을 맞춘 마케팅 전략을 수립해야 한다.

④ 비영리 조직 마케팅은 다양한 그룹의 초점을 받게 되므로 투명성과 신뢰성이 담보되어야 한다. 사회복지시설은 공익성을 추구하는 기관이므로, 운영 과정의 투명성과 신뢰성을 확보해야 한다. 후원금 사용 내역 공개, 서비스 이용자 만족도 조사 결과 공개 등 다양한 방법을 통해 투명성과 신뢰성을 높여야 한다.

(3) 사회복지시설 마케팅 전략의 수립

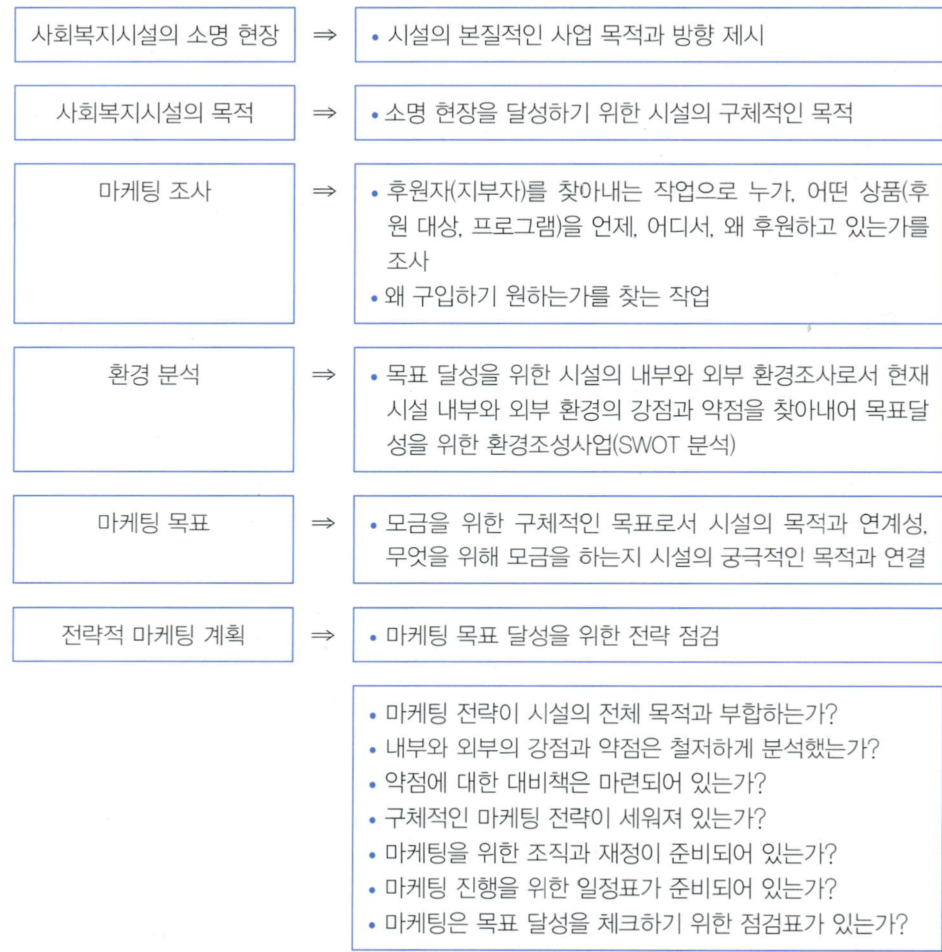

사회복지시설의 소명 현장	⇒	• 시설의 본질적인 사업 목적과 방향 제시
사회복지시설의 목적	⇒	• 소명 현장을 달성하기 위한 시설의 구체적인 목적
마케팅 조사	⇒	• 후원자(지부자)를 찾아내는 작업으로 누가, 어떤 상품(후원 대상, 프로그램)을 언제, 어디서, 왜 후원하고 있는가를 조사 • 왜 구입하기 원하는가를 찾는 작업
환경 분석	⇒	• 목표 달성을 위한 시설의 내부와 외부 환경조사로서 현재 시설 내부와 외부 환경의 강점과 약점을 찾아내어 목표달성을 위한 환경조성사업(SWOT 분석)
마케팅 목표	⇒	• 모금을 위한 구체적인 목표로서 시설의 목적과 연계성, 무엇을 위해 모금을 하는지 시설의 궁극적인 목적과 연결
전략적 마케팅 계획	⇒	• 마케팅 목표 달성을 위한 전략 점검
		• 마케팅 전략이 시설의 전체 목적과 부합하는가? • 내부와 외부의 강점과 약점은 철저하게 분석했는가? • 약점에 대한 대비책은 마련되어 있는가? • 구체적인 마케팅 전략이 세워져 있는가? • 마케팅을 위한 조직과 재정이 준비되어 있는가? • 마케팅 진행을 위한 일정표가 준비되어 있는가? • 마케팅은 목표 달성을 체크하기 위한 점검표가 있는가?

[그림 8-1] 사회복지시설 마케팅 전략 수립 절차

2) 4P 분석

4P 분석이란 마케팅 믹스(Marketing Mix)의 기본 개념으로, 제품(Product), 가격(Price), 유통(Place), 판촉(Promotion)의 4가지 요소를 조합하여 제품이나 서비스의 판매전략을 수립하는 기법이다. 이러한 4P 분석은 사회복지 자원개발 전략에도 효과적으로 적용될 수 있다.

(1) 4P의 정의와 구성요소

4P의 각 요소의 정의와 구성요소는 다음과 같다.

〈표 8-5〉 4P의 정의와 구성요소

요소	정의	구성요소
제품(Product)	제공하는 제품이나 서비스의 특징, 품질, 디자인 등	핵심 서비스, 부가 가치 서비스, 서비스 품질, 브랜딩
가격(Price)	제품이나 서비스의 가격 설정, 할인, 지불 방법 등	가격 전략, 할인 제도, 지불 방법, 가격 변경
유통(Place)	제품이나 서비스를 이용자에게 전달하기 위한 유통 경로, 거점 등	서비스 제공 거점, 접근성, 홍보 활동, 제휴 기관
판촉(Promotion)	제품이나 서비스를 이용자에게 인지하도록 하는 광고, 홍보 활동 등	광고 전략, 홍보 활동, 판매 촉진 활동, 이벤트 개최

(2) 4P 분석의 목적과 활용방법

4P의 분석은 사회복지 자원개발에서 후원자 개발 및 관리 전략을 수립하고 사회복지서비스의 효과적인 마케팅을 통해 더 많은 사람들이 필요한 도움을 받을 수 있도록 하는 데 목적이 있다. 4P 분석의 다음과 같은 활용방법은 다음과 같다.

① 후원자 요구 분석: 잠재적 후원자의 요구와 사회적 가치에 대한 인식을 명확히 파악하여, 그들이 원하는 후원 형태와 기대효과를 구체화한다.

② 맞춤형 후원 상품 개발: 후원자의 요구에 부합하는 다양한 후원 상품을 설계하고, 후원 참여를 통해 얻을 수 있는 사회적 가치와 만족도를 높인다.

③ 적절한 후원 가치 제시: 후원자의 기여에 상응하는 가치와 보상체계를 구축하여 후원 참여의 동기를 부여하고, 지속적인 관계를 유지한다.

④ 효과적인 후원 채널 구축: 다양한 후원 채널을 통해 후원자 접근성을 높이고, 편리한 후원 환경을 조성하여 후원 참여를 활성화한다.

⑤ 후원 홍보 및 관계 강화: 사회복지서비스의 필요성과 가치를 효과적으로 알리고, 후원자와의 지속적인 관계를 구축하여 후원 참여를 확대한다.

4P 분석을 통해 후원자의 요구에 맞는 후원 프로그램을 개발하고, 효과적인 홍보 전략을 통해 후원 참여를 확대하여 조직의 성장과 사회복지서비스의 질적 향상을 도모할 수 있다.

하지만 4P 분석을 활용할 때는 다음과 같은 점에 유의해야 한다.

- 지속적인 후원자 요구 파악: 후원자의 요구는 변화하므로 지속적인 정보 수집과 분석을 통해 변화에 능동적으로 대응해야 한다.
- 4P 요소의 균형 유지: 후원 상품, 후원 가치, 후원 채널, 후원 홍보 각 요소의 균형을 유지하며 종합적인 전략을 수립해야 한다.
- 외부 환경 변화에 대한 유연한 대응: 사회복지 환경, 경제 상황 등 외부 환경 변화에 따라 후원 전략을 유연하게 수정해야 한다.
- 다양한 분석 기법 활용: 4P 분석뿐만 아니라 SWOT 분석, 경쟁 분석 등 다양한 분석 기법을 병행하여 객관적이고 정확한 전략을 수립해야 한다.

(3) 4P 분석 적용

① 노인복지 분야에서 4P 분석 적용

가. 후원 상품(Product)

- 단순한 금전적 후원 외에 노인에게 필요한 다양한 서비스 및 물품을 후원 상품으로 개발한다.

  예 정기적인 식사 지원, 건강 관리 용품 지원, 여가 활동 프로그램 지원 등
- 후원자의 참여를 유도하고 만족도를 높일 수 있는 후원 상품을 개발한다.

  예 후원자가 직접 참여하는 봉사활동 프로그램, 노인과의 교류 프로그램 등

나. 후원 금액/가치(Price)

- 후원자의 경제적 부담을 고려하여 다양한 후원 금액 옵션을 제시한다.
- 후원자의 기여에 상응하는 가치와 보상 체계를 구축한다.

  예 후원 금액에 따른 세액 공제, 후원자 네트워킹 행사 초청, 후원자 명예의 전당 게시 등

다. 후원 채널(Place)

- 노인과 가족, 지역 주민 등 잠재적 후원자에게 접근하기 쉬운 다양한 후원 채널을 구축한다.

  예 온라인 후원 플랫폼, 지역 주민센터, 종교 시설, 기업 사회 공헌 프로그램 등
- 후원자가 편리하게 후원하고 참여할 수 있는 환경을 조성한다.

라. 후원 홍보(Promotion)

- 노인 복지 서비스의 필요성과 가치를 효과적으로 알리는 홍보 전략을 수립한다.

  예 노인의 삶의 질 향상에 기여하는 후원 활동의 중요성을 강조하는 캠페인, 후원자들의 감동적인 이야기를 담은 홍보 영상 제작 등
- 다양한 홍보 채널을 활용하여 후원자들의 참여를 유도한다.

  예 지역 방송, 신문, 소셜 미디어, 지역 행사 등

② 장애인 복지 분야에서 4P 적용

가. 후원 상품(Product)

- 장애인의 특성에 맞는 전문적인 서비스 및 물품을 후원 상품으로 개발한다.
  예: 보조 기기 지원, 재활 치료 프로그램 지원, 직업 훈련 프로그램 지원 등
- 장애인의 자립 지원과 사회 참여를 촉진하는 후원 상품을 개발한다.

  예 문화 예술 활동 지원 프로그램, 스포츠 활동 지원 프로그램, 사회 참여 프로그램 등

- 후원자의 참여를 유도하고 만족도를 높일 수 있는 후원 상품을 개발한다.
  - 예 후원자가 직접 참여하는 봉사활동 프로그램, 장애인과의 교류 프로그램 등

나. 후원 금액/가치(Price)

- 장애인의 경제적 자립을 지원하기 위해 다양한 후원 금액 옵션을 제시한다.
- 후원자의 기여에 상응하는 가치와 보상 체계를 구축한다.
  - 예 후원 금액에 따른 세액 공제, 후원자 네트워킹 행사 초청, 후원자 명예의 전당 게시 등
- 장애인 복지 서비스의 가치를 명확히 제시하여 후원자의 참여를 유도한다.

다. 후원 채널(Place)

- 장애인과 가족, 지역 주민 등 잠재적 후원자에게 접근하기 쉬운 다양한 후원 채널을 구축한다.
  - 예 온라인 후원 플랫폼, 장애인 복지관, 지역 주민센터, 기업 사회 공헌 프로그램 등
- 후원자가 편리하게 후원하고 참여할 수 있는 환경을 조성한다.

라. 후원 홍보(Promotion)

- 장애인의 권리 옹호와 사회적 이해 증진을 위한 홍보 전략을 수립한다.
  - 예 장애인에 대한 인식 개선 캠페인, 장애인의 사회 참여를 지지하는 캠페인 등
- 장애인 복지 서비스의 필요성과 가치를 효과적으로 알리는 홍보 전략을 수립한다.
  - 예 장애인의 삶의 질 향상에 기여하는 후원 활동의 중요성을 강조하는 캠페인, 후원자들의 감동적인 이야기를 담은 홍보 영상 제작 등
- 다양한 홍보 채널을 활용하여 후원자들의 참여를 유도한다.
  - 예 지역 방송, 신문, 소셜 미디어, 지역 행사 등

③ 아동복지 분야에서 4P 적용

가. 후원 상품(Product)

- 교육, 문화 예술, 놀이 등 성장 발달 지원을 강화한다.
  - 예 학습 멘토링 프로그램, 예체능 교육 프로그램, 창의력 개발 놀이 키트 지원, 도서 지원
- 아동학대 피해, 저소득층, 다문화 가정 등 취약계층 아동 맞춤형 후원 상품을 개발한다.
  - 예 심리 치료 프로그램 지원, 생필품 지원, 언어교육 프로그램 지원, 문화체험 프로그램 지원
- 후원자가 아동과 직접적인 교류를 통해 참여 만족도를 높이는 상품을 개발한다.
  - 예 아동 대상 봉사활동 프로그램, 아동과 함께하는 문화체험 활동, 아동 멘토링 프로그램

나. 후원 금액/가치(Price)

- 아동의 건강한 성장을 위한 장기적인 후원을 유도하는 가치 제시가 중요하다.
  - 예 아동 성장 단계별 맞춤형 후원 프로그램, 장기 후원자 대상 특별 혜택 제공
- 후원자의 직접적인 참여를 통해 아동의 삶에 긍정적인 영향을 줄 수 있음을 강조한다.
  - 예 후원 아동의 성장 과정 공유, 후원 아동과의 교류 기회 제공

다. 후원 채널(Place)

- 아동복지관, 학교, 지역아동센터 등 아동 관련 기관과의 협력을 통해 후원 채널을 구축한다.
  - 예 학교 연계 후원 프로그램, 지역아동센터 연계 후원 행사

라. 후원 홍보(Promotion)

- 아동학대 예방, 아동 빈곤 문제 등 사회적 공감대 형성을 위한 캠페인을 적

극적으로 전개한다.

예 아동학대 예방 공익 광고, 아동 빈곤 문제 해결 캠페인

- 아동의 건강한 성장과 권리 보호를 위한 후원 활동의 중요성을 감동적인 스토리텔링으로 전달한다.

예 후원 아동의 성장 스토리 영상 제작, 후원자 참여 후기 공유

④ 저소득층 지원 분야에서 4P 적용

가. 후원 상품(Product)

- 경제적 자립 기반 마련을 위한 지원을 강화한다.

예 취업 교육 프로그램 지원, 창업 자금 지원, 생필품 지원, 주거 환경 개선 지원

- 단순한 물품 지원을 넘어, 자립 의지 고취 및 사회 구성원으로서의 역할 수행을 지원하는 프로그램을 개발한다.

예 자산 형성 지원 프로그램, 금융 교육 프로그램, 문화 체험 프로그램 지원

- 후원자가 저소득층의 자립 과정을 직접적으로 지원하며 보람을 느낄 수 있는 상품을 개발한다.

예 멘토링 프로그램, 직업 체험 프로그램, 공동 작업 프로젝트

나. 후원 금액/가치(Price)

- 단순 금전적 지원 외에 저소득층의 자립 의지 고취 및 사회 통합 기여를 강조한다.

예 후원금의 사회적 투자 효과 강조, 후원자의 사회적 책임감 고취

- 후원자의 직접적인 참여를 통해 저소득층의 삶에 긍정적인 변화를 가져올 수 있음을 강조한다.

예 후원자의 멘토링 경험 공유, 후원자와 저소득층의 공동 프로젝트 결과 공유

다. 후원 채널(Place)

- 지역사회복지관, 고용지원센터, 자활센터 등 저소득층 대상 전문 기관과의 협력을 통해 후원 채널을 구축한다.

  예 지역사회복지관 연계 후원 프로그램, 자활센터 연계 직업 체험 프로그램

- 저소득층의 접근성을 고려한 온라인 플랫폼 및 오프라인 채널을 구축한다.

  예 저소득층 대상 맞춤형 정보 제공 온라인 플랫폼, 지역사회 후원 행사

라. 후원 홍보(Promotion)

- 저소득층의 자립 의지 및 잠재력을 보여 주는 긍정적인 홍보 캠페인을 전개한다.

  예 저소득층의 성공 스토리 공유, 자립 지원 프로그램 참여 후기 공유

- 저소득층에 대한 사회적 편견 해소 및 공감대 형성을 위한 홍보 활동을 강화한다.

  예 저소득층 인식 개선 캠페인, 저소득층과의 공동 프로젝트 홍보

3) 후원자 관리

사회복지시설 운영에서 후원자 관리는 단순히 후원금을 확보하는 것을 넘어, 지속적인 관계를 구축하고 사회적 지지 기반을 확대하는 데 있어 매우 중요한 활동이다.

효과적인 후원자 관리를 위해서는 다음과 같은 전략이 필요하다.

(1) 고객 중심의 관리

후원자 관리는 고객 만족을 위한 '원활한 교환'을 기반으로 한다. 따라서 후원자의 욕구를 파악하고, 그에 따른 서비스를 제공해야 한다. 즉 시설의 입장보다는 후원자 중심의 고객 만족 서비스를 제공하는 것이 중요하다.

(2) 후원자 정보 관리와 서비스 체계 구축

후원자 서비스를 효과적으로 수행하기 위해서는 첫째, 후원자에 대한 정확한 정보 관리가 필수적이다. 둘째, 체계적인 서비스 시스템을 구축해야 한다. 이를 통해 후원자의 만족도를 높이고 지속적인 관계를 유지할 수 있다.

(3) 후원자 관리 전산화 프로그램 개발

후원자 관리는 데이터베이스(DB) 관리와 밀접하게 연관되므로, 전산화 프로그램 개발이 매우 중요하다. 전사적 네트워크 구축, 인터넷을 통한 홍보, 후원자 개발 및 관리 등을 위한 인프라 구축 등을 고려해야 한다. 전산화 프로그램은 후원자 정보 관리, 후원 내역 관리, 후원자 맞춤형 서비스 제공 등을 효율적으로 수행할 수 있도록 지원한다.

제3절 자원봉사활동

1) 사회복지시설 자원봉사활동의 의의와 필요성

사회복지시설 운영에서 자원봉사활동은 시설 이용자에게 필요한 서비스를 제공하고, 지역사회와의 연계를 강화하는 데 필수적인 요소이다. 자원봉사활동은 자유로운 의지에 기반한 자발성을 중심으로 이루어지는 실천 행위이며, 복지 사회를 구현하기 위한 적극적이고 조직적이며 계획적인 일상 활동이다.

사회복지 제도의 발달에 따라 서비스 수요와 욕구가 증가하고 있으며, 이러한 요구를 공적 제도 내의 전문 인력만으로는 충분히 충족시키기 어렵다. 따라서 자원봉사자의 참여는 사회복지서비스의 질을 향상시키고, 운영의 효율성을 극대화하는 데 있어 중요한 역할을 한다.

특히 시설 보호의 경우, 지역사회와 단절되기 쉬운 구조적 취약성을 내포하고 있다. 이러한 문제를 극복하고, 시설 이용자의 사회적 관계망을 확장하기 위해서는 자원봉사자 활용이 필수적이다. 자원봉사자는 시설 이용자와 지역사회를 연결을 하며, 이용자의 사회 참여를 촉진하는 데 기여한다.

지역 주민의 입장에서도 자원봉사활동은 공동체 형성과 유지를 위한 교육의 장을 제공하고, 나눔을 실천할 수 있는 기회를 마련해 준다. 자원봉사활동을 통해 지역 주민들은 사회적 책임을 다하고, 공동체 의식을 함양할 수 있다.

2) 자원봉사자 활용 및 관리

〈표 8-6〉 자원봉사자 관리 절차

단계	주요 내용	세부 내용
1. 자원봉사자 활용 이전 단계	자원봉사자에 대한 이해	• 자원봉사자의 특성, 동기, 역량 파악 • 효과적인 활동 계획 수립
	시설 내 합의 도출	• 구성원 간 합의 도출 • 역할 분담 및 협력 체계 구축
	자원봉사 프로그램 작성	• 시설 필요와 자원봉사자 역량 고려 • 구체적인 활동 프로그램 작성
2. 자원봉사자 모집 및 양성 단계	자원봉사자 모집	• 다양한 경로를 통한 모집 • 시설 활동 내용 홍보
	면접 및 배치	• 적합성 평가 • 적절한 활동 분야 배치
	오리엔테이션	• 시설 소개, 활동 안내, 안전 교육 실시
	교육 및 훈련	• 전문 지식 및 기술 교육/훈련
3. 활동 개시 단계	활동 준비	• 물품, 공간, 정보 등 준비
	첫날 체험담 공유	• 경험 공유, 어려움/건의사항 청취
	활동 기록 점검 및 평가	• 활동 기록 점검, 정기 평가 회의 개최
	사고 및 갈등 대응	• 사고 발생, 갈등, 지각, 불참 등 대응 방안 마련
	연수 및 교류 기회 제공	• 역량 강화 및 동기 부여를 위한 기회 제공
4. 활동 경과 단계	정기적인 점검 및 평가	• 활동에 대한 정기적인 점검 및 평가 실시
	프로그램 개선	• 평가 결과를 바탕으로 프로그램 내용 개선
5. 활동 종료 단계	적절한 종결 처리	• 활동 중단 시 적절한 종결 처리
	감사 표현	• 기념품, 감사장, 앨범, 송별회 등을 통한 감사 표현
	관계 유지	• 회보 발송, 행사 초대 등을 통한 지속적인 관계 유지

(1) 자원봉사자 활용 이전에 할 사항

① 자원봉사자에 대한 이해: 자원봉사자의 특성, 동기, 역량 등을 파악하여 효과적인 활동 계획을 수립해야 한다.

② 시설 내 합의 도출: 자원봉사자 활용에 대한 시설 구성원 간의 합의를 도출하고, 역할 분담 및 협력 체계를 구축해야 한다.

③ 자원봉사 프로그램 작성: 시설의 필요와 자원봉사자의 역량을 고려하여 구체적인 활동 프로그램을 작성해야 한다.

(2) 자원봉사자 모집 및 양성 단계

① 자원봉사자 모집: 다양한 경로를 통해 자원봉사자를 모집하고, 시설의 활동 내용을 홍보해야 한다.

② 면접 및 배치: 면접을 통해 자원봉사자의 적합성을 평가하고, 적절한 활동 분야에 배치해야 한다.

③ 오리엔테이션: 시설 소개, 활동 안내, 안전 교육 등을 포함한 오리엔테이션을 실시해야 한다.

④ 교육 및 훈련: 자원봉사활동에 필요한 전문 지식과 기술을 교육하고 훈련해야 한다.

(3) 활동 개시 단계

① 활동 준비: 자원봉사자 활동에 필요한 물품, 공간, 정보 등을 준비해야 한다.

② 첫날 체험담 공유: 자원봉사자의 첫 활동 경험을 공유하고, 어려움이나 건의사항을 청취해야 한다.

③ 활동 기록 점검 및 평가: 자원봉사자의 활동 기록을 점검하고, 정기적인 평가 회의를 개최해야 한다.

④ 사고 및 갈등 대응: 사고 발생, 인간관계 갈등, 지각, 무단 불참 등 다양한

상황에 대한 대응 방안을 마련해야 한다.

⑤ 연수 및 교류 기회 제공: 자원봉사자의 역량 강화 및 동기 부여를 위한 연수 및 교류 기회를 제공해야 한다.

(4) 활동 경과 단계

① 정기적인 점검 및 평가: 자원봉사활동에 대한 정기적인 점검과 평가를 실시해야 한다.

② 프로그램 개선: 평가 결과를 바탕으로 자원봉사 프로그램 내용을 개선해야 한다.

(5) 활동 종료 단계

① 적절한 종결 처리: 자원봉사자가 활동 중단을 요구할 경우, 적절한 종결 처리를 해야 한다.

② 감사 표현: 종결 시 기념품, 감사장, 앨범, 송별회 등을 통해 감사를 표현해야 한다.

③ 관계 유지: 종결 후 회보 발송, 행사 초대 등을 통해 지속적인 관계를 유지해야 한다.

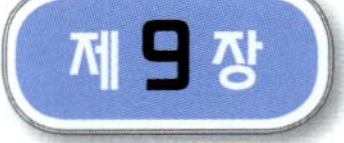

사회복지시설 전략기획

제1절 전략기획의 의의와 필요성

급변하는 사회복지 환경 속에서 사회복지기관의 책임은 날로 무거워지고 있다. 이에 따라 효과적이고 효율적인 기관 운영을 위한 전략적 기획의 중요성이 더욱 부각되고 있다.

전략기획이란 미래의 변화를 예측하고, 목표 달성을 위한 최적의 전략을 수립하는 활동으로, 기관의 효율성과 효과성은 물론 생존과 성장을 위해서도 필수적이다.

사회복지기관은 전략기획을 통해 변화하는 환경에 능동적으로 대응하고, 사회적 책임을 다하며, 지속 가능한 성장을 도모해야 한다.

1) 전략기획의 의의

전략기획은 여러 학자에 의해 다음과 같이 다양하게 정의된다.

- Goodstein, Nolan & Pfeiffer(1997): 조직의 미래를 결정하고, 목표 달성을 위한 절차와 방침을 수립하며, 성공 여부를 측정하는 체계적인 과정으로 본다.
- Allison & Kaye(1997): 환경 변화에 대응하고, 목표 달성을 위한 과업의 우선순위를 정하며, 이해관계자의 참여를 유도하는 과정으로 강조한다.

- 김신복(1999): 조직의 생존과 발전을 위해 필요한 과제를 발견하는 개념, 절차, 도구로 정의한다.
- Bryson(2004): 조직의 존재 이유, 활동, 목적을 명확히 하고, 이에 따른 의사결정과 활동을 도출하는 체계적인 노력으로 설명한다.
- 최성재, 남기민(2006): 조직의 구체적인 목표 설정 및 변경, 그리고 그 목표 달성을 위한 자원의 확보, 사용, 분배를 결정하는 정책 수립 과정으로 본다.

〈표 9-1〉 전략기획의 정의

학자	정의
Goodstein, Nolan & Pfeiffer (1997)	조직의 길잡이들이 조직의 미래에 대해 결정하고, 그 미래를 달성하기 위해 필요한 절차들과 운영사항들을 개발하며, 성공이 어떻게 측정되는지를 결정하는 지속적이고 체계적인 과정
Allison & Kaye (1997)	조직이 그의 임무를 달성하는 데 핵심이 되는 우선순위에 대한 합의를 통하여 조직 환경에 대응하는 체계적 과정
김신복 (1999)	조직이 생존과 발전을 위하여 반드시 생각하고 수행해야 할 일들이 무엇인가를 찾아내는 데 활용될 수 있는 개념, 절차 및 도구
Bryson (2004)	환경의 변화 속에서 한 조직이 무엇이고, 무엇을 해야 하며, 왜 그것을 해야 하는지에 대한 기본적인 결정과 행동을 산출해 내는 훈련된 노력
최성재, 남기민 (2006)	조직의 구체적 목표의 설정 및 변경, 구체적 목표 달성을 위한 자원 및 그 자원의 획득, 사용, 분배를 위한 정책을 결정하는 과정

이러한 정의들을 종합해 보면, 사회복지기관의 전략기획이란 급변하는 환경 속에서 기관의 존재 이유와 목표를 명확히 하고, 효율적인 자원 활용과 서비스의 질 향상을 통해 지속 가능한 성장을 도모하는 체계적인 과정이라고 할 수 있다.

2) 전략기획의 특징과 유형

(1) 전략기획의 특징(박홍윤, 1998: 370-371).

전략기획은 다음과 같은 개념적 특징을 가진다.

① **연속적·순환적 변화과정**

전략기획은 단순히 계획서를 작성하고 끝나는 일회성 작업이 아니라, 지속적으로 이루어지는 순환적 관리 과정이다. 이는 조직의 변화를 위한 발전 지향적 노력을 의미한다.

② 체계적인 과정

전략기획은 조직의 다양한 구성 요소 간 상호작용을 단순한 우연이 아닌, 인위적이고 체계적인 방식으로 연결하는 과정이다.

③ 미래지향적인 활동

조직이 추구하는 목표와 그 달성 방법을 제시하며, 정보 수집, 대안 탐색, 미래 예측 등을 통해 의사결정의 방향을 제시한다.

④ 의사결정 과정

전략기획은 다양한 대안 중에서 최적의 대안을 선택하는 의사결정 행위이며, 그 결과물이 바로 전략 계획서(strategic plan)이다.

⑤ 외부지향적이고 성과지향적인 활동

전략기획은 외부 환경과 고객 요구에 대한 영향을 고려하며, 조직 진단, 목표 설정, 전략 수립을 통해 자원을 효과적으로 배분한다. 외부 환경 평가와 변화에 중점을 두고, 고객의 기대에 부응하기 위한 활동을 결정한다.

⑥ 전략적 사고와 행동을 중시하는 하나의 과정

전략기획은 계획서 자체보다는 전략적 사고와 행동을 촉진하는 과정 그 자체를 더 중요하게 여긴다. 팀워크와 협력 과정을 통해 조직 성과를 향상시키며, 이는 조직 구성원 및 이해관계자의 전략적 학습과 의식 개혁을 유도하는 개념 · 절차 · 도구로서의 기능을 가진다.

⑦ 성과의 측정과 평가를 통한 환류 강조

전략기획은 실행 결과와 성과를 측정하고 평가하며, 이를 관리 수단으로 활용한다. 특히 환류(feedback)를 통한 통제 기능을 강조하여 전략 실행의 지속적 개선을 가능하게 한다.

(2) 전략기획의 유형(박홍윤, 2014: 34-36)

전략기획은 크게 세 가지 유형으로 분류할 수 있다.

① 계층과 대상에 따른 분류

① 조직전략: 공공기관 단위로 작성되는 중장기 발전계획, 도시 계획 등을 말한다. (예: 서울시의 2040 서울도시기본계획)

② 사업전략: 특정 개별 사업을 대상으로 수립되는 전략이다. (예: 고령자 고용촉진 기본계획)

③ 기능별 전략: 사업전략을 지원하는 수단으로, 조직의 특정 기능에 초점을 맞춘 전략이다. (예: 성과주의예산제도)

② 범위에 따른 분류

① 국가 전략 계획: 국가 전체를 대상으로 하는 전략계획이다. (예: 저출산 고령화 사회기본계획)

② 총괄전략계획: 두 개 이상의 조직이 협력하여 수립하는 통합적 전략계획이다. (예: 보건복지부 - 행정안전부 등 협력 - 지역사회통합돌봄기본계획)

③ 부처 전략계획: 각 부처 또는 독립기관이 독자적으로 추진하는 전략 계획이다. (예: 보건복지부의 사회서비스 기본계획)

④ 사업 전략계획: 조직 내 개별 사업을 대상으로 수립되는 전략 계획이다. (예: 노인복지관의 노인맞춤돌봄서비스 사업계획)

⑤ 기능별 전략계획: 인사, 정보, 예산, 조달, 시설 등 특정 기능별로 수립되는 전략계획이다. (예: 차세대 사회보장정보시스템 구축 계획)

③ 지역수준에 따른 분류

① 지역사회 계획: 특정 지역사회의 발전을 위한 전략 계획이다. (예: 경기도의 장애인 자립생활 지원계획)

② 지방 계획: 지방자치단체 단위에서 수립되는 지역 발전 전략이다. (예: 서울시의 지역사회보장계획)

③ 국가 계획: 국가 전체의 발전을 목표로 수립된 전략 계획이다. (예: 사회보장기본계획)

④ 국제 계획: 국제 사회의 발전을 위한 다자간 또는 국가 간 전략 계획이다. (예: 국제개발협력 종합기본계획)

3) 전략기획의 이론 모형

① Allison과 Kaye의 전략적 관리모형

Allison과 Kaye(1997)는 전략기획 과정을 논리적 흐름에 따라 7단계로 구분하여 제시하였다. 이 모형은 [그림 9-1]과 같이, 각 단계별로 핵심적인 요소와 가능한 결과물을 명확히 하며, 환경 변화에 대한 대응과 조직 목표 달성을 위한 우선순위 결정, 구성원들의 동의와 참여를 중시하는 것이 특징이다(배균기, 2018: 52-53).

전략기획의 전체 과정은 다음과 같다.

준비 → 사명 · 비전의 명확화 → 환경 스캔 → 우선순위 합의 → 전략계획 작성 → 집행 → 모니터링 및 평가

이 모형에 따르면 전략기획이 성공적으로 이루어지기 위해서는 다음과 같은 조건들이 필요하다.

- 고위 관리자의 적극적인 지원과 참여
- 원활한 정보 수집 체계
- 기획팀 참가자 선정의 적절성
- 다양한 구성원의 참여 유도
- 충분한 자원 투입
- 진정성 있는 문제 제기와 토론
- 재정적 지원
- 계획과 예산 간의 연계성 확보

Allison과 Kaye의 전략적 관리 모형은 '우선순위 합의 단계'와 '계획서 작성 단계'를 명확히 구분한다는 점에서, 다른 전략기획 모형과 차별화된다.

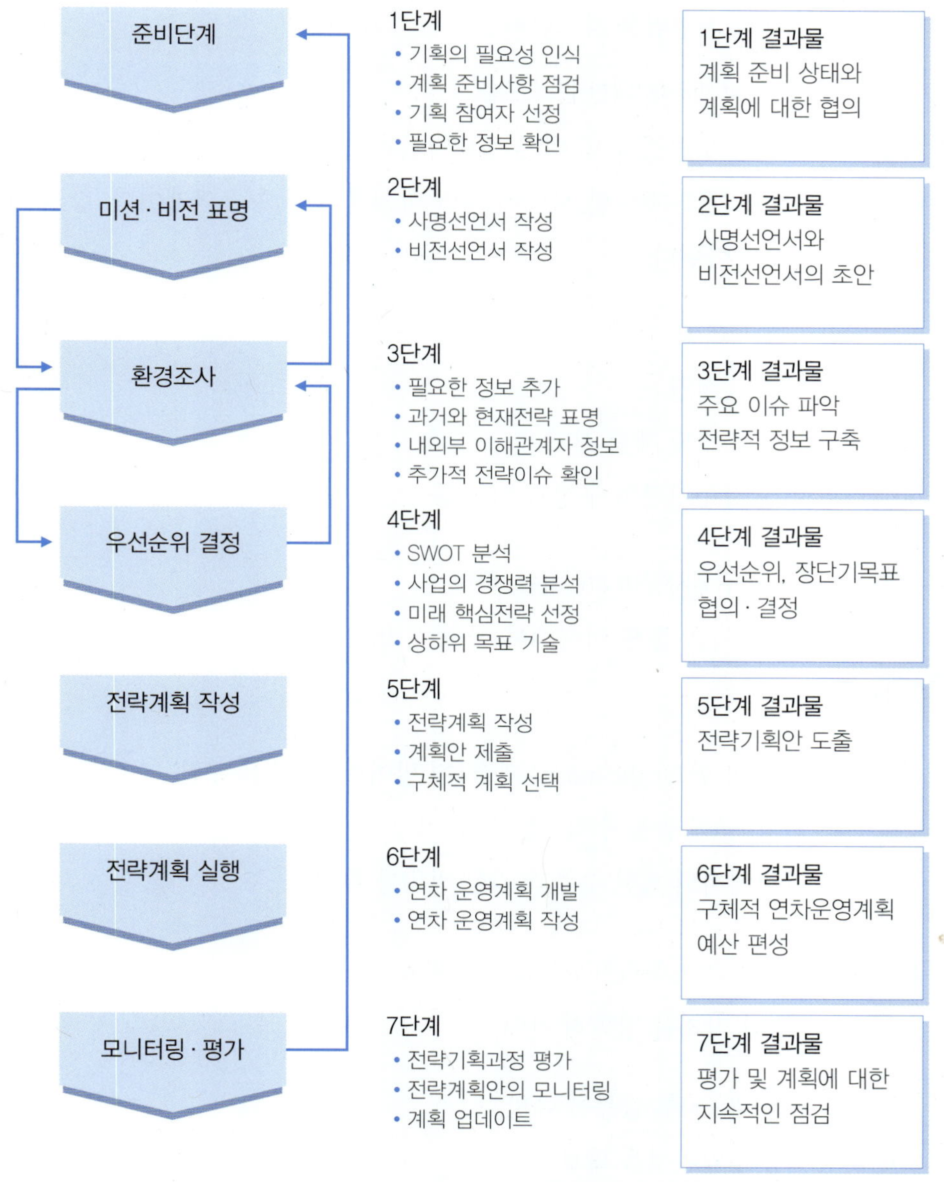

[그림 9-1] Allison과 Kaye의 전략적 관리 모형

출처: Allison & kaye(1997).

② Bryson(2004)의 10단계 전략변화 순환 모형

Bryson(2004)은 조직의 전략기획을 10단계의 순환적 과정으로 제시하였다. 이 모형은 전략기획이 단순한 문서화 작업이 아니라, 지속적인 학습과 환류를 포함한 체계적 변화 과정임을 강조한다.

가. 1단계: 전략기획 과정에 대한 합의 도출

조직의 주요 정책 결정자 및 여론 주도자들과 협의하여, 전략기획 추진 과정에서 중점적으로 다루어야 할 사항에 대한 합의를 도출하는 단계이다. 합의 내용에는 다음이 포함된다.

- 전략기획의 목적
- 추진 단계의 설정
- 보고서의 형식 및 제출 시기
- 기획팀 및 감독기관의 구성과 역할 등

나. 2단계: 조직의 위임사항(mandates) 파악

조직이 전략기획을 통해 이행해야 할 공식적 · 비공식적 임무와 위임 사항을 파악하는 과정이다.

- '반드시 해야 할 일(the musts)'과 '하지 말아야 할 일'을 구분
- 관련 법령, 규칙 등을 수집 · 정리 · 분석
- 기획 과정에서의 제한 수준과 권한 범위를 확인

다. 3단계: 사명(mision)과 가치(values)의 명확화

조직의 사명과 가치를 명확히 하여

- 불필요한 내 · 외부 갈등을 예방
- 의사결정의 일관성을 확보
- 조직 생산성과 존립의 정당성 향상

이를 위해 다양한 이해관계자의 요구를 분석하고, 조직의 정체성 · 철학 · 사회적 역할을 종합하여 사명과 가치를 도출한다.

라. 4단계: 내·외부 환경 평가

외부 환경은 정치, 경제, 사회, 기술, 법적 요인(P.E.S.T.L.E) 등을 중심으로 분석하며, 이해관계자, 경쟁자, 협력자 등의 동향을 모니터링한다.

내부 환경은 다음 세 가지 관점에서 파악한다.

- 투입(Input): 인적 · 재정적 자원, 정보, 법적 권한, 조직 문화 등
- 과정(Process): 전체 및 부문별 전략, 업무처리 절차 등
- 산출(Output): 실행 결과, 성과 지표, 사업 평가 결과 등

마. 5단계: 전략적 쟁점(issue) 확인

조직이 직면한 핵심 쟁점을 분석하고, 전략적 대응 대안을 탐색한다. 쟁점은 갈등, 문제 해결 방법, 대상, 시기, 철학, 장소 등에 따라 영향을 미치는 이해당사자들과 관련된다.

분석 기법의 예는 다음과 같다.

- 직접 접근법
- 목표 접근법
- 시각적 맵핑
- 긴장 접근법
- 시스템 분석 등

바. 6단계: 쟁점 관리를 위한 전략 형성

전략적 쟁점에 대응할 수 있는 구체적인 전략과 정책 대안을 개발하는 단계이다.

- 대안별 장애요인과 추진 요소를 분석

- 이를 극복할 수 있는 조치와 활동계획을 수립

사. 7단계: 전략 및 실행 계획 검토 후 채택

수립된 전략을 분석 · 검토 · 채택하여 공식화하는 단계이다.

- 단기 계획: 1년 이내의 실행계획 수립
- 장기 계획: 정책 변화에 따른 지속적 전략 조정 고려

아. 8단계: 조직 비전 수립

전략 실행을 통해 도달하고자 하는 '조직의 미래상(Vision)'을 수립하는 과정이다. 비전은 다음을 포함해야 한다:

- 사명과 전략
- 성과 지표
- 철학 · 가치 · 윤리적 기준
- 주요 의사결정의 원칙 등

자. 9단계: 집행계획 개발

채택된 전략을 실질적으로 실행할 수 있는 시스템적 행동 계획으로 전환하는 단계이다.

- 구체적인 집행 방법
- 책임 분담
- 일정 및 자원 분배 등을 명확히 함

차. 10단계: 전략 및 기획과정 재평가

전체 전략기획 과정을 다시 검토하고, 실행 결과에 따라 다음 사항을 결정한다.

- 전략 유지
- 전략 종료

- 전략 수정 · 보완
- 새로운 전략 수립

이는 지속적인 학습과 환류(feedback)를 반영하는 과정이다.

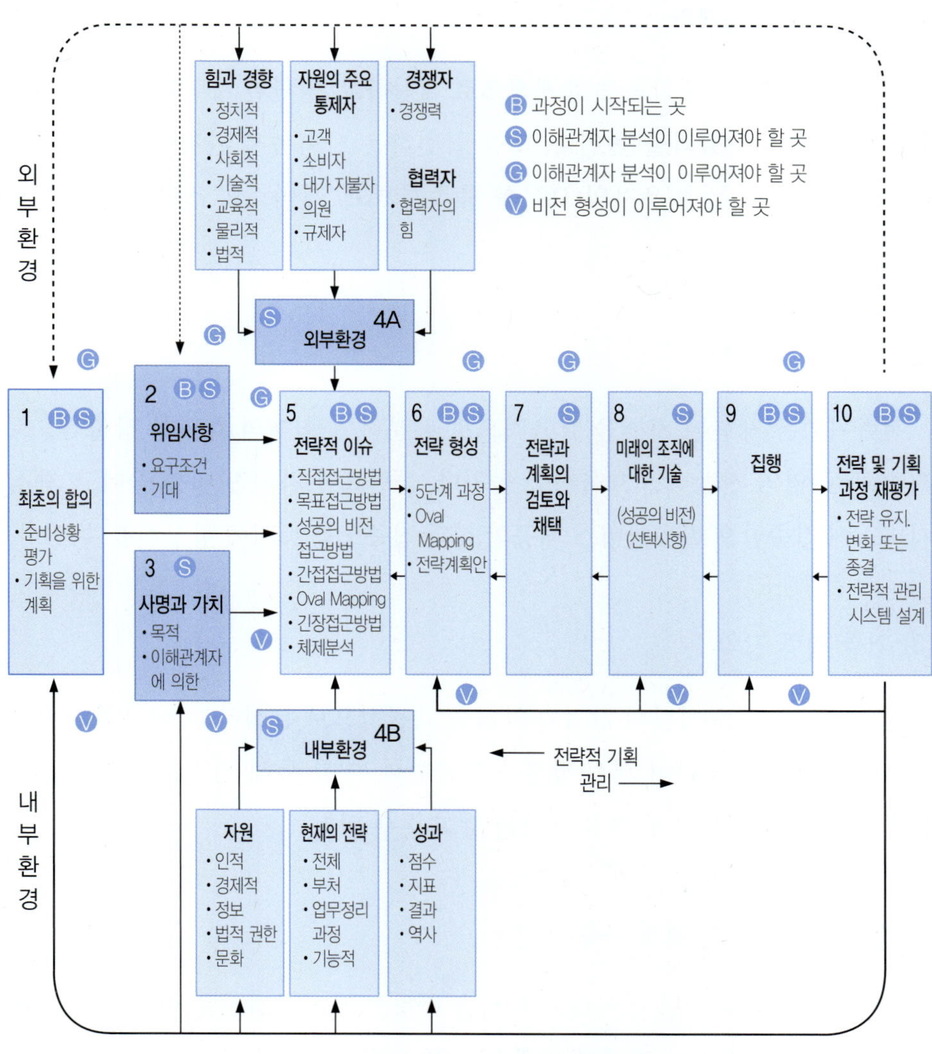

[그림 9-2] Bryson의 10단계 전략변화 순환 모형

출처: Bryson, J. M.(2004). Strategic Planning for Public Service and Non-Profit Organizations (3rd ed.). San Francisco: Jossey-Bass.

4) 전략기획 도입의 필요성

사회복지기관의 운영에서 전략기획은 기관 차원에서 다음과 같은 다양한 이점을 제공한다.

(1) 서비스 효과 극대화

전략기획은 기관의 활동을 체계적으로 개선하고, 명확한 사명과 목표를 설정함으로써 서비스 효과를 높인다. 또한 급변하는 사회복지 환경에 능동적으로 대응하여 변화하는 이용자의 요구를 충족시키고, 서비스의 질을 지속적으로 향상시킬 수 있다.

(2) 자원 효율성 증대

전략기획은 제한된 자원을 효율적으로 배분하여 최대의 효과를 창출함으로써 기관 운영의 전반적인 효율성을 높인다. 불필요한 자원 낭비를 줄이고, 핵심 서비스에 집중함으로써 서비스 제공의 질과 집중도를 동시에 향상시킬 수 있다.

(3) 기관 역량 강화

전략기획 과정은 기관의 강점과 약점을 객관적으로 분석하고, 내부의 문제점을 체계적으로 파악하여 개선 방향을 도출한다. 이를 통해 기관은 운영에 대한 통찰력을 확보하고, 문제 해결 능력을 강화할 수 있다.

(4) 합리적 의사결정 체계 구축

전략기획은 객관적인 데이터와 분석을 바탕으로 의사결정을 내릴 수 있도록 지원한다. 이는 기관의 정책적 일관성을 유지하고, 미래의 변화에 효과적으로 대응할 수 있는 기반을 마련한다.

(5) 리더십 및 조직 문화 개선

전략기획은 기관 리더의 역량을 강화하고, 구성원들의 전략적 사고와 행동 능력을 촉진한다. 또한 조직의 핵심 가치 공유와 소통을 활성화함으로써 긍정적인 조직문화를 조성한다.

(6) 대외적 신뢰도 및 정당성 확보

전략기획은 기관의 투명성과 책임성을 제고하여 지역사회와의 협력 관계를 강화하고, 기관의 사회적 정당성을 높이는 데 기여한다. 이는 후원자와 지역사회의 지지를 이끌어 내며, 기관의 지속 가능한 성장 기반을 마련하는 데 중요한 역할을 한다.

제2절 전략기획 방법 및 과정

1) 중장기 계획

(1) 중장기 계획의 의의

사회복지기관을 둘러싼 환경은 급속히 변화하고 있으며, 이에 따라 기관의 역할 또한 점점 더 중요해지고 있다. 이러한 상황에서 중장기 계획의 수립은 다음과 같은 이유로 필수적이다.

- 기관의 설립 기본 이념 및 경영 철학을 바탕으로 지역사회의 복지 요구와 경영 환경의 변화를 반영하고
- 사회복지법인 및 시설에게 요구되는 사회적 책무를 다하며
- 기관이 지향하는 미래상을 실현하기 위한 경영 혁신 전략을 사업으로 구체화하는 실행 계획이기 때문이다.

중장기 계획은 사회복지기관에게 있어 '지도'와 같은 역할을 한다.

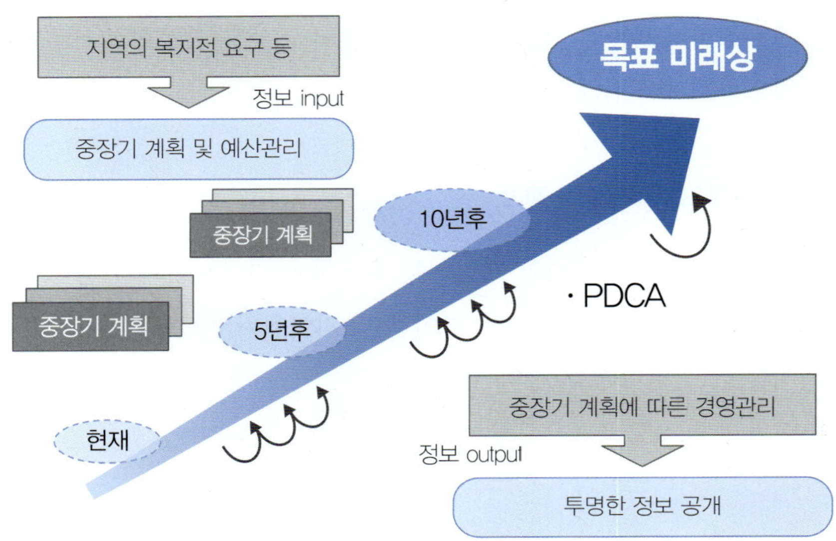

[그림 9-3] 중장기 계획의 수립 및 운영과정

즉 기관이 보유한 경영 자원을 효과적으로 배분하고, 효율적인 운영과 사업 확장을 도모하는 데 필수적인 도구이다. 이는 단순히 계획을 수립하고 실행하는 데 그치지 않으며, 변화하는 환경에 능동적으로 대응하기 위해 지속적인 검토와 조정이 수반되어야 한다. 또한 중장기 계획의 진행 상황과 결과를 기관 내·외부에 투명하게 공개함으로써, 신뢰를 구축하고 사회적 책임을 다하는 것 역시 매우 중요하다.

(2) 중장기 계획의 효과

중장기 계획이 수립되지 않으면, 조직의 명확한 방향성과 목표의 부재로 인해 직원들의 혼란과 조직 운영의 비효율성이 초래될 수 있다. 반면, 중장기 계획을 수립하면 다음과 같은 네 가지 주요 효과를 기대할 수 있다.

첫째, 기본 이념과 사업 목적의 명확화 및 조직 내 공유.

조직 내부에서 사업의 목적과 기본 이념을 명확히 정의하고 이를 시각화하여 모든 구성원과 공유함으로써, 직원들은 공동의 목표를 향해 협력하고 자신의 업무에 더욱 집중할 수 있다. 또한 각 직원의 업무 목표를 조직의 핵심 가치에 부합하도록 설정함으로써, 조직 전체의 통합성과 일체감을 높이고 목표 달성에 기여할 수 있다.

둘째, 지속성 확보와 계획적 의사결정 추진.

조직의 장기적 목표와 실행 계획이 명확히 수립되면, 경영 환경의 변화나 새로운 문제 발생 시에도 계획에 기반한 신속하고 효율적인 의사결정이 가능하다. 직원들은 조직의 발전 방향을 명확히 인식하게 되며, 이에 대한 신뢰와 비전 공유를 바탕으로 업무에 대한 주도적 태도를 갖게 된다.

셋째, 사업관리의 효율성 증대.

중장기 계획을 기반으로 사업을 추진하면, 목표 달성 수준을 측정할 수 있는 명확한 평가 기준이 마련되어 사업의 진행 상황을 체계적으로 관리할 수 있다. 또한 PDCA 사이클(Plan–Do–Check–Act)을 적용하여 사업을 지속적으로 점검 · 개선함으로써, 성과 중심의 경영을 실현할 수 있다.

넷째, 사회적 신뢰 구축.

중장기 계획은 단순한 내부 관리 차원을 넘어, 조직이 책임 있는 사회적 주체로서 지속적인 발전을 추구하고 있음을 대외적으로 보여 주는 수단이 된다. 계획을 수립하고 이를 성실히 실행하는 과정은 지역사회와 국민으로부터의 신뢰를 구축하고, 조직의 책무성과 정당성을 확보하는 데 중요한 역할을 한다.

2) 중장기 계획 수립의 8단계

(1) 1단계 : 외부환경 분석

사회복지기관의 중장기 계획 수립에서 첫 번째 단계는 외부 환경 분석이다.

이때 PESTEL 분석은 다음과 같은 여섯 가지 요인을 종합적으로 고려하여, 기관 운영에 영향을 미치는 거시적 환경을 파악하는 데 유용한 도구이다

① 정치적(Political) 요소

정치적 요소는 기관 운영에 직접적인 영향을 미치는 정책적 변수로, 다음과 같은 요인들이 포함된다.

- 정부의 복지 정책 방향
- 예산 지원 규모
- 복지 관련 법 · 제도 변화

예를 들어, 정부의 복지 예산 삭감은 기관 운영에 어려움을 초래할 수 있고, 새로운 복지 정책의 도입은 새로운 서비스 개발의 기회가 될 수 있다. 또한 사회복지기관에 대한 평가 기준 강화는 기관 운영의 투명성과 효율성을 높이는 데 기여한다.

② 경제적(Economic) 요소

경제적 요소는 기관 운영에 간접적인 영향을 미치는 경제 상황으로, 다음과 같은 항목들이 포함된다.

- 경제 성장률
- 인플레이션
- 실업률
- 지역 경제의 안정성

예컨대, 경제 불황은 후원금 감소, 운영비 증가, 이용자 감소 등의 문제를 유발할 수 있다. 반면, 경제 성장과 새로운 경제 모델의 도입은 기관 운영에 긍정적인 영향을 미친다.

③ 사회적(Social) 요소

사회적 요소는 사회 전반의 인구 구조, 인식, 지역 특성 등으로 구성되며, 기관 운영의 방향성과 서비스 개발에 깊은 영향을 준다. 주요 요인은 다음과 같다.

- 저출산 및 고령화
- 1인가구 증가 및 가족 기능 약화
- 사회적 인식의 변화
- 지역사회 특성

이러한 변화는 새로운 서비스 수요를 창출하며, 복지 서비스에 대한 긍정적 인식 확산이나 지역 맞춤형 서비스 기획으로 연결될 수 있다.

④ 기술적(Technological) 요소

기술적 요소는 기관 운영의 효율성과 서비스 품질 향상에 직결되는 요인으로, 다음과 같은 기술 트렌드가 포함된다.

- 정보통신기술(ICT) 발전
- 스마트 기술 도입
- 온라인 기반 서비스 확대

스마트 기술 도입은 비대면 서비스의 확장, 운영 효율성 증대, 정보 접근성 향상 등 긍정적인 변화를 이끈다. 그러나 디지털 격차는 정보 소외계층의 서비스 접근을 어렵게 만들며, 개인정보 보호 강화는 정보 관리 시스템의 개선을 요구한다.

⑤ 법률적(Legal) 요소

법률적 요소는 사회복지기관 운영의 안정성과 지속 가능성을 좌우하는 법적 환경으로, 다음이 포함된다.

- 사회복지 관련 법령 개정

- 개인정보 보호 규정 강화
- 근로기준법 및 노동 관련 제도 변화

법규 준수는 안정적 운영의 기반이 되며, 개인정보 보호는 이용자 신뢰 확보, 노동 환경 개선은 종사자의 만족도 및 서비스 질 향상으로 이어진다.

⑥ 환경적(Environmental) 요소

환경적 요소는 기관이 수행해야 할 사회적 책임과 지속 가능성에 영향을 주는 요인으로, 다음이 해당된다.

- 기후 변화 대응
- 환경 규제 강화
- 친환경 시설 운영 요구
- 재난 대비 체계 구축

친환경 운영은 기관의 이미지 제고 및 사회적 책임 강화에 기여하고, 재난 대응 시스템은 기후 변화로 인한 위험 최소화에 효과적이다. 이러한 PESTEL 분석을 통해 기관 운영자는 '성장 기회(Opportunities)'와 '치명적 위협(Threats)'을 식별하고, 기관의 지속적인 성장을 위한 전략을 수립할 수 있다.

분석 결과는 표 형태로 시각화하여 정리하고, 그중 가장 핵심적인 성장 기회 세 가지와 치명적인 위협 한두 가지를 선정하여 우선적으로 집중 관리하는 것이 중요하다.

〈표 9-2〉 외부환경 분석 기입표

성장 기회(Opportunity)	치명적 위협(Threat)
(핵심 항목 세 가지 정도를 선정) • • •	(핵심 항목 두 가지 정도를 선정) • • •

(2) 2단계 : 내부 요인 분석

외부 환경 분석을 마친 후, 중장기 계획 수립의 다음 단계는 내부 요인 분석이다. 이는 조직이 보유한 자원을 객관적으로 평가하고, 경쟁 기관과 비교하여 조직의 강점(비교 우위)과 약점(비교 열위)을 명확히 파악하는 것을 목표로 한다. 특히 강점과 약점은 경쟁 기관과의 상대적 비교를 통해서만 정확하게 진단할 수 있다.

분석 대상 자원은 다음과 같이 네 가지 주요 범주로 나눌 수 있다.

- 인적 자원(Human Resources) : 직원의 전문성, 조직 내 협력, 교육 수준 등
- 물적 자원(Physical Resources) : 시설, 장비, 공간 등
- 재무적 자원(Financial Resources) : 예산 규모, 재원 확보 능력, 기금 등
- 정보 자원(Informational Resources) : 정보 시스템, 데이터 활용 능력, 내부 의사소통 체계 등

이러한 분석 결과는 표 형태로 시각화하여 제시하는 것이 이해도를 높이는 데 효과적이다.

〈표 9-3〉 내부요인 분석 예시

자원유형	강점(Strength)	약점(Weakness)
인적 자원	전문성을 갖춘 숙련된 직원, 높은 직원 만족도, 다양한 경험을 가진 자원봉사자	직원 수 부족, 특정 분야 전문성 부족, 직원 및 훈련 시스템 미흡
물적 자원	최신 시설 및 장비 보유, 접근성이 뛰어난 지리적 위치, 안전하고 쾌적한 환경	노후화된 시설 및 장비, 부족한 공간, 장애인 편의시설 부족
재무적 자원	안정적인 후원 기반, 효율적인 예산관리 시스템	재정 자립도 부족, 높은 운영비, 예산 확보의 불확실성
정보적 자원	체계적인 정보관리 시스템, 다양한 네트워크, 지역사회 정보 접근성	정보 관리 시스템 미비, 정보 공유 및 활용 부족, 데이터 분석 능력 부족

내부 분석 과정에서는 다양한 강점과 약점 후보가 도출될 수 있으나, 기관 운영자는 객관적인 기준을 바탕으로 가장 핵심적인 강점 세 가지와 약점 한두 가지를 선정하여 우선적으로 관리해야 한다.

〈표 9-4〉 내부환경 분석 기입표

강점(Strength)	약점(Weakness)
(핵심 항목 세 가지 정도를 선정) • • •	(핵심 항목 두 가지 정도를 선정) • • •

(3) 3단계 : 조직의 사명과 5년 후의 비전 설정

중장기 계획 수립 과정에서 사명(Mission)과 비전(Vision)의 설정은 매우 중요한 단계이다.

① 사명(Mission)

사명이란, 시대의 변화에 대응하여 사회복지기관이 앞으로 수행하고자 하는 사회적 역할과 가치를 조직의 내·외부에 명확히 전달하는 것이다. 이는 기관이 사회에 어떤 긍정적인 영향을 미치고자 하는지, 그리고 어떤 가치를 중심으로 운영될 것인지를 분명히 보여 주는 기준점이다.

② 비전(Vision)

비전은 사명에 기반한 미래상으로, 기관이 5년 후 어떤 모습으로 성장하고 발전할 것인지에 대한 구체적인 그림이다. 이는 기관의 장기적인 목표와 전략 방향을 설정하는 데 핵심적인 역할을 하며, 구성원들에게 공동의 목표에 대한 동기 부여와 조직 정체성 강화를 제공한다.

〈표 9-5〉 조직의 사명과 비전 기입표

우리 기관 mission (사회적 사명)	
우리 기관 vision (5년 후의 모습)	

③ 4단계 : SWOT 매트릭스 만들기

외부 환경 분석을 통해 사회복지기관에 영향을 미치는 성장 기회 세 가지와 치명적 위협 두 가지를 도출했다면, 이를 세로축에 나열한다. 다음으로, 내부 요인 분석을 통해 파악한 기관의 강점(비교 우위) 세 가지와 약점(비교 열위) 두 가지를 가로축에 배열한다. 이와 같이 구성하면, 4개의 사분면으로 이루어진 SWOT 매트릭스가 완성된다.

이는 네 가지 핵심 요소의 머리글자를 딴 분석 도구로 다음과 같이 구성된다.

- S(Strengths) : 강점
- W(Weaknesses) : 약점
- O(Opportunities) : 기회
- T(Threats) : 위협

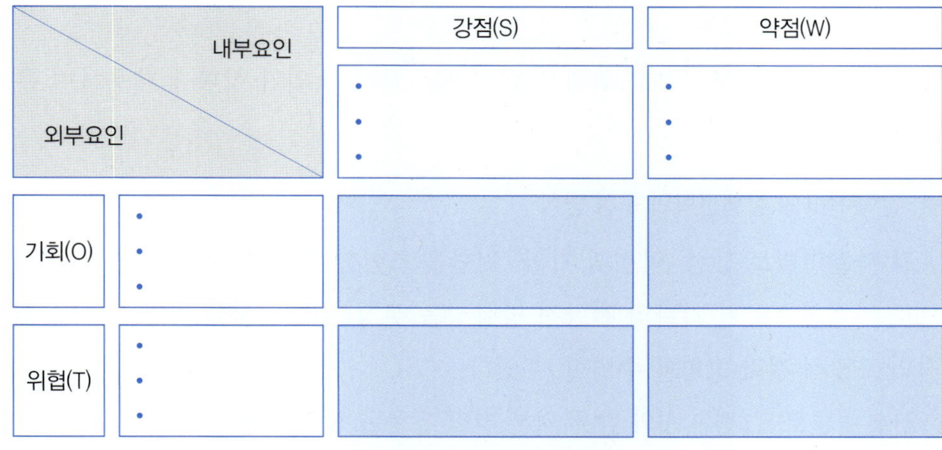

[그림 9-4] SWOT 매트릭스

④ 5단계 : SWOT 조합을 통한 전략목표 및 실행 전략 선택

앞선 4단계에서 설명한 것처럼, 외부 환경 분석을 통해 도출된 성장 기회와 치명적 위협은 세로축, 내부 요인 분석을 통해 도출된 강점과 약점은 가로축에 배치하면 총 4개의 사분면으로 구성된 SWOT 매트릭스를 완성할 수 있다.

이 매트릭스를 통해 사회복지기관은 자원 배분의 방향성을 설정하고, 다음과 같은 전략을 수립할 수 있다.

가. SWOT 전략 유형

ㄱ. 강점–기회(SO) 전략

기관의 강점을 활용하여 성장 기회를 극대화하는 전략 → 핵심 역량을 강화하고, 신규 사업 확장이나 혁신적 서비스 도입에 활용 가능

ㄴ. 약점–기회(WO) 전략:

기관의 약점을 보완하여 성장 기회를 활용하는 전략 → 내부 역량 강화를 통해 서비스 개발 및 개선 추진

ㄷ. 강점–위협(ST) 전략

기관의 강점을 활용하여 치명적 위협을 최소화하는 전략 → 경쟁 우위를 바탕으로 리스크에 선제 대응

ㄹ. 약점–위협(WT) 전략

기관의 약점을 보완하고 위협을 회피하는 전략 → 위기 상황에 대응하며 운영 안정성 확보

나. 전략 목표와 실행전략의 구성 방식

각 사분면별로 강점 · 약점과 기회 · 위협을 조합한 전략적 시나리오를 구체적으로 작성함으로써 기관의 전략적 방향성을 설정하고, 비전을 기반으로 한 조직의 포괄적 전략 방향을 수립할 수 있다.

사분면별로 [그림 9-5]와 같은 기본 전략 유형을 설정할 수 있다.

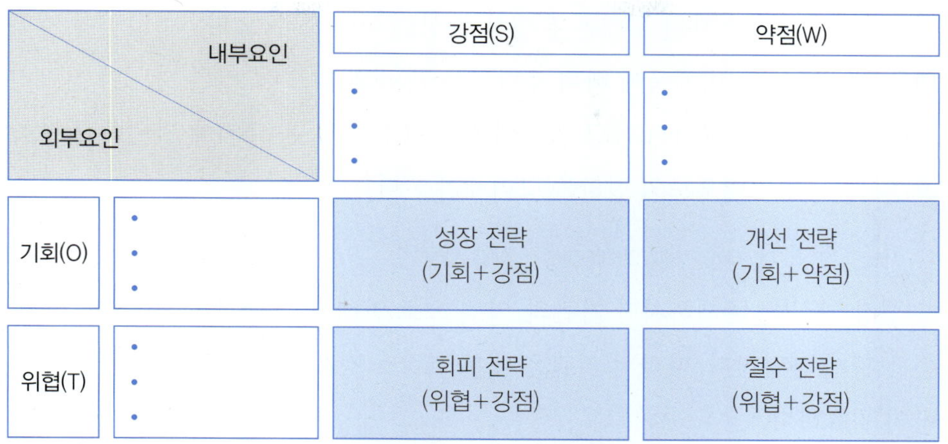

[그림 9-5] SWOT 조합과 실행전략

ㄱ. 성장 전략(Growth strategy) – SO 사분면

'성장 기회'와 '강점'이 만나는 이 사분면은 기관 성장의 최적 기회를 제공한다. 기관이 경쟁 기관보다 우위에 있는 자원을 보유하고 있다면, 적극적인 성장 전략을 추진할 수 있다.

기본 방향은 '공격 전략'이며, 다음과 같은 세 가지 전략 중 상황에 맞게 선택할 수 있다.

- 집중 전략: 특정 서비스 또는 대상에 집중하여 전문성을 강화하고 경쟁 우위를 확보
- 다양화 전략: 새로운 서비스·대상 발굴을 통해 사업 영역을 확장
- 협력 전략: 타 기관과의 협력 또는 네트워크를 구축하여 시너지 창출

전략 선택은 기관의 상황, 자원, 경쟁 환경 등을 종합적으로 고려하여 결정해야 하며, 최대 성과를 창출할 수 있는 전략에 자원을 집중하는 것이 핵심이다.

ㄴ. 철수 전략(Exit strategy) – WT 사분면

'약점'과 '치명적 위협'이 만나는 이 영역은 기관 존립에 심각한 위협을 초래할 수 있다. 기관의 자원이 경쟁 기관보다 열세이며, 외부 환경도 매우 불리한

경우로, 더 이상의 자원 투입은 운영상 손실로 이어질 수 있다. 이 영역에 계속 머무르는 것은 '개미지옥에 빠져 추락하는 개미'와 같으며, 빠른 판단과 전략적 철수가 요구된다. 따라서 해당 영역의 사업 또는 기능은 조기에 자원을 철수하고, 다른 전략 영역으로의 전환을 고려해야 한다.

ㄷ. 개선 전략(Improvement strategy) – WO 사분면

'성장 기회'는 존재하지만 기관의 '약점'으로 인해 이를 충분히 활용하지 못하는 상황에 해당한다. 따라서 기관은 내부 역량을 강화하고, 약점을 보완하는 전략이 필요하다.

■ 개선 전략 유형

- 내부 강화 전략: 인적 자원 역량 강화를 통한 전문성 제고 및 운영 시스템 개선(예: 종사자 전문 교육, 운영 매뉴얼 표준화, 서비스 프로세스 개선)
- 외부 자원 확보 전략: 외부 전문가 영입 또는 자원 연계 등을 통해 부족한 자원 보완(예: 외부 컨설턴트 참여, 지역 자원봉사단체와의 협력)
- 외부 위탁 전략: 전문성이 요구되는 영역을 외부 기관에 위탁하여 효율성 제고(예: 회계 · 홍보 · IT 시스템 운영 등)

ㄹ. 회피 전략(Avoidance Strategy) – ST 사분면

'치명적 위협'이 존재하지만 기관은 '강점'을 보유하고 있는 상태로, 외부 환경은 악화되지만 내부 자원은 비교적 우수한 상황에 해당한다. 이는 '개미지옥 가장자리에서 간신히 버티고 있는 상황'으로, 성급한 확장이나 과도한 투자는 오히려 위험을 초래할 수 있다.

■ 회피 전략 유형

- 무투자 전략: 추가 투자 없이, 현재 자원으로 얻을 수 있는 최대 성과를 확보, 리스크를 줄이면서 수익 최소화 시도
- 점진적 철수 전략: 상황 악화에 대비해 단계적으로 자원을 축소하고, 다

른 영역으로의 이전 또는 종료를 준비. 이 전략은 매우 신중한 판단과 환경 분석이 요구되며, 잘못된 판단 시 기관의 전체 운영에도 부정적 영향을 미칠 수 있음을 유념해야 한다.

⑤ 6단계 : 전략 목표 체계도(strategic Objective Tree)

기관의 전략적 방향성을 시각적으로 명확하게 제시하기 위해, '전략 목표 체계도(Strategic Objective Tree)'를 작성할 수 있다.

이 체계도는 일반적으로 다음과 같은 계층 구조로 구성된다.

- 사명(Mission)
- 비전(Vision)
- 전략 목표(Strategic Objectives)
- 개별 목표(Specific Goals)

또한 필요에 따라 문서 형태로 서술하는 것도 가능하다.

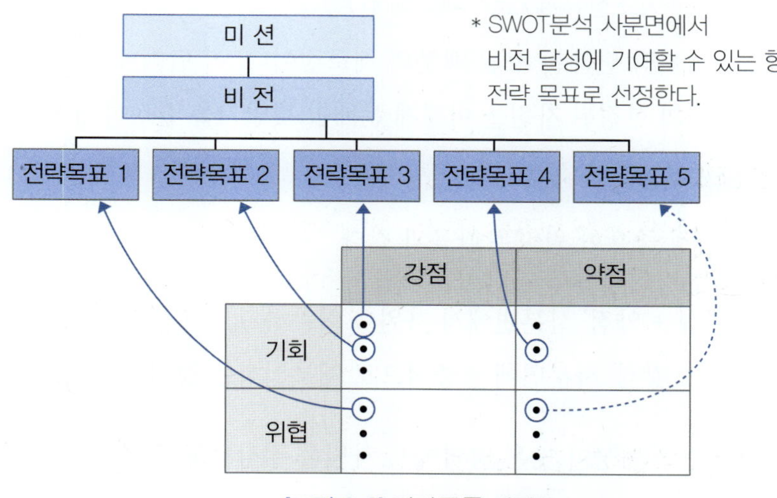

[그림 9-6] 전략목표 체계도

가. 전략목표 설정 후의 실행 방향

전략 목표를 설정한 후에는 각 전략 목표를 구체적으로 실현하기 위한 활동으로서 개별 목표(Specific Objectives)를 설정해야 한다.

기관 운영자는 다음의 원칙을 명확히 인식해야 한다.

- 각 개별 활동이 전략 목표 달성에 어떻게 기여하는지를 평가해야 하며,
- 세부 실행사항 결정에 과도한 시간과 자원을 소비하기보다는, 현장의 자율성과 전문성을 존중하고 적절한 권한 위임을 통해 신속한 실행을 유도해야 한다.

나. 전략 목표 체계도의 효과

- 구성원 간 전략 공유: 조직의 핵심 가치와 방향성을 명확히 공유
- 전략적 정합성 확보: 각 활동이 상위 목표와 정렬되어 있는지 점검 가능
- 책임성과 자율성의 균형 유지: 불필요한 통제 대신 자율 실행을 유도
- 전략 실행의 체계적 관리: 중장기 전략과 현장 실행을 효과적으로 연결

⑥ 7단계: 자원 배분 재조정(Resource Allocation Adjustment)

전략 수립의 마지막 단계는 자원 배분의 재조정이다. 이 단계에서는 각 전략 방향에 따라 조직의 한정된 자원을 어떻게 분배할 것인지를 결정하게 된다.

가. 기본 자원 배분 원칙

전략적으로 가장 중요한 원칙은 다음과 같다.

- '치명적 위협 + 약점' 사분면에서 자원을 회수하고,
- '성장 기회 + 강점' 사분면에 집중적으로 재투입하는 것이 핵심 방향이다.

이는 성과 창출 가능성이 낮은 영역에서 자원을 절감하고, 조직의 핵심 역량과 기회가 만나는 지점에 집중 투자함으로써 성과를 극대화하기 위함이다.

나. 보조 사분면의 활용

'강점 + 위협' 또는 '약점 + 기회' 사분면은 전략적 판단에 따라 보완적 자원 활용이 가능한 영역이다. → 해당 영역은 성과 가능성이 있으나 리스크가 존재하거나 조직 역량이 다소 부족한 상태이므로, 선별적 투자 및 조건부 확대 전략이 적절하다.

다. 인적 자원 우선 배분

자원 배분 시, 가장 먼저 고려해야 할 요소는 인적 자원(Human Resources)이다. 인적 자원 배치가 결정되면, 그에 따라 물적·재무적·정보 및 기술 자원도 함께 따라 배분되거나 영향을 받기 때문이다. 따라서 전략 실행의 우선순위 및 기대 효과에 기반하여 핵심 인력의 우선 배치 → 예산 및 자원 연동 순으로 자원 투입이 이루어져야 한다.

라. 경영 전략 완성 단계

각 사분면별 전략 수립과 자원 배분 비율이 결정되면, 조직 전체의 전략적 자원 운용 로드맵이 마련되고, 이는 곧 기관의 포괄적 경영 전략(Comprehensive Management Strategy)을 완성하는 단계가 된다.

⑦ 8단계: 정기적인 모니터링 및 평가 수행

가. 정기적인 모니터링

전략을 수립한 후에는, 각 전략 목표의 달성 상황을 정기적으로 모니터링할 수 있도록 측정 가능한 지표(Key Performance Indicators, KPIs)를 설정해야 한다. 지표는 일반적인 상식과 기관의 상황을 고려해 합리적으로 설정하되, 지표의 부재가 목표 자체의 변경으로 이어져서는 안 된다. 전략 목표는 먼저 설정하고, 그 후에 지표가 있는지를 검토해야 한다.

만약 적절한 지표가 존재하지 않는다면, 해당 항목은 공란으로 남겨 두어도 무방하다. 지표값이 없어도 전략 실행 종료 시점에는 실행 성과(성공/실패) 여부를 담당자가 보유한 정보를 바탕으로 충분히 판단할 수 있기 때문이다.

나. 전략 실행 기간 종료 시 평가

정기 모니터링은 분기별, 반기별, 연도별 등 주기적으로 실시하되, 전략 실행 기간 종료 시점에는 반드시 종합적인 평가를 실시해야 한다.

이 평가는 다음과 같이 정량적 · 정성적 기준을 병행하여 판단한다.

- 전략 목표 달성도 평가: 매우 성공적 / 성공적 / 보통 / 실패 / 매우 실패
- 전략 결과에 대한 만족도 평가(권장): 매우 만족(A) / 만족(B) / 보통(C) / 불만족(D) / 매우 불만족(E)

전략 목표별로 명확한 평가를 진행함으로써, 성과 분석 및 원인 파악이 가능해지고 다음 전략 수립 시 피드백(Feedback) 기반 전략 보완이 가능해진다.

다. 평가결과의 활용

최종적으로 도출된 평가 결과는 다음 전략 수립의 핵심 참고자료가 되어야 한다. 이를 통해 전략의 지속 가능성, 성과 개선, 조직의 전략적 학습이 실현될 수 있다.

〈표 9-6〉 전략목표 달성 평가 범주 예시

평가결과	설명
매우 만족(A)	전략 목표를 완벽하게 달성하여 비전과 사명 실현에 크게 기여했다.
만족(B)	전략 목표를 대체로 달성하여 비전과 사명 실현에 어느 정도 기여했다.
보통(C)	전략 목표를 어느 정도 달성하여 비전과 사명 실현에 약간 기여했다.
불만족(D)	전략 목표를 달성하지 못하여 비전과 사명 실현에 거의 기여하지 못했다.
매우 불만족(E)	전략 목표를 전혀 달성하지 못하여 비전과 사명 실현에 전혀 기여하지 못했다.

사회복지관의 운영

제1절 사회복지관의 이해

1) 법적 근거 및 목적

(1) 정의

「사회복지사업법」 제2조의5에 따르면, 사회복지관은 지역사회를 기반으로 일정한 시설과 전문 인력을 갖추고 지역 주민의 참여와 협력을 통하여 지역사회복지문제를 예방하고 해결하기 위하여 종합적인 복지서비스를 제공하는 시설이다. 여기서 '지역사회복지'는 지역 주민의 복지증진과 삶의 질 향상을 위하여 지역사회 차원에서 전개하는 사회복지를 의미한다.

사회복지관은 일반적으로 종합사회복지관 또는 지역사회복지관이라고도 불린다. 종합사회복지관은 장애인 복지관, 노인복지관 등 특정 대상을 위한 단종 복지관과 구분되는 의미로 사용되며, 지역사회복지관은 앞서 언급한 지역사회복지의 특성에 중점을 두는 의미로 사용된다.

(2) 목표

보건복지부(2025)는 사회복지관의 목표를 다음과 같이 제시한다. 사회복지관은 사회복지서비스 욕구를 가지고 있는 모든 지역사회 주민을 대상으로 보호서비스, 재가복지서비스, 자립능력 배양을 위한 교육훈련 등 그들이 필요로 하는 복지서비스를 제공하고, 가족기능 강화 및 주민 상호 간 연대감 조성을 통한 각종 지역사회문제를 예방·치료하는 종합적인 복지서비스 전달기구로서 지역사회 주민의 복지증진을 위한 중심적 역할을 수행하여야 한다.

(3) 법적 근거

① 「사회복지사업법」 제2조의5(사회복지관의 정의) 및 제34조의 5(사회복지관의 설치 등)

② 「사회복지사업법 시행규칙」 제23조(사회복지관의 설치기준) 및 제23조의 2(사회복지관의 운영기준)

2) 사회복지관 운영의 기본원칙

사회복지관이 행하는 사회복지사업은 인도주의와 서비스를 필요로 하는 자의 존엄 유지를 전제로 다음 각 호의 기본원칙에 따라 수행되어야 한다.

(1) 지역성의 원칙

사회복지관은 지역사회의 특성과 지역 주민의 문제나 욕구를 신속하게 파악하여 지역사회의 문제를 해결하기 위한 사업 계획을 수립하고 이에 따른 서비스를 제공하여야 하며, 지역 주민의 적극적 참여를 유도하여 주민의 능동적 역할과 책임의식을 조성하여야 한다.

(2) 전문성의 원칙

사회복지관은 다양한 지역사회문제에 대처하기 위해 일반적 프로그램과 특정한 문제를 해결할 수 있는 전문적 프로그램이 병행될 수 있도록 지식과 기술을 보유한 전문인력이 사업을 수행하도록 하고, 이들 인력에 대한 지속적인 재교육 등을 통해 전문성을 증진하도록 하여야 한다.

(3) 책임성의 원칙

사회복지관은 서비스 이용자의 욕구를 충족하고 지역사회문제를 해결함에 있어서 효과성을 극대화하기 위하여 최선의 노력을 기울여야 한다.

(4) 자율성의 원칙

사회복지관은 다양한 복지서비스를 효율적으로 제공하기 위하여 사회복지관의 능력과 전문성이 최대한 발휘될 수 있도록 자율적으로 운영하여야 한다.

(5) 통합성의 원칙

사회복지관은 사업을 수행함에 있어 지역 내 공공 및 민간복지기관간에 연계성과 통합성을 강화시켜 지역사회복지 체계를 효율적이고 효과적으로 운영되도록 하여야 한다.

(6) 자원활용의 원칙

사회복지관은 주민욕구의 다양성에 따라 다양한 기능인력과 재원을 필요로 하므로 지역사회 내의 복지 자원을 최대한 동원·활용하여야 한다.

(7) 중립성의 원칙

사회복지관은 정치활동, 영리활동, 특정 종교활동 등에 이용되지 않게 중립성이 유지되어야 한다.

(8) 투명성의 원칙

사회복지관은 자원을 효율적으로 이용하고 운영 과정의 투명성을 유지하여야 한다.

3) 사회복지관의 설치배경 및 발전과정[1)]

사회복지관은 태동기, 정착기, 성장기, 발전기, 전환기로 구분되는 역사(한국사회복지관협회, 2021)를 거치며 지속적으로 역할을 변화시켜 사회에 기여해 왔다.

(1) 사회복지관의 태동기(1900~1982)

태동기의 사회복지관은 인보관 운동의 형태로 여성 교육, 보건 사업, 탁아서비스 등을 제공했다. 한국전쟁 후에는 전쟁 피해 극복을 위해 아동서비스와 보건서비스 사업을 수행했다. 1970년대 이후에는 전문사회사업실천기술을 접목하여 상담, 가족치료, 지역사회개발 등의 사업을 수행했다.

〈표 10-1〉 시대별 주요사업

구분	주요사업	관련기관
1900~	인보관 운동	반열방
1920~	근대화로 인한 여성계몽, 여성교육, 탁아서비스 발전 여성진찰소, 위생연구반, 여성교육, 탁아소, 유치원, 요리반, 재봉반, 사교구락부, 유희장, 부인계몽반, 가사지도, 영어성경공부	1921 태화여자관(現 태화기독교사회복지관) 1924 공주영아원(現 공주기독교종합사회복지관) 1949 인천사회관(現 인천기독교종합사회복지관)
1950~	한국전쟁으로 인한 아동서비스, 보건서비스 급증 전쟁고아, 전쟁미망인시설, 영아건강진찰, 놀이터사업, 도서실 제공, 결핵요양원, 가정방문, 지역사회개발사업	1952 부산사회관(現 부산기독교종합사회복지관) 1953 대전사회관(現 대전기독교종합사회복지관) 1956 이대사회관(現 이대종합사회복지관)
1970~	전문사회사업실천기술을 접목한 서비스 발전 상담반, 보건반, 교육사업, 클럽사업, 가족치료, 지역사회개발사업	1974 성남사회복지관(現 성남종합사회복지관) 1975 봉천사회복지관(現 중앙사회복지관) 1981 신림종합복지관(現 신림종합사회복지관) 1982 탕정한마음종합사회복지관

출처: 한국사회복지관협회(2021). 2021 사회복지관과 지역사회복지실천. p.28.

1) 한국사회복지관협회(2025). 사회복지관 사업 및 사회적 위협 대응 성과 연구에서 재구성함.

(2) 사회복지관의 정착기(1983.~1989)

사회복지관이 제도화된 시기는 1983년 「사회복지사업법」 개정으로 사회복지관 운영 및 정부보조금 지원 근거가 마련되고, 사회복지사 자격증 제도가 도입되면서 시작되었다. 1986년에는 사회복지관 운영 등 국고보조지침에 사회복지관 사업(7개 분야 23개 단위사업)이 최초 제시되었다.

〈표 10-2〉 1986년 사회복지관 사업내용

사업 분야	단위사업명	
1. 가정복지사업 (영세가정 자립지원사업) 2. 아동복지사업 (영세가정 자녀보호 지도사업) 3. 청소년복지사업 4. 노인복지사업 5. 장애자복지사업 6. 지역복지사업 7. 기타사업	1) 가정문제 종합상담 2) 직업 · 부업기능 훈련 3) 취업 · 부업 알선 4) 보건치료 서비스 5) 부녀자복지 6) 유아보호 및 교육 7) 아동선도 및 사회교육 8) 아동 문제 예방 · 치료교육 9) 어린이 독서실 제공 10) 자모상담 및 교육 11) 청소년 상담 및 교양교육 12) 근로청소년 사회교육	13) 청소년 문제 예방 · 치료 14) 청소년 독서실 제공 15) 불우노인 서비스(상담 · 결연) 16) 노인사회교육 및 여가지도 교육 17) 장애자 상담 18) 장애자 서비스 알선 19) 주민교육 20) 취미교육 21) 자원봉사자교육 및 활용 22) 무료예식장 제공 23) 주민회의교육, 여가선용시설 제공

출처: 보건사회부(1986). 사회복지관운영 등 국고보조사업지침.

(3) 사회복지관의 성장기(1990~2002)

성장기에는 지방자치제도의 실시, 사회복지관의 설립 증가, 장애인종합복지관 및 노인종합복지관 설립 등이 이루어졌다. 이 시기에 사회복지관은 시설중심에서 지역사회중심 사업으로 전환하여 재가복지센터 및 이동목욕서비스 등의 재가복지사업을 수행했다. 또한 IMF 외환위기에 대응하여 노숙인 보호 및 자립지원사업, 자활사업, 푸드뱅크 사업 등을 실시했다.

〈표 10-3〉 연도별 사회복지관 설치 현황

연도	1981	1982	1983	1984	1985	1986	1987	1988	1989	1990
개수	20	20	23	26	29	31	36	39	61	88
연도	1991	1992	1993	1994	1995	1996	1997	1998	1999	2000
개수	160	175	250	254	297	312	329	322	330	348
연도	2001	2002	2003	2004	2005	2006	2007	2008	2009	2010
개수	350	360	369	379	391	397	408	414	419	425
연도	2011	2012	2013	2014	2015	2016	2017	2018	2019	2020
개수	433	436	439	442	452	458	464	465	467	475

출처: 한국사회복지관협회(2021). 2021 사회복지관과 지역사회복지실천. p.41.

(4) 사회복지관의 발전기(2003~2011)

발전기에는 2003년 「사회복지사업법」 전면개정에 따라 지역사회복지협의체(현 지역사회보장협의체)가 출범하고 지역사회보장계획 수립이 명문화되었다. 2005년에는 복지재정이 비장으로 이양되었다. 한편, 사회복지관의 사업들이 단종복지관을 비롯한 특화된 서비스 전달체계(건강가정지원센터, 지역아동센터, 청소년상담복지센터, 자활후견기관 등)에서도 다루어지면서, 사회복지관은 지역공동체로서 지역조직화를 통해 포괄적이고 통합적인 서비스를 제공하기 위해 노력했다.

(5) 사회복지관의 전환기(2012~)

전환기에는 2012년 희망복지지원단을 통한 통합사례관리, 2015년 서울시 '찾아가는 주민센터' 사업, 2016년 읍면동복지허브화 사업 등을 통해 지자체의 공공복지서비스가 강화되었다. 이에 따라 사회복지관은 3대 기능(사례관리, 서비스제공, 지역조직화)으로 재편되고, 마을공동체 주체로서 서비스를 전달하며, 송파세모녀사건에 따른 복지사각지대 발굴, 코로나19 팬데믹 대응, 1인가구 증가 등의 사회 및 지역사회 위험에 대응하고 있다.

〈표 10-4〉 사회복지관 사업 분야와 주요 복지서비스 정책의 변천

사회복지관 운영 규정		주요 정책의 변천	
사업구성	사업분야	복지서비스 제도 차원	공공 전달체계 차원
6대 사업 32개 단위 사업 (1989~2004)	가정복지사업 아동복지사업 청소년복지사업 노인복지사업 장애인복지사업 지역복지사업	• (아동) 보육인프라 확충 • (노인) 재가노인복지사업의 「노인복지법」 명시(1994) • (자활) 지역자활센터 설치 시작(2003)	• 사회복지전문요원 배치(1989) 및 일반직 전환(1992)
5대 사업 23개 단위 사업 (2004~2012)	가족복지사업 교육문화사업 자활사업 지역사회보호사업 지역사회조직사업	• (아동) 드림스타트 사업 출발 • (아동) 방과후돌봄 강화 • (아동) 「아이돌봄 지원법」 제정 • (노인) 노인보호전문기관 • (노인) 노인돌보미바우처(2007), 장기요양보험제도(2008) • (장애인) 활동지원제도(2007) • (가족) 「건강가정기본법」 근거 시도 및 시군구에 가족센터 운영 의무화(2005) • 사회복지사업 지방이양: 아동 급식, 노인복지관, 장애인 복지관 등	• 지역사회보장협의체 설치(2005) • 사회복지통합관리망 구축(2010) • 시군구 희망복지지원단 설치(통합사례관리)(2012)
3대 기능 10대 사업 (2013~현재)	〈서비스 제공 기능〉 가족기능강화, 교육문화사업, 자활지원 등 기타사업, 지역사회보호사업 〈지역조직화 기능〉 복지네트워크 구축, 주민조직화, 자원개발 및 관리 〈사례관리 기능〉 사례발굴, 사례개입, 서비스연계	• 급속한 저출산-고령화로 돌봄 부담 급증, 지역(지자체)의 주도적 역할 기대 • (아동) 지자체 주관 다함께 돌봄센터 운영(2017~) • (아동) 지자체 학대전담공무원 배치 • (노인) 독거노인 응급안전 알림(2013) • (노인) 노인맞춤돌봄서비스(2020) • (노인 장애인 등) 지역사회 통합돌봄 선도사업(2019~) • (장애인) 발달장애인 종합대책 발표(2018)	• 읍면동 지역사회보장협의체 설치운영 법제화(2015) • 읍면동 복지허브화, 맞춤형복지팀 설치(2016) • 주민자치형 공공서비스 구축(2018) • 찾아가는 보건복지서비스(2018)

사회복지관 운영 규정		주요 정책의 변천	
사업구성	사업분야	복지서비스 제도 차원	공공 전달체계 차원
(2021~)	「사회복지사업법」 제34조의 5 (사회복지관 설치 등)에 3대 기능 관련 근거사항을 구체화	• (노인) 재택의료센터 시범사업(2022) • (노인) 의료-돌봄 통합지원 시범사업(2023) • (장애인) 탈시설 장애인 지역사회 자립지원 시범사업(2022) • 돌봄서비스 등의 지역단위 실행, 통합적 서비스, 민관-협력 역할 기대 부각 • 1인가구와 청년, 노년 문제 주목 • 사회적 고립 이슈 부각 • 팬데믹 등 계기르 정신건강 이슈 확산	• 지역사회 통합돌봄 선도사업(2019~)을 위한 지자체 조직 개편 및 협업기반 구축

출처: 강혜규 외(2023). 사회복지관 사업 분야 개정 연구.

제2절 사회복지관 설치 및 운영

1) 사회복지관의 설치

사회복지관은 지방자치단체, 사회복지법인 및 기타 비영리법인이 건립하고 운영할 수 있다. 지방자치단체는 사회복지관을 건립한 후 사업의 전문성을 높이기 위해 운영능력이 있는 법인에 위탁하거나, 공공단체의 시설물을 위탁받아 직접 사회복지관을 설치·운영하거나 사회복지법인 등에 위탁하여 운영할 수 있다(보건복지부, 2025).

사회복지관의 운영형태는 다음의 4가지로 나눌 수 있다.

① 지방자치단체가 건립하고 법인에 위탁하는 형태

② 법인이 건립하고 법인이 운영하는 형태

③ 지방자치단체가 건립하고 직영하는 형태

④ 지방자치단체가 건립하고 지방자치단체에서 설립한 공단에 위탁하는 형태 등이다.

이러한 형태 중에서 현재는 주로 지방자치단체가 건립하고 법인에 위탁하는 형태와 법인이 건립하고 법인이 운영하는 형태가 많다. 우리나라 사회복지관의 운영 주체 현황은 <표 10-6>에서 확인할 수 있다.

〈표 10-5〉 사회복지관 운영 형태

(단위: 개소, %)

구분	법인위탁	법인직역	지자체직영	공단직영	합계
개소	352	93	11	5	461
비율	76.3	20.2	2.4	1.1	100

출처: 한국사회복지관협회(2024). 2024년 사회복지관 현황조사 보고서(내부자료).

〈표 10-6〉 사회복지관 운영 주체

구분	유형				합계
	사회복지법인	비영리법인	학교법인	지방자치단체*	
개소	332	99	21	30	482

* 지자체에서 설립한 공단에 위탁운영하는 경우 포함

출처: 한국사회복지관협회(2024). 2024년 사회복지관 현황조사 보고서(내부자료).

2) 사회복지관의 운영

(1) 사업의 대상 및 내용

① 사업의 대상

사회복지관 사업의 대상은 사회복지서비스 욕구를 가지고 있는 모든 지역주민이다. 다만, 다음 각호의 주민을 우선적인 사업대상으로 한다.

가) 「국민기초생활 보장법」에 따른 수급자 및 차상위계층

나) 장애인, 노인, 한부모가족 및 다문화가족

다) 직업 및 취업알선이 필요한 사람

라) 보호와 교육이 필요한 유아·아동 및 청소년

마) 그 밖에 사회복지관의 사회복지서비스를 우선 제공할 필요가 있다고 인정되는 사람이다.

② 사업의 내용

사회복지관에서는 저소득 취약계층과 지역 주민에 대한 실질적인 사회복지서비스를 제공하기 위해 각 사업을 유기적으로 연계하여 실시해야 한다.

사회복지관은 지역사회의 특성과 지역 주민의 복지욕구에 대한 조사결과를 바탕으로 해당 사회복지관의 실정에 적합한 사업내용을 자율적으로 정하되, 「사회복지사업법」 제34조의5 및 같은 법 시행규칙 별표 3에서 정하고 있는 사회복지관의 3대 기능(서비스제공기능, 사례관리기능, 지역조직화기능)을 균형 있게 수행해야 한다. 다만, 관할 시장·군수·구청장이 지역적 특성을 감안하여 필요하다고 인정한 경우에는 예외사항을 두거나 별도의 사업을 개발·추진할 수 있다.

〈표 10-7〉 사회복지관의 사업(「사회복지사업법 시행규칙」 별표 3)

기능	사업분야	사업 및 내용
서비스 제공 기능	가족기능강화	1. 가족관계증진사업: 가족원 간의 의사소통을 원활히 하고 각자의 역할을 수행함으로써 이상적인 가족관계를 유지함과 동시에 가족의 능력을 개발·강화하는 사업 2. 가족기능보완사업: 사회구조 변화로 부족한 가족기능, 특히 부모의 역할을 보완하기 위하여 주로 아동·청소년을 대상으로 실시되는 사업 3. 가정문제해결·치료사업: 문제가 발생한 가족에 대한 진단·치료·사회복귀 지원사업 4. 부양가족지원사업: 보호대상 가족을 돌보는 가족원의 부양부담을 줄여 주고 관련 정보를 공유하는 등 부양가족 대상 지원사업 5. 다문화가정, 북한이탈주민 등 지역 내 이용자 특성을 반영한 사업

기능	사업분야	사업 및 내용
서비스 제공 기능	지역사회보호	1. 급식서비스: 지역사회에 거주하는 요보호 노인이나 결식아동 등을 위한 식사제공 서비스 2. 보건의료서비스: 노인, 장애인, 저소득층 등 재가복지사업대상자들을 위한 보건·의료관련 서비스 3. 경제적 지원: 경제적으로 어려운 지역사회 주민들을 대상으로 생활에 필요한 현금 및 물품 등을 지원하는 사업 4. 일상생활 지원: 독립적인 생활능력이 떨어지는 요보호 대상자들이 시설이 아닌 지역사회에 거주하기 위해서 필요한 기초적인 일상생활 지원서비스 5. 정서서비스: 지역사회에 거주하는 독거노인이나 소년소녀가장 등 부양가족이 없는 요보호 대상자들을 위한 비물질적인 지원 서비스 6. 일시보호서비스: 독립적인 생활이 불가능한 노인이나 장애인 또는 일시적인 보호가 필요한 실직자·노숙자 등을 위한 보호서비스
	교육문화	1. 아동·청소년 사회교육: 주거환경이 열악하여 가정에서 학습하기 곤란하거나 경제적 이유 등으로 학원 등 다른 기관의 활용이 어려운 아동·청소년에게 필요한 경우 학습 내용 등에 대하여 지도하거나 각종 기능 교육 2. 성인기능교실: 기능습득을 목적으로 하는 성인사회교육사업 3. 노인 여가·문화: 노인을 대상으로 제공되는 각종 사회교육 및 취미교실운영사업 4. 문화복지사업: 일반 주민을 위한 여가·오락프로그램, 문화 소외집단을 위한 문화프로그램, 그 밖에 각종 지역문화행사사업
	자활지원 등 기타	1. 직업기능훈련: 저소득층의 자립능력 배양과 가계소득에 기여할 수 있는 기능훈련을 실시하여 창업 또는 취업을 지원하는 사업 2. 취업알선: 직업훈련 이수자 기타 취업희망자들을 대상으로 취업에 관한 정보제공 및 알선사업 3. 직업능력개발: 근로의욕 및 동기가 낮은 주민의 취업욕구 증대와 재취업을 위한 심리·사회적인 지원프로그램 실시사업 4. 그 밖의 특화사업
사례관리 기능	사례발굴	지역 내 보호가 필요한 대상자 및 위기 개입대상자를 발굴하여 개입계획 수립
	사례개입	지역 내 보호가 필요한 대상자 및 위기 개입대상자의 문제와 욕구에 대한 맞춤형 서비스가 제공될 수 있도록 사례개입
	서비스연계	사례개입에 필요한 지역 내 민간 및 공공의 가용자원과 서비스에 대한 정보 제공 및 연계, 의뢰

기능	사업분야	사업 및 내용
지역조직화 기능	복지네트워크 구축	지역 내 복지기관·시설들과 네트워크를 구축함으로써 복지서비스 공급의 효율성을 제고하고, 사회복지관이 지역복지의 중심으로서의 역할을 강화하는 사업 – 지역사회연계사업, 지역욕구조사, 실습지도
	주민조직화	주민이 지역사회 문제에 스스로 참여하고 공동체 의식을 갖도록 주민조직의 육성을 지원하고, 이러한 주민협력 강화에 필요한 주민의식을 높이기 위한 교육을 실시하는 사업 – 주민복지증진사업, 주민조직화 사업, 주민교육
	자원개발 및 관리	지역 주민의 다양한 욕구 충족 및 문제해결을 위해 필요한 인력, 재원 등을 발굴하여 연계 및 지원하는 사업 – 자원봉사자 개발·관리, 후원자 개발·관리

(2) 사회복지관의 관리운영

① 사업계획의 수립

사회복지관은 사업계획을 수립할 때 지역 주민의 복지욕구 조사, 주민간담회 및 공청회 등을 통해 지역 주민은 물론 시민단체, 관계행정기관 등 지역사회 구성원의 의견을 충분히 수렴하여 반영해야 한다.

② 자원봉사자의 교육 및 활용

사회복지관장은 주민참여를 통해 사회복지관 사업의 효율을 높이기 위해 사업의 전문분야별로 전문지식과 기술을 가진 자원봉사자를 발굴하여 교육 후 활용해야 한다. 자원봉사자에게는 사회복지관 사업에 대한 예비지식을 사전에 충분히 숙지시켜 책임감을 고취하고, 항상 계획적이고 조직적으로 활용할 수 있도록 해야 한다.

③ 비용의 수납

사회복지관은 주민의 적극적인 참여를 유도하고 사업의 효과를 높이기 위해 사업에 필요한 최소한의 실비를 이용자로부터 받을 수 있다. 다만, 실비이용료를 받는 프로그램에서는 국민기초생활보장 수급권자 및 혜택을 받지 못하는 저소득층 등 무료이용자를 20% 내외로 해야 한다.

사업에 필요한 최소한의 실비를 책정하기 어려운 경우, 사회복지관장은 산출기준을 첨부하여 운영위원회에 심의를 요청하여 결정할 수 있다. 수납된 실비이용료는 사회복지관의 세입예산에 편입하여 실비이용료를 받는 사업의 자체비용에 충당하고, 남은 금액은 국민기초생활보장 수급권자 및 혜택을 받지 못하는 저소득층을 위한 사업에 우선적으로 사용해야 한다.

④ 관리운영규정

사회복지관 운영주체는 지방자치단체장의 시설운영 지침을 참고하여 조직, 인사, 복무, 보수, 회계, 물품, 문서 등 사회복지관의 관리 및 운영에 관하여 필요한 규정을 정하고 시행해야 한다.

⑤ 직원의 채용

법인이 운영하는 사회복지관의 직원은 정관에 따라 법인의 대표이사 또는 관장이 임면하며, 신규채용은 직위에 관계없이 공개모집을 원칙으로 한다.

사회복지관의 관장과 각 분야별 책임자는 다음의 자격을 갖춘 자로 한다(「사회복지사업법 시행규칙」 제23조의2 제2항).

① 관장 : 2급 이상의 사회복지사자격증 소지자 또는 이와 동등한 자격이 있다고 법 제36조에 따른 운영위원회에서 인정한 자
② 사무분야의 책임자 : 3급 이상의 사회복지사자격증 소지자 또는 이와 동등한 자격이 있다고 운영위원회에서 인정한 자
③ 그 밖의 사업분야의 책임자 : 해당분야의 자격증 소지자

(3) 경비의 부담

① 부지의 확보

사회복지관의 건립부지는 지방자치단체, 사회복지법인 또는 비영리법인이 확보한다.

② 건립비

사회복지관의 건립비는 지방자치단체, 사회복지법인 또는 비영리법인이 부담한다. 지방자치단체의 장은 사회복지관의 지역별 균형 배치와 확충을 위해 건립부지를 확보하고, 건립 이후 운영계획이 합리적이며 재원조달 등 사업수행 능력이 있는 지방자치단체, 사회복지법인(신규법인을 포함한다) 또는 비영리법인에 대해「지방교부세법」및「지방재정법」등에 의하여 건립비를 지원할 수 있다.

③ 기능보강비

지방자치단체의 장은 사회복지관의 시설물의 부족과 노후 및 안전문제로 인한 시설 증·개축 비용과 직업보도장비, 도서실, 강당, 유아교육, 식당, 사무용설비 등의 장비구입 비용, 소방시설법령에 따라 설치해야 하는 필수 설비구축비용을「지방교부세법」및「지방재정법」등에 따라 지원할 수 있다.

④ 운영경비

지방자치단체의 장은 지방자치단체, 사회복지법인, 비영리법인 등이 설치·운영하는 시설 중 사업수행능력과 사업실적 등을 고려하여 사회복지관의 운영에 필요한 운영비를「지방교부세법」및「지방재정법」등에 따라 지원한다.

다른 법령(사업지침 포함)에 따라 별도로 허가된 사업을 수행하는 경우, 해당 법령에 따라 지원하는 운영비는 별도로 본다.

지방자치단체의 장은 지역 주민에게 양질의 복지서비스를 제공하기 위하여 필요하다고 인정하는 경우, 해당 사업에 필요한 운영비를 별도로 지원할 수 있다. 사회복지관 운영주체(법인 등)도 자체재원을 확보하여 사회복지관 운영비를 추가로 지원하도록 노력해야 한다.

지방자치단체의 장은 사회복지관에 지원하는 운영비 산출기준을 정하되, 인건비는 각 사회복지관 인력기준을 고려하고 사업비 및 관리운영비는 복지관의 사업내용 및 규모 등을 고려하여 정한다.

(4) 경비의 지출

① 운영경비

- 사업비, 시설운영유지비, 공공요금, 제경비 등은 전년도 집행실적 등을 감안하여 최대한 절약하여 집행한다.
- 저소득층에 대한 상담, 취업알선, 결연, 자원봉사자 교육, 주민교육, 지역실태조사, 홍보 등은 사업비로 지출한다.
- 「사회복지사업법 시행규칙」 별표 3에서 사업을 명시하고 있으므로, 사회복지관의 사업비는 별표 3에서 정한 사업을 성격별 · 유형별로 구분하여 목으로 설정할 수 있다.
- 직업 · 부업 기능훈련, 청소년 기능교실 운영, 취미 · 교양교실 운영, 영 · 유아보호 등은 실비이용료로 충당한다.
- 저소득 취약계층의 자립지원을 위하여 직업 · 부업 기능훈련 등 실비이용료를 받는 사업에는 국민기초생활보장 수급권자 등 저소득층 주민이 원하는 경우 우선권을 부여하여야 하며, 이 경우 저소득계층에 대하여는 상담을 통해 이용료를 감면할 수 있다.
- 관장, 사회복지사, 사무원 등 실비이용료를 받지 않는 사업에 종사하는 직원에 대한 인건비로 지출할 수 있으며, 실비이용료를 받는 프로그램에 종사하는 기능교사 등의 인건비는 실비이용료 등으로 충당한다.
- 국민건강보험료, 고용보험료, 산재보험료, 퇴직금 적립금, 국민연금(60세 미만인 자에 한함) 등의 '사용자 부담분'으로 지출한다.
- 지방자치단체에서 지원하는 운영경비로 사회복지관 사업수행에 필요한 관련단체의 가입비, 회비, 종사자 교육비 등을 지출할 수 있다.
- 직원(종사자)의 출산, 병가, 휴직 등의 사유로 인력의 공백이 발생할 경우 대체인력을 활용할 수 있으며, 대체 인력 인건비는 시설의 인건비 범위 내에서 기본급 및 수당 등 급여로 지급할 수 있다.
- 지원조건 및 「사회복지법인 및 사회복지시설 재무 · 회계규칙」의 규정에 의하여 집행한다.

(5) 사회복지관 현황보고 등

각 시·도지사는 재정의 지원 여부와 관계 없이 관내에서 「사회복지사업법」의 규정에 의하여 설치·운영 중인 사회복지관(신규설치 시설을 포함)의 당해 연도 운영 현황을 파악하여 이를 「사회복지사업법 시행규칙」 제23조의2 제7항의 규정에 의하여 '서식' 사회복지관 현황보고서 양식에 따라 다음 연도 1월 말까지 보건복지부장관에게 제출해야 한다.

(6) 사회복지관 운영 관련 타법 준수사항

① 신고의무

가. 지원 대상자 발견 시 신고의무

「사회보장급여의 이용·제공 및 수급권자 발굴에 관한 법률」 제13조 제2항에 따라 「사회복지사업법」 제35조 및 제35조의2에 따른 사회복지시설의 장과 그 종사자는 그 직무상 출산, 양육, 실업, 노령, 장애, 질병, 빈곤 및 사망 등의 사회적 위험으로 인하여 사망 또는 중대한 정신적·신체적 장애를 입을 위기에 처한 지원대상자를 발견한 경우 지체 없이 보장기관에 알리고, 지원대상자가 신속하게 지원을 받을 수 있도록 노력해야 한다.

나. 장애인학대 및 장애인 대상 성범죄 신고의무

「장애인복지법」 제59조의4 제2항에 따라 「사회복지사업법」 제34조에 따른 사회복지시설의 장과 그 종사자는 그 직무상 장애인학대 및 장애인 대상 성범죄를 알게 된 경우에는 지체 없이 장애인권익옹호기관 또는 수사기관에 신고해야 한다.

다. 아동학대 신고 의무

「아동학대범죄의 처벌 등에 관한 특례법」 제10조 제2항에 따라 사회복지관장 및 종사자는 직무를 수행하면서 아동학대범죄를 알게 된 경우나 그 의심이 있는 경우에는 시·도, 시·군·구 또는 수사기관에 즉시 신고해야 한다.

라. 아동·청소년 대상 성범죄 신고 의무

「아동·청소년의 성보호에 관한 법률」 제34조에 따라 사회복지관장 및 종사자는 직무를 수행하면서 아동·청소년대상 성범죄를 알게 된 경우나 그 의심이 있는 경우에는 수사기관에 즉시 신고해야 한다.

마. 긴급복지지원 대상자 신고 의무

「긴급복지지원법」 제7조에 따라 사회복지관 종사자(「사회복지사업법」에 따른 사회복지시설 종사자)는 진료·상담 등 직무수행 과정에서 긴급지원대상자가 있음을 알게 된 경우에는 관할 시장·군수·구청장에게 이를 신고하고, 긴급지원대상자가 신속하게 지원을 받을 수 있도록 노력해야 한다.

② 운영 관련

가. 아동학대 관련 범죄전력자 취업제한 점검·확인

ㄱ. 운영·취업 전

「아동복지법」 제29조의3에 따라 지자체장은 사회복지관을 운영하려는 자에 대해 본인의 동의를 받아 아동학대 관련 범죄 전력을 확인해야 하며, 사회복지관장은 사회복지관에 취업 또는 사실상 노무를 제공하려는 자에 대해 본인의 동의를 받아 아동학대 관련 범죄 전력을 확인해야 한다.

ㄴ. 운영·취업 후

「아동복지법」 제29조의4에 따라 보건복지부는 지방자치단체의 협조를 얻어 사회복지관을 운영하거나 사회복지관에 취업 또는 사실상 노무를 제공 중인 자의 아동학대 관련 범죄 전력을 연 1회 점검·확인해야 한다.

나. 성범죄전력자 취업제한 점검·확인

ㄱ. 운영·취업 전

「아동·청소년의 성보호에 관한 법률」 제56조에 따라 지자체장은 사회복지관을 운영하려는 자에 대해 성범죄 전력을 확인해야 하며, 사회복지관장은 사회복지관에 취업 또는 사실상 노무를 제공하려는 자에 대해 본인의 동의를 받아 성범죄 전력을 확인해야 한다.

ㄴ. 운영 · 취업 후

「아동 · 청소년의 성보호에 관한 법률」 제57조에 따라 보건복지부는 지방자치단체의 협조를 얻어 사회복지관을 운영하거나 사회복지관에 취업 또는 사실상 노무를 제공 중인 자의 성범죄 전력을 연 1회 점검 · 확인해야 한다.

ㄷ. 청소년이용시설 우대

「청소년복지 지원법」 제3조 및 동법 시행령 제1조의2에 따라, 지방자치단체 및 사회복지관은 청소년이용프로그램 등에 대한 이용료를 면제하거나 할인하도록 노력해야 한다.

ㄹ. 「식품위생법」 준수

사회복지관에서 집단급식소(1회 50명 이상에게 식사 제공)를 설치 · 운영하려면 「식품위생법」 제88조 제1항에 따라 특별자치시장 · 특별자치도지사 · 시장 · 군수 · 구청장에게 신고해야 한다. 더불어 같은 법 제51조, 제52조에 따라 조리사와 영양사를 두어야 한다. 또한 집단급식소 자원봉사자에 대해 필요시 건강진단결과서 지참 권유 등을 통해 급식소를 통한 감염이 일어나지 않도록 주의해야 한다.

ㅁ. 도로교통법 준수

「도로교통법」 제52조에 따라 어린이통학버스(「여객자동차 운수사업법」 제4조 제3항에 따른 한정면허를 받아 어린이를 여객 대상으로 하여 운행되는 운송사업용 자동차는 제외)를 운영하려는 자는 미리 관할 경찰서장에게 신고하고 신고증명서를 발급받아야 한다.

어린이통학버스로 사용할 수 있는 자동차는 같은 법 시행규칙 제34조에서 정하는 자동차로 한정하며, 그 자동차의 도색 · 표지, 보험가입, 소유 관계 등에 대해서는 같은 법 시행령 제31조에서 정하는 요건을 갖추어야 한다.

그리고 같은 법 제53조 제1항 내지 제6항에서 규정한 점멸등 작동, 좌석안전

띠 착용, 보호차 동승 및 동승표지, 어린이 하차 확인 장치 등을 준수해야 하며, 제7항에 따라 좌석안전띠 착용 및 보호자 동승 확인 기록('안전운행기록'이라 한다)을 작성 · 보관하고 매 분기 어린이통학버스를 운영하는 시설을 감독하는 주무기관의 장(시 · 군 · 구청장)에게 안전운행기록을 제출해야 한다.

ㅂ. 「교통안전법」 준수

「교통안전법」 제55조에 따라 어린이통학버스를 운영하는 사회복지관은 운행하는 차량에 국토교통부령으로 정하는 기준에 적합한 운행기록장치를 장착해야 한다.

ㅅ. 「어린이안전관리에 관한 법률」 준수

「어린이안전관리에 관한 법률」 제11조에 따라 지자체장은 어린이안전과 관련하여 위험이 발생하였거나 발생할 우려가 있다고 인정하는 때에는 사회복지관의 장에게 자료를 제출하게 하거나 관계 공무원으로 하여금 시설을 출입하여 관계 서류나 시설 · 장비 등을 조사하게 할 수 있다. 또한 같은 법 제16조에 따라 사회복지관의 장은 종사자 대상으로 응급처치 실습 등을 포함한 어린이안전교육을 실시해야 한다.

ㅇ. 「근로기준법」, 「산업안전보건법」, 「중대재해처벌법」 준수

사회복지관은 운영함에 있어 「근로기준법」, 「산업안전보건법」, 「중대재해처벌법」의 규정을 준수해야 한다.

③ 교육 관련

가. 아동학대 신고의무자 교육

「아동복지법」 제26조 및 같은 법 시행령 제26조에 따라 사회복지관장은 소속 종사자에게 신고의무자 교육을 매년 1시간 이상 실시하고, 그 결과를 보건복지부 장관에게 제출해야 한다.

나. 장애인학대 및 장애인대상 성범죄 신고의무자 교육

「장애인복지법」 제59조의4에 따라 사회복지관 관장 및 종사자는 장애인학대 및 장애인대상 성범죄 신고의무자 교육을 매년 실시해야 한다.

다. 긴급복지지원 신고의무 교육

「긴급복지지원법」 제7조에 따라, 사회복지관 관장은 종사자에게 긴급복지지원 신고 의무자 교육을 매년 실시해야 한다.

라. 성희롱 예방교육

「남녀고용평등과 일·가정 양립 지원에 관한 법률」 제13조에 따라 사회복지 관장은 직장 내 성희롱을 예방하고 근로자가 안전한 근로환경에서 일할 수 있는 여건을 조성하기 위하여 직장 내 성희롱의 예방을 위한 교육을 매년 실시해야 한다.

마. 장애인 인식개선 교육

「장애인고용촉진 및 직업재활법」 제5조의2 및 같은 법 시행령 제5조의2에 의하여 사용자(사회복지관장)는 장애인에 대한 직장 내 편견을 제거함으로써 장애인 근로자의 안정적인 근무여건을 조성하고 장애인 근로자 채용이 확대될 수 있도록 직장 내 장애인 인식개선 교육을 연 1회, 1시간 이상 실시하고, 관련 자료를 3년간 보관해야 한다.

바. 자살예방 교육

「자살예방 및 생명존중문화 조성을 위한 법률」 제17조에 따라 사회복지관은 자살예방 교육을 매년 1회 이상 실시하고, 그 결과를 보건복지부 장관에게 제출해야 한다.

사. 개인정보보호교육

「개인정보보호법」 제28조에 따라 사회복지관장은 개인정보의 적정한 취급을 보장하기 위하여 개인정보를 취급하는 종사자에게 정기적으로 필요한 교육을 실시해야 한다.

아. 여가교육 실시 및 지원

「국민여가활성화기본법」 제11조1항 및 같은 법 시행령 제4조 제2항에 따라 지방자치단체는 여가교육을 사회복지관에서 실시하거나 지원해야 한다.

자. 퇴직연금교육

「근로자퇴직급여 보장법」 제32조 및 같은 법 시행령 제32조에 의하여 퇴직연금제도(개인형퇴직연금제도 제외)를 설정한 사용자는 가입자에게 퇴직연금제도의 운영상황 등에 대하여 매년 1회 이상 교육을 실시해야 한다.

차. 「도로교통법」상 어린이 통학버스 운영자·운전자·동승자 안전교육

「도로교통법」 제53조의3에 따라, 어린이통학버스를 운영하려는 사람과 운전하는 사람, 보호자(동승자)는 도로교통공단에서 실시하는 어린이통학버스 교통안전 교육을 이수해야 한다. 신규교육은 통학버스 운영, 운전 또는 동승하기 전에 이수해야 하며, 정기교육은 2년마다 교육을 재이수해야 한다.

제 11 장

노인장기요양시설의 운영

제1절 노인장기요양보험제도의 이해

1) 제도의 개요 및 목적

2008년 7월부터 실시된 노인장기요양보험제도는 평균수명의 연장, 돌봄에 대한 가치관의 변화, 자녀 양육 및 교육문제 등으로 출산율이 급격히 저하되어 인구구조에 있어 급속한 고령화 문제에 직면하고 있는 사회현상을 반영한 제도라고 할 수 있다. 노인장기요양보험제도는 고령화 사회에서 요구되는 돌봄 수요에 대응, 노인의 삶의 질 향상을 보장하고, 고령자 돌봄, 가족의 돌봄 부담 경감, 돌봄의 사회적 책임 강화 등을 목적으로 하고 있다. 특히 고령화, 핵가족화, 여성의 경제활동 참여가 증가하면서 전통사회에서 가족의 부담으로 인식되던 돌봄의 문제가 이제 더 이상 개인이나 가족의 부담으로 머물지 않고, 사회적 책임이 강조되고 있다. 이와 같은 사회 환경의 변화에 대처하기 위하여 이미 선진 각국에서는 사회보험 방식 또는 일반 조세의 방식 등 다양한 방법으로 재원을 마련하여 초고령사회의 대비책으로 장기요양제도를 운영하고 있다.

(1) 노인장기요양보험제도의 의의

노인장기요양보험은 고령화 사회에서 노인의 인간다운 삶을 보장하고, 가족의 돌봄 부담을 사회적 책임으로 강화하는 데 큰 의의가 있다.

① 사회적 의의

첫째, 고령화 사회에 대한 국가적 대응이다. 노인장기요양보험은 돌봄을 필요로 하는 노인들에게 안정적 서비스를 제공함으로써 급속한 고령화가 초래할 사회적 위험에 대비하는 제도적 장치로 기능한다.

둘째, 복지국가 실현의 기반을 마련한다. 과거에는 가족이 노인의 돌봄을 전담했으나, 장기요양보험은 국가와 사회가 돌봄의 책임을 분담한다는 점에서 공적 부양 체계를 확립했다. 이는 국민 모두가 인간다운 삶을 보장받을 수 있다는 복지국가 이념을 구체화한 것이라 할 수 있다.

셋째, 사회 통합의 기여이다. 경제적 능력과 상관없이 보험제도를 통해 동일한 서비스를 제공함으로써 사회적 형평성을 확보하고, 빈곤층 노인의 돌봄 공백을 줄이는 효과를 가져왔다.

② 개인적 의의

첫째, 돌봄 서비스 보장이다. 일상생활 수행능력이 저하된 노인은 신체 활동 지원(목욕, 식사, 이동 등), 가사 활동 지원(청소, 세탁, 취사 등), 재활치료 등 다양한 서비스를 제공받을 수 있다. 이를 통해 노인은 가능한 한 오래 지역사회에서 독립적인 생활을 유지할 수 있다.

둘째, 경제적 부담 경감이다. 장기요양서비스 비용은 상당히 크며, 장기간 지속되는 경우 가계 파탄으로 이어질 수 있다. 그러나 장기요양보험은 보험료와 국고 지원을 통해 비용의 상당 부분을 사회적으로 분담하여 개인의 경제적 부담을 줄여 준다. 예컨대, 요양시설 입소 시 월 수백만 원이 소요되지만, 보험 적용을 통해 본인 부담은 그 일부로 줄어든다.

셋째, 삶의 질 향상이다. 돌봄을 받는 노인 스스로의 존엄성이 유지되며, 의료적 치료와 함께 돌봄이 결합되어 노인의 신체적·정신적 건강을 증진한다.

③ 가족적 의의

첫째, 돌봄 부담의 경감이다. 전통적으로 배우자나 자녀, 특히 여성에게 집중되던 돌봄 부담을 제도적으로 분담함으로써 가족의 신체적 · 정서적 스트레스를 줄여 준다. 보건복지부 조사에 따르면 장기요양보험 도입 이후 가족의 돌봄 부담감이 크게 완화되었다는 결과가 보고된 바 있다.

둘째, 여성의 사회 · 경제적 활동 확대이다. 과거에는 노인 돌봄 때문에 경력단절을 경험하는 여성이 많았으나, 장기요양보험을 통해 공식적 서비스를 활용할 수 있어 여성의 경제활동 참여율 제고에도 기여한다.

셋째, 가족관계의 개선이다. 돌봄 스트레스가 줄어듦에 따라 가족 내 갈등이 완화되고, 노인과 가족 모두가 보다 긍정적인 관계를 유지할 수 있게 된다.

(2) 노인장기요양보험제도의 특징

① 건강보험제도와 별도로 운영

「국민건강보험법」과 별도로 「노인장기요양보험법」을 제정 운영

② 사회보험방식을 기본으로 한 국고지원 부가 방식

사회보험방식을 근간으로 일부는 공적부조방식을 가미한 형태로 설계 · 운영

③ 보험자 및 관리운영기관의 일원화

제도 도입과 정착을 원활히 하기 위해 별도의 관리체계를 만들지 않고 기존의 국민건강보험공단에서 관리 운영

④ 노인 중심의 급여

수급대상자는 65세 이상의 노인 또는 65세 미만의 자로서 치매 · 뇌혈관성 질환 등 노인성 질병을 가진 자

(3) 노인장기요양보험제도와 기존 노인복지서비스체계 비교

구분	노인장기요양보험	기존 노인복지서비스 체계
관련법	「노인장기요양보험법」	「노인복지법」
서비스 대상	• 보편적 제도 • 장기요양이 필요한 65세 이상 노인 및 치매 등 노인성 질병을 가진 65세 미만자	• 특정 대상 한정(선택적) • 국민기초생활보장 수급자를 포함한 저소득층 위주
서비스 선택	수급자 및 부양가족의 선택에 의한 서비스 제공	지방자치단체장의 판단(공급자 위주)
재원	장기요양보험료+국가 및 지방자치단체 부담+이용자 본인 부담	정부 및 지방자치단체의 부담

2) 노인장기요양보험법

(1) 입법과정

- 2000년 보건복지부 '노인장기요양보호정책기획단' 설치
- 2007년 3월 30일 국회「노인장기요양보험법」제정
- 2008년 7월 1일부터 시행
- 2009년 3월 외국인 근로자 장기요양보험가입자 제외제도 도입
- 2014년 7월 노인장기요양 등급체계 개편
- 2018년 1월 인지지원등급 신설

(2) 노인장기요양보험법의 주요 내용

① 목적(법제1조)

고령이나 노인성 질병 등의 사유로 일상생활을 혼자서 수행하기 어려운 노인 등에게 제공하는 신체활동 또는 가사활동 지원 등의 장기요양급여에 관한 사항을 규정하여 노후의 건강증진 및 생활안정을 도모하고 그 가족의 부담을 덜어줌으로써 국민의 삶의 질 향상에 기여

② 용어의 정의(법제2조)

- 노인 등: 65세 이상의 노인 또는 65세 미만의 자로서 치매·뇌혈관성 질환 등 대통령령이 정하는 노인성 질병을 가진 자
- 장기요양급여: 6개월 이상 동안 혼자서 일상생활을 수행하기 어렵다고 인정되는 자에게 신체활동, 가사활동의 지원 또는 간병 등의 서비스나 이에 갈음하여 지급하는 현금 등
- 장기요양사업: 장기요양보험료, 국가 및 지방자치단체의 부담금 등을 재원으로 하여 노인 등에게 장기요양급여를 제공하는 사업
- 장기요양기관: 장기요양급여를 제공하는 기관
- 장기요양요원: 장기요양기관에 소속되어 노인 등의 신체활동 또는 가사활동 지원 등의 업무를 수행하는 자

③ 장기요양급여 제공의 기본원칙(법제3조)

- 노인 등의 심신상태·생활환경과 노인 등 및 그 가족의 욕구·선택을 종합적으로 고려하여 필요한 범위 안에서 이를 적정하게 제공(서비스의 적정성)
- 노인 등이 가족과 함께 생활하면서 가정에서 장기요양을 받는 재가급여를 우선적으로 제공(재가급여의 우선성)
- 노인 등의 심신상태나 건강 등이 악화되지 아니하도록 의료서비스와 연계하여 제공(의료서비스와의 연계성)

(3) 대상자(수급자)

① 대상자(수급자)

- 기본방향: 보편주의 원칙 적용
- 보험가입자: 전 국민(국민건강보험가입자)
- 수급권자: 65세 이상의 노인 또는 64세 이하인 자로 치매·뇌혈관성질환

(중풍) 등 노인성 질병을 가진 자로, 6개월 이상 계속적 도움이 필요한 자

② 수급자 등급판정 기준

장기요양 등급	심신의 기능상태
1등급	심신의 기능상태 장애로 일상생활에서 전적으로 다른 사람의 도움이 필요한 자로서 장기요양인정 점수가 95점 이상인 자
2등급	심신의 기능상태 장애로 일상생활에서 상당 부분 다른 사람의 도움이 필요한 자로서 장기요양인정 점수가 75점 이상 95점 미만인 자
3등급	심신의 기능상태 장애로 일상생활에서 부분적으로 다른 사람의 도움이 필요한 자로서 장기요양인정 점수가 60점 이상 75점 미만인 자
4등급	심신의 기능상태 장애로 일상생활에서 일정 부분 다른 사람의 도움이 필요한 자로서 장기요양인정 점수가 51점 이상 60점 미만인 자
5등급	치매환자로서(「노인장기요양보험법 시행령」 제2조에 따른 노인성 질병으로 한정) 장기요양인정 점수가 45점 이상 51점 미만인 자
인지지원등급	치매환자로서(「노인장기요양보험법 시행령」 제2조에 따른 노인성 질병으로 한정) 장기요양인정 점수가 45점 미만인 자

(4) 서비스체계

① 노인장기요양급여의 기본원칙

- 인간의 존엄과 가치가 존중되는 생활을 할 수 있도록 지원
- 이용자의 욕구와 선택을 존중하여 종합적으로 급여 실시
- 요양이 필요한 상태와 정도에 상응한 적정한 급여 실시
- 가정에서의 계속 생활이 가능하도록 재가요양급여를 우선적으로 실시
- 요양이 필요한 상태의 예방과 약화 방지 등을 위해 의료서비스와의 충분한 연계

② 현물급여를 원칙으로 하고, 보완적으로 현금급여 인정

③ 급여의 종류

- 재가급여: 방문요양, 방문목욕, 방문간호, 주·야간 보호, 단기보호, 기타 재가급여

- 시설급여:「노인복지법」에 따른 노인의료복지시설 등에 장기간 동안 입소하여 신체활동 지원 및 심신기능의 유지 · 향상을 위한 교육, 훈련 등을 제공받는 급여이다.
- 특별현금급여: 가족요양비, 특례요양비, 요양병원 간병비

④ 급여 지급의 제한

- 중복수급 금지: 수급자는 재가급여, 시설급여 및 특별현금급여를 중복하여 받을 수 없다.
- 급여의 제한: 거짓이나 부정한 방법으로 장기요양인정을 받은 경우, 고의로 사고를 발생하도록 하거나 본인의 위법행위에 기인하여 장기요양인정을 받은 경우, 장기요양급여를 중단하거나 제공하지 아니한다.
- 구상권의 실시: 공단은 제삼자의 행위로 인한 장기요양급여의 제공 사유가 발생하여 수급자에게 장기요양급여를 행할 때 그 급여에 사용된 비용의 한도 안에서 그 제삼자에 대한 손해배상의 권리를 가진다.

(5) 관리운영체계

- 운영주체: 보건복지부장관(장기요양보험사업 관장)
- 시행기관: 국민건강보험공단(장기요양보험사업의 보험자)
- 장기요양기관: 시장, 군수, 구청장으로부터 지정받은 자
- 등급판정: 장기요양등급판정위원회에서 결정(시 · 군 · 구 단위로 설치)
- 장기요양위원회 설치 · 운영: 보건복지부장관 소속
- 권리구제를 위한 이의신청 및 심사청구, 행정소송을 제기할 수 있다.

(6) 재정체계

① 재원구성: 보험료 + 정부 부담 + 이용자 부담

② 보험료: 국민건강보험의 보험료 부과체계 활용

- 직장가입자: 가입자 50%, 사용자 50%
- 지역가입자: 가입자 50%, 국가 50%
- 의료급여: 국가 100%

* 건강보험보험률 × 노인장기요양보험료율로 산정

③ 정부부담

- 건강보험가입자: 건강보험과 동일 수준 부담 지역가입자 보험료의 50%
- 의료급여자: 100% 부담

④ 이용자 본인 부담

- 재가급여: 당해 장기요양급여 비용의 15%
- 시설급여: 당해 장기요양급여 비용의 20%

(7) 노인장기요양보험제도가 사회복지서비스에 미치는 영향

① 노인장기요양보험제도 도입의 의미: 장기요양서비스의 시장화

- 노인장기요양보호 문제는 누구에게나 일어날 수 있는 보편적 위험이며, 노인 및 가족이 겪게 되는 신체적 · 경제적 · 심리적 고통이 심각하므로 사회 구성원들이 사회연대(social solidarity)에 입각하여 함께 대응해야만 하는 사회적 위험(social risk)이라는 공감대 형성
- 노인장기요양보험제도 도입을 통해 장기요양이 필요한 노인들과 그 가족들에 대한 사회적 차원의 지원을 제도적으로 보장
- 장기요양서비스의 시장화를 통해 이용자에게 선택권을 부여하고, 다양한 공급 주체의 참여보장을 통해 요양서비스 질 향상과 복지재정의 효율성 증대 도모

② 장기요양서비스의 시장화에 따른 변화

가. 서비스 제공형태의 변화

① 서비스 대상의 확대: 국고지원금에 의해 저소득층에 국한하여 제한적으

로 이루어지던 서비스 제공에서 사회보험을 기반으로 보편적으로 서비스 제공되며, 지금까지 「노인복지법」에 의거하여 저소득층인 국민기초생활보장 수급노인 중 장기요양이 필요한 노인들에게만 극히 선별적(selective)으로 이루어지던 노인장기요양서비스가 이제는 장기요양이 필요한 노인들이라면 소득계층에 관계없이 보편적(universal)으로 서비스를 제공받을 수 있게 되었음을 의미

② 서비스 구매방식으로 변화: 다수의 서비스제공자가 공급자로 참여하는 장기요양서비스 시장에서 수급자가 서비스를 선택하여 서비스 제공자로부터 서비스를 구매하는 방식으로 변화

③ 수급자 선정절차의 변화: 수급자격의 표준화된 심사 절차 없이 저소득층 서비스대상자에 대한 일방적 지원방식으로 이루어졌으나, 제도 도입으로 통일적이고 표준화된 욕구평가도구로 수급자격을 심사하여 대상자를 선정

나. 서비스제공기관에 대한 변화

① 운영비 지원 방식의 변화: 일반조세에 의한 포괄적 운영비 지원방식에서 사회보험에 의한 서비스 실적에 따른 수가지불방식으로 변경

- 과거는 직종별 배치인력에 대한 인건비, 관리운영비, 저소득층 노인생계비가 각각 보조금으로 지불되는 구조로 현원이 정원을 완전히 채우지 않더라도 기관을 안정적으로 운영하는 데 큰 지장이 없는 상황
- 앞으로는 서비스 대상을 얼마나 확보하느냐 하는 소위 '클라이언트 마케팅'이 중요해지며, 서비스 대상자 수와 서비스 질을 어떻게 관리하느냐 하는 것이 기관의 안정적 운영과 직결됨
- 서비스 제공비용을 최대한 절약하고 효율적인 운영과 양질의 서비스를 제공하여 클라이언트를 안정적으로 확보하기 위한 경영전략을 수립해야 함

② 제한된 공급자 위주의 서비스공급체계에서 다수의 경쟁적 서비스공급체

계로 변화

- 과거 제한된 경쟁체제하의 서비스 제공자의 역할 수행을 통해 안정적 운영이 보장되었으나 다수의 경쟁적인 서비스 제공기관에 존재하게 됨
- 기존에 서비스를 제공하던 기관의 기득권이 해체되고, 공적기관과 비영리민간, 영리민간의 구분도 무의미하며, 이용자의 비용부담 수준에 따른 무료, 실비, 유료의 노인복지시설 구분도 없어짐

다. 수급자에 대한 변화

장기요양서비스 이용에 대한 보편성이 확보됨에 따른 서비스이용에 대한 수월성 담보

- 보험제도에서는 피보험자 소득에 비례한 보험료 징수와 장기요양서비스 이용에 대한 15 %(재가)~20 %(시설)의 본인부담금을 지불하는 방식으로 변경
- 수급자가 일방적으로 서비스를 받는 형태에서 수급자가 선택권을 갖고 서비스 공급자를 선택할 수 있는 체계로 변화
- 서비스 수요자에 대한 권한부여(empowerment)가 이루어지고 선택(choice) 범위가 제고됨

(8) 노인장기요양보험제도의 기대효과

① 노인의 삶의 질이 크게 향상

② 가족의 부양 부담이 크게 경감

③ 여성 등 비공식적 수발자의 경제활동이 증가

④ 사회적 서비스 일자리가 확대

⑤ 고령친화산업 및 지역경제가 활성화

⑥ 노인의료비 사용이 효율화

제2절 장기요양시설의 유형

1) 시설급여를 제공하는 장기요양기관

장기요양기관이란 노인장기요양보험제도에서 장기요양급여를 제공하기 위해 국민건강보험공단으로부터 지정받아 운영하는 기관을 말한다.

시설급여제공기관은 「노인복지법」상 노인요양시설 및 노인요양공동생활가정으로 특별자치시장·특별자치도지사·시장·군수·구청장의 지정을 받은 장기요양기관을 의미하며 기관의 종류는 다음과 같다.

〈표 11-1〉 장기요양기관 종류

구분	종류
시설급여 제공기관	노인요양시설, 노인요양공동생활가정
재가급여 제공기관	방문요양, 방문간호, 방문목욕, 주·야간보호센터, 단기보호, 복지용구 사업소
특별현금급여	가족요양비, 특례요양비

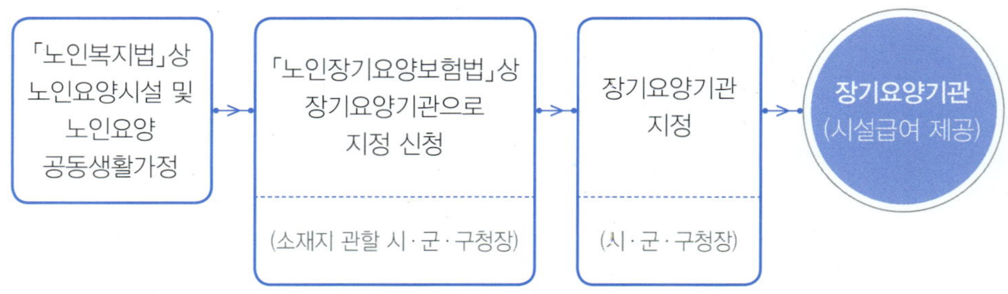

[그림11-1] 시설급여를 제공하는 장기요양기관 지정 절차

출처:국민건강보험공단 장기요양보험 〉 제도소개 〉 인프라 시설 〉 시설급여

(1) 지정신청 개요

- **신청자**: 지정받을 기관의 대표자
  - (1) 노인요양시설
  - (2) 노인요양공동생활가정
- **접수처**: 소재지 관할 시 · 군 · 구
  - (1) 「노인복지법 시행규칙」 제20조 및 제22조 시설설치 기준 등과 건축관계법령, 「장애인 · 노인 · 임산부 등의 편의증진 보장에 관한 법」에 따른 적법한 시설을 갖추어 관할 시 · 군 · 구청장에 신고
  - (2) 시설 설치신고관청이 소재지와 다를 경우 원 설치신고 · 관리관청에 지정 신청
- **신청서류 및 구비서류**

  1. 장기요양기관 지정신청서([시행규칙 별지 제19호서식]) 1부
     - 1-1. 일반현황 1부
     - 1-2. 인력현황 각 1부(서비스 유형별 1부)
     - 1-3. 시설현황 각 1부(서비스 유형별 1부)
  2. 면허 또는 자격증 사본
     - 사회복지사, 간호(조무)사, 물리(작업)치료사, (계약)의사, 요양보호사, 영양사
     - 요양보호사 자격유예자 재직증명서(유예대상자별) 각 1부
     - 요양보호사 자격유예자의 경우 자격유예기준일('08. 7. 1.)에 근무하던 기관에서 발급한 경력 증명서 또는 재직증명서, '08. 7. 1. 이전에 지정받는 경우에는 지정 당시 재직증명서를 첨부하여 지정을 받으면 '08. 7. 1. 이후에 자격유예 여부를 재심사하지 않을 계획
  3. 법인의 경우 – 법인 대표자가 아닌 대리인 신청 시 위임장
  4. 시설장과 종사자 간의 직접 근로계약을 증빙할 수 있는 근로계약서 사본 또는 건강보험 사업장가입자 명부

5. 신청인(대표자)의 의사진단서(장기요양기관 대표자 결격사유 참조)

2) 재가급여를 제공하는 장기요양기관

재가급여제공기관은 「노인복지법」상 재가노인복지시설이 「노인장기요양보호법」에 의한 재가장기요양기관의 시설 · 인력기준을 갖추어 특별자치시장 · 특별자치도지사 · 시장 · 군수 · 구청장의 지정을 받은 장기요양기관을 의미하며 기관의 종류는 다음과 같다.

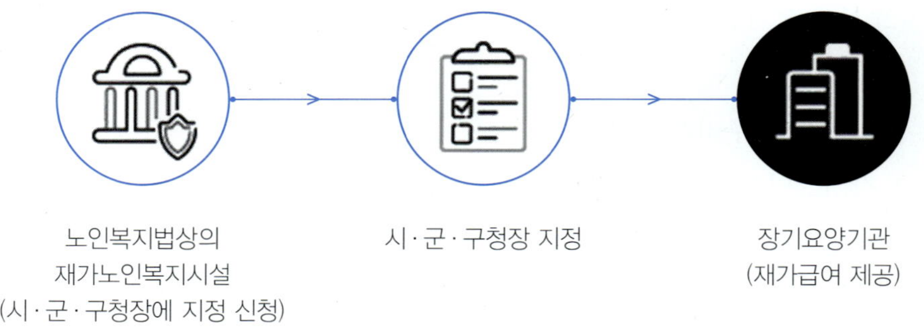

[그림11-2] 재가급여를 제공하는 장기요양기관 지정 절차

출처: 국민건강보험공단 장기요양보험 〉 제도소개 〉 인프라 시설 〉 재가급여

- 2008. 4. 4. 이후 재가노인복지시설로 명칭 통일, 서비스 종류로 구분
- 재가노인복지시설(가정봉사원 파견시설, 주간보호시설, 단기보호시설)
  → 재가노인복지시설(방문요양, 방문목욕, 주 · 야간보호, 단기보호, 방문간호, 복지용구, 재가노인지원 서비스)

(1) 지정신청 개요

- **신청자**: 「노인복지법」상 재가노인복지시설(방문요양, 주야간보호, 단기보호, 방문목욕, 방문간호, 복지용구) 대표자

- 접수처 : 소재지 관할 시 · 군 · 구
- 신청서류 및 구비서류

서비스	필요서류
공통	1. 재가 노인복지시설 설치신고서(별지 제20호 서식) 1부 2. 시설을 설치하려는 자가 법인인 경우에는 법인의 정관 1부 3. 위치도, 평면도 및 설비구조내역서 각 1부(주 · 야간보호서비스 또는 단기보호 서비스를 제공하려는 경우에만 제출) 4. 이용료, 그 밖에 이용자의 비용부담 관계서류 1부 5. 사업계획서(사업대상 및 서비스 내용을 포함) 1부 6. 시설을 설치할 토지 및 건물의 소유권 또는 사용권을 증명할 수 있는 서류 각 1부(주 · 야간보호서비스 또는 단기보호서비스를 제공하려는 경우에만 제출하되, 특별자치도지사 · 시장 · 군수 · 구청장이 「전자정부법」 제36조 제1항에 따른 행정정보의 공동이용을 통하여 소유권 또는 사용권에 대한 정보를 확인할 수 있는 경우에는 그 확인으로 첨부서류를 갈음) 7. 「전기사업법 시행규칙」 제38조 제3항에 따른 전기안전점검확인서(방문요양서비스, 방문목욕서비스, 방문간호서비스 및 복지용구지원서비스를 제공하려는 경우는 제외) 8. 「의료기기법 시행규칙」 제37조 제2항에 따른 의료기기 판매(임대)업 신고증 사본 1부(복지용구지원서비스를 제공하려는 경우에만 제출)
담당공무원 확인사항	1. 법인 등기사항 증명서(법인인 경우만 해당) 2. 건물등기부 등본 3. 토지등기부 등본
유의사항	• 장기요양기관으로 지정받으려면 반드시 요양보호사 자격보유자를 배치 • 개인의 경우 신고자는 사업자(사업주), 고용된 시설장은 인력현황에 기재

제3절 장기요양시설의 설치

1) 시설급여를 제공하는 장기요양기관의 설치기준

(1) 노인요양시설

① 시설기준

<table>
<tr><th colspan="2">구분</th><th>침실</th><th>사무실</th><th>요양
보호
시설</th><th>자원
봉사
자실</th><th>의료
및
간호
시설</th><th>물리
(작업)
치료실</th><th>프로
그램실</th><th>식당
및
조리실</th><th>비상
재해
대비
시설</th><th>화장실</th><th>세면장
및
목욕실</th><th>세탁장
및
세탁물
건조장</th></tr>
<tr><td rowspan="2">노인
요양
시설</td><td>입소자
30명 이상</td><td>○</td><td>○</td><td>○</td><td>○</td><td>○</td><td>○</td><td>○</td><td>○</td><td>○</td><td>○</td><td>○</td><td>○</td></tr>
<tr><td>입소자
30명 미만
10명 이상</td><td>○</td><td colspan="3">○</td><td>○</td><td>○</td><td>○</td><td>○</td><td>○</td><td>○</td><td colspan="2">○</td></tr>
</table>

② 시설기준 상세 요건

① 세탁물을 전량 위탁처리 시: 세탁장 및 세탁물 건조장을 두지 않을 수 있음

② 의료기관의 일부를 시설로 신고 시: 물리(작업)치료실, 조리실, 세탁장 및 세탁물 건조장 공동 사용 가능

- 다만, 공동으로 사용하려는 물리(작업)치료실이 시설의 침실과 다른 층에 있는 경우에는 입소자의 이동이 가능하도록 경사로 또는 엘리베이터를 설치하여야 한다.

③ 집단급식소 신고대상 여부의 확인

-「식품위생법」상 1회 50명 이상(종사자 포함)에게 식사를 제공하는 경우 집단급식소 신고대상이므로 설치신고 전 관할 시·군·구 식품위생담당과 문의하여 관련 준수사항 확인 필요

※「식품위생법」 제2조(정의), 제88조(집단급식소) 및 동법 시행령 제2조(집단급식소의 범위), 동법 시행규칙 제94조(집단급식소의 신고 등)

④ 노인요양시설 안에 두는 치매전담실의 경우에는 다음의 요건을 갖추어야 한다.

- 정원 1명당 면적이 1.65㎡ 이상인 공동거실을 갖출 것
- 치매전담실 입구에 출입문을 두어 공간을 구분하되, 화재 등 비상시에 열 수 있도록 할 것
- 공동으로 사용할 수 있는 화장실과 간이욕실(세면대를 포함한다. 이하 같다)을 갖출 것. 다만, 침실마다 화장실과 간이욕실이 있는 경우에는 그렇지 않다.

구분 / 시설별	침실	공동거실						옥외 공간
		화장실	오물처리	세면 및 간이욕실	간이주방	식사공간	간이세탁 및 수납공간	
치매 전담실	필수	필수	필	필수	필수	필수	필수	권장

③ 설비기준

■ **소방시설 설치**

- 「소방시설 설치유지 및 안전관리에 관한 법률 시행령」(2011.10. 28. 공포) 개정으로 2012년 2월 5일부터는 소규모 노인복지 시설(300㎡ 이하)도 화재초기진압장비인 '간이 스프링클러, 자동화재탐지설비, 자동화재속보설비'를 반드시 설치하여야 함

〈표 11-2〉「소방시설 설치유지 및 안전관리에 관한 법률 시행령」 별표 5

구분	기준
스프링클러	바닥면적의 합계가 600㎡ 이상
간이스프링클러	면적에 관계없이 전체 노인복지시설 설치 의무화
자동화재탐지설비*	
자동화재속보설비**	

* 화재 시 경보장비

** 화재 시 소방관서에 자동신고 장비

■ **출입문 자동열림장치 설치**

- 「노인복지법 시행규칙」 개정('15. 6. 2. 공포 · 시행)으로 치매노인의 낙상을 방지하기 위하여 계단의 출입구에 출입문을 설치하고, 그 출입문에 잠금장치를 갖추되, 화재 등 비상시에 자동으로 열릴 수 있도록 하여야 함
- 배회환자의 실종 등을 예방할 수 있도록 외부 출입구에 잠금장치를 갖추되, 화재 등 비상시에 자동으로 열릴 수 있도록 하여야 함

■ **침실**

- 독신용 · 합숙용 · 동거용 침실을 둘 수 있음
- 남녀공용인시설의 경우에는 합숙용 침실을 남실 및 여실로 각각 구분
- 입소자 1명당 침실면적은 6.6㎡ 이상이어야 한다. 단, 치매전담실의 경우 아래의 기준을 준수해야 한다.
  (가) 가형 : 1인실 9.9㎡ 이상, 2인실 16.5㎡ 이상, 3인실 23.1㎡ 이상, 4인실 29.7㎡ 이상
  (나) 나형 : 1인실 9.9㎡ 이상(다인실의 경우에는 입소자 1명당 6.6㎡ 이상이어야 한다)
- 합숙용 침실 1실의 정원은 4명 이하이어야 한다.
- 합숙용 침실에는 입소자 생활용품을 각자 별도로 보관할 수 있는 보관시설을 설치
- 적당한 난방 및 통풍장치를 갖추어야 함
- 채광 · 조명 및 방습설비를 갖추어야 함
- 노인질환의 종류 및 정도에 따른 특별침실을 입소정원의 5% 이내의 범위에서 두어야 함
- 침실 바닥면적의 7분의 1 이상의 면적을 창으로 하여 직접 바깥 공기에 접하도록 하며, 개폐가 가능하여야 함
- 침대를 사용하는 경우에는 노인들이 자유롭게 오르내릴 수 있어야 함
- 안전설비를 갖추어야 함

■ **식당 및 조리실**

- 조리실 바닥은 내수재료로서 세정 및 배수에 편리한 구조로 하여야 함

■ **세면장 및 목욕실**

- 바닥은 미끄럽지 아니하여야 함
- 욕조를 설치하는 경우에는 욕조에 노인의 전신이 잠기지 아니하는 깊이로 하고 욕조 출입이 자유롭도록 최소한 1개 이상의 보조봉과 수직의 손잡이 기둥을 설치하여야 함
- 급탕을 자동온도조절장치로 하는 경우에는 물의 최고온도는 섭씨 40도 이상이 되지 아니하도록 하여야 함

■ **프로그램실**

- 자유로이 이용할 수 있는 적당한 문화시설과 오락기구를 갖추어야 함

■ **물리(작업)치료실**

- 기능회복 또는 기능감퇴를 방지하기 위한 훈련 등에 지장이 없는 면적과 필요한 시설 및 장비를 갖추어야 함

■ **의료 및 간호사실**

- 진료 및 간호에 필요한 상용의약품·위생재료 또는 의료기구를 갖추어야 함

■ **그 밖의 시설**

- 복도, 화장실, 그 밖의 필요한 곳에 야간 상용등을 설치하여야 함
- 계단의 경사는 완만하여야 하며, 치매노인의 낙상을 방지하기 위하여 계단에 출입문을 설치하고 잠금장치를 하여야 함
- 바닥은 부드럽고 미끄럽지 아니한 바닥재를 사용
- 주방 등 화재위험이 있는 곳에는 치매노인이 임의로 출입할 수 없도록 잠금장치를 설치, 배회환자의 실종 등을 예방할 수 있도록 외부출입구에 적정한 잠금장치를 하여야 함

■ **경사로**

- 침실이 2층 이상인 경우 경사로를 설치하여야 한다. 다만, 「승강기시설 안전관리법」에 따른 승객용 엘리베이터를 설치한 경우에는 경사로를 설치하지 아니할 수 있음

■ **공동주택**

- 공동주택에 설치되는 노인요양공동생활가정의 침실은 1층에 두어야 함

④ 직원의 자격기준

직종별	자격기준
시설장	「사회복지사업법」에 따른 사회복지사 자격증 소지자 또는 「의료법」 제2조에 따른 의료인
사회복지사	「사회복지사업법」에 따른 사회복지사 자격증 소지자
물리(작업)치료사	「의료기사 등에 관한 법률」에 따른 물리치료사 또는 작업치료사 면허 소지자
요양보호사	「노인복지법」에 따른 요양보호사 자격증 소지자

⑤ 인력배치기준

구분		시설장	사무국장	사회복지사	의사(한의사 포함) 또는 계약의사	간호사 또는 간호조무사	물리치료사 또는 직업치료사	요양보호사	사무원	영양사	조리원	위생원	관리인
노인요양시설	입소자 30명 이상	1명	1명(입소자 50명 이상인 경우로 한정함)	1명(입소자 100명 초과할 때마다 1명 추가)	1명 이상	입소자 25명당 1명	1명(입소자 100명 초과할 때마다 1명 추가)	입소자 2.3명당 1명(치매 전담실은 2명당 1명)	1명(입소자 50명 이상인 경우로 한정함)	1명(1회 급식 인원이 50명 이상인 경우로 한정함)	입소자 25명당 1명	1명(입소자 100명 초과할 때마다 1명 추가)	1명(입소자 50명 이상인 경우로 한정함)
	입소자 30명 미만 10명 이상	1명	1명		1명	1명		입소자 2.3명 당 1명(치매 전담실은 2명당 1명)			1명		

⑥ 인력기준 상세 요건(「노인복지법 시행규칙」 별표 4 참고)

① 의료기관의 일부를 시설로 신고한 경우에는 의료기관의 장(의료인인 경우만 해당한다)이 해당 시설의 장을 겸직할 수 있다.

② 사회복지사는 입소자에게 건강유지, 여가선용 등 노인복지 제공계획을 수립하고, 복지증진에 관하여 상담 · 지도해야 한다.

③ 의사는 한의사를 포함하고, 계약의사는 의사, 한의사 및 치과의사를 포함한다.

④ 의료기관과 협약을 체결하여 의료연계체계를 구축한 경우에는 의사 또는 계약의사를 두지 않을 수 있다.

⑤ 요양보호사는 요양서비스가 필요한 노인에게 신체활동지원 서비스와 그 밖의 일상생활지원 서비스를 제공해야 한다.

⑥ 영양사 및 조리원이 소속되어 있는 업체에 급식을 위탁하는 경우에는 영양사 및 조리원을 두지 않을 수 있다.

⑦ 세탁물을 전량 위탁하여 처리하는 경우에는 위생원을 두지 않을 수 있다.

⑧ 모든 종사자는 시설의 설치 · 운영자와 근로계약이 체결된 사람이어야 한다.

⑨ 노인요양시설 내 치매전담실의 경우에는 보건복지부장관이 정하여 고시하는 자격을 갖춘 프로그램관리자를 두어야 한다.

⑩ 노인요양시설 내 치매전담실의 경우에는 해당 시설의 장, 요양보호사 및 프로그램관리자는 보건복지부장관이 정하여 고시하는 치매전문교육을 이수해야 한다.

(2) 노인요양공동생활가정

① 시설기준

<table>
<tr><th>구분</th><th>침실</th><th>사무실</th><th>요양
보호
시설</th><th>자원
봉사
자실</th><th>의료
및
간호
시설</th><th>물리
(작업)
치료실</th><th>프로
그램실</th><th>식당
및
조리실</th><th>비상
재해
대비
시설</th><th>화장실</th><th>세면장
및
목욕실</th><th>세탁장
및
세탁물
건조장</th></tr>
<tr><td>노인요양
공동생활가정</td><td>○</td><td colspan="4">○</td><td colspan="2">○</td><td>○</td><td>○</td><td colspan="3">○</td></tr>
</table>

② 시설기준 상세 요건

① 세탁물을 전량 위탁처리 시: 세탁장 및 세탁물건조장을 두지 않을 수 있음

② 의료기관의 일부를 시설로 신고 시: 물리(작업)치료실, 조리실, 세탁장 및 세탁물 건조장 공동 사용 가능

③ 치매전담형 노인요양공동생활가정의 경우에는 다음의 요건을 갖추어야 한다.

(가) 1층에 설치할 것. 다만, 엘리베이터가 설치된 경우에는 2층 이상에도 설치할 수 있다.

(나) 정원 1명당 면적이 1.65㎡ 이상인 공동거실을 갖출 것

③ 설비기준

■ **소방시설 설치**

- 「소방시설 설치유지 및 안전관리에 관한 법률 시행령」(2011. 10. 28. 공포) 개정으로 2012년 2월 5일부터는 소규모 노인복지 시설(300㎡ 이하)도 화재초기진압장비인 '간이 스프링클러, 자동화재탐지설비, 자동화재속보설비'를 반드시 설치하여야 함

〈표 11-3〉「소방시설 설치유지 및 안전관리에 관한 법률 시행령」 별표 5

구분	기준
스프링클러	바닥면적의 합계가 600㎡ 이상
간이스프링클러	면적에 관계없이 전체 노인복지시설 설치 의무화
자동화재탐지설비*	
자동화재속보설비**	

* 화재 시 경보장비
** 화재 시 소방관서에 자동신고 장비

■ **출입문 자동열림장치 설치**

- 「노인복지법 시행규칙」 개정('15. 6. 2. 공포 · 시행)으로 치매노인의 낙상을 방지하기 위하여 계단의 출입구에 출입문을 설치하고, 그 출입문에 잠금장치를 갖추되, 화재 등 비상시에 자동으로 열릴 수 있도록 하여야 함
- 배회환자의 실종 등을 예방할 수 있도록 외부 출입구에 잠금장치를 갖추되, 화재 등 비상시에 자동으로 열릴 수 있도록 하여야 함

■ **침실**

- 독신용 · 합숙용 · 동거용 침실을 둘 수 있음
- 남녀공용인시설의 경우에는 합숙용 침실을 남실 및 여실로 각각 구분
- 입소자 1명당 침실면적은 6.6㎡ 이상이어야 한다.
- 합숙용 침실 1실의 정원은 4명 이하이어야 한다.
- 노인요양시설 내 치매전담실 및 치매전담형 노인요양공동생활가정의 경우에는 1인실을 1실 이상 두어야 한다.
- 합숙용 침실에는 입소자 생활용품을 각자 별도로 보관할 수 있는 보관시설을 설치
- 적당한 난방 및 통풍장치를 갖추어야 함
- 채광 · 조명 및 방습설비를 갖추어야 함
- 노인질환의 종류 및 정도에 따른 특별침실을 입소정원의 5% 이내의 범위에서 두어야 함

- 침실 바닥면적의 7분의 1 이상의 면적을 창으로 하여 직접 바깥 공기에 접하도록 하며, 개폐가 가능하여야 함
- 침대를 사용하는 경우에는 노인들이 자유롭게 오르내릴 수 있어야 함
- 안전설비를 갖추어야 함

■ **식당 및 조리실**

- 조리실 바닥은 내수재료로서 세정 및 배수에 편리한 구조로 하여야 함

■ **세면장 및 목욕실**

- 바닥은 미끄럽지 아니하여야 함
- 욕조를 설치하는 경우에는 욕조에 노인의 전신이 잠기지 아니하는 깊이로 하고 욕조 출입이 자유롭도록 최소한 1개 이상의 보조봉과 수직의 손잡이 기둥을 설치하여야 함
- 급탕을 자동온도조절장치로 하는 경우에는 물의 최고온도는 섭씨 40도 이상이 되지 아니하도록 하여야 함

■ **프로그램실**

- 자유로이 이용할 수 있는 적당한 문화시설과 오락기구를 갖추어야 함

■ **물리(작업)치료실**

- 기능회복 또는 기능감퇴를 방지하기 위한 훈련 등에 지장이 없는 면적과 필요한 시설 및 장비를 갖추어야 함

■ **의료 및 간호사실**

- 진료 및 간호에 필요한 상용의약품 · 위생재료 또는 의료기구를 갖추어야 함

■ **그 밖의 시설**

- 복도, 화장실, 그 밖의 필요한 곳에 야간 상용등을 설치하여야 함
- 계단의 경사는 완만하여야 하며, 치매노인의 낙상을 방지하기 위하여 계단에 출입문을 설치하고 잠금장치를 하여야 함
- 바닥은 부드럽고 미끄럽지 아니한 바닥재를 사용

- 주방 등 화재위험이 있는 곳에는 치매노인이 임의로 출입할 수 없도록 잠금장치를 설치, 배회환자의 실종 등을 예방할 수 있도록 외부출입구에 적정한 잠금장치를 하여야 함

■ **경사로**

- 침실이 2층 이상인 경우 경사로를 설치하여야 한다. 다만, 「승강기시설 안전관리법」에 따른 승객용 엘리베이터를 설치한 경우에는 경사로를 설치하지 아니할 수 있음

■ **공동주택**

- 공동주택에 설치되는 노인요양공동생활가정의 침실은 1층에 두어야 함

④ 직원의 자격기준

직종별	자격기준
시설장	「사회복지사업법」에 따른 사회복지사 자격증 소지자 또는 「의료법」 제2조에 따른 의료인
사회복지사	「사회복지사업법」에 따른 사회복지사 자격증 소지자
물리(작업)ㅊ 료사	「의료기사 등에 관한 법률」에 따른 물리치료사 또는 작업치료사 면허 소지자
요양보호사	「노인복지법」에 따른 요양보호사 자격증 소지자

⑤ 인력배치기준

<table>
<tr><th>구분</th><th>시설장</th><th>사무국장</th><th>사회복지사</th><th>의사(한의사 포함) 또는 계약의사</th><th>간호사 또는 간호조무사</th><th>물리치료사 또는 직업치료사</th><th>요양보호사</th><th>사무원</th><th>영양사</th><th>조리원</th><th>위생원</th><th>관리인</th></tr>
<tr><td>노인요양 공동생활가정</td><td colspan="3">1명</td><td></td><td colspan="2">1명</td><td>입소자 3명 당 1명 (치매전담실은 2명당 1명)</td><td></td><td></td><td></td><td></td><td></td></tr>
</table>

⑥ 인력기준 상세 요건

① 의료기관의 일부를 시설로 신고한 경우에는 의료기관의 장(의료인인 경우만 해당한다)이 해당 시설의 장을 겸직할 수 있다.

② 사회복지사는 입소자에게 건강유지, 여가선용 등 노인복지 제공계획을 수립하고, 복지증진에 관하여 상담 · 지도해야 한다.

③ 요양보호사는 요양서비스가 필요한 노인에게 신체활동지원 서비스와 그 밖의 일상생활지원 서비스를 제공해야 한다.

④ 모든 종사자는 시설의 설치 · 운영자와 근로계약이 체결된 사람이어야 한다.

⑤ 치매전담형 노인요양공동생활가정의 경우에는 보건복지부장관이 정하여 고시하는 자격을 갖춘 프로그램관리자를 두어야 한다.

⑥ 치매전담형 노인요양공동생활가정의 경우에는 해당 시설의 장, 요양보호사 및 프로그램관리자는 보건복지부장관이 정하여 고시하는 치매전문교육을 이수해야 한다.

2) 재가급여를 제공하는 장기요양기관 설치 기준

(1) 방문요양

① 시설기준

- 시설전용면적 16.5㎡ 이상(연면적)

구분	사무실	통신시설, 집기 등 사업에 필요한 설비 및 비품
방문요양	○	○

② 시설기준 상세요건

① 방문요양을 제공하는 기관이 하나 이상의 다른 재가급여(복지용구 제외)를 동시에 제공하는 경우 사업에 지장이 없는 범위에서 생활실, 침실 외의

사무실은 병용할 수 있음

② 방문요양을 제공하는 기관을 사회복지시설에 병설하여 운영하는 경우 사업에 지장이 없는 범위에서 상호 중복되는 시설·설비를 공동으로 사용할 수 있음

③ 아파트 등 다른 용도로 사용하고 있는 공간에 방문요양기관을 설치하고자 하는 경우에는 벽면(커튼, 홀딩도어 등 이동식·접이식 칸막이 종류는 불가)을 설치하거나 독립된 공간에 설치하여 방문요양기관으로만 사용하여야 함

④ 또한 방문요양기관은 관계법령에 따라 장기요양급여계약에 관한 서류, 장기요양급여 제공기록지 등 개인정보가 포함된 서류를 작성, 보관하여야 하므로, 당해 방문요양기관 종사자 외의 자가 사무실을 임의로 출입하거나 관련 서류를 열람할 수 없도록 시건장치 등 필요한 조치를 하여야 함

(※ 관련근거: 보건복지부 요양보험운영과-1787(2009. 4. 7.)호 「질의회신」)

③ 직원의 자격기준(「노인복지법 시행규칙」 별표 9 참고)

직종별	자격기준
시설장	• 「사회복지사업법」에 따른 사회복지사 • 「의료법」 제2조에 따른 의료인 • 노인복지시설 또는 「노인장기요양보험법」에 따른 장기요양기관(이하 '장기요양기관'이라 한다)에서 「의료기사 등에 관한 법률」에 따른 물리치료사 또는 작업치료사로 1년 이상 근무한 사람 • 노인복지시설 또는 장기요양기관에서 요양보호사(요양보호사 2급 자격증을 취득한 사람은 제외)로 5년 이상 근무하고 보건복지부장관이 정하여 고시하는 소정의 교육을 이수한 사람 • 노인복지시설 또는 장기요양기관에서 간호조무사로 5년 이상 근무하고 보건복지부장관이 정하여 고시하는 소정의 교육을 이수한 사람
요양보호사	「노인복지법」에 따른 요양보호사 자격증 소지자

④ 인력기준(「노인복지법 시행규칙」 별표 9 참고)

시설장	사회복지사	요양보호사
1명	1명 (수급자 15명 이상)	15명 이상 (농어촌지역의 경우에는 5명 이상)

⑤ 인력기준 상세요건

① '농어촌지역'이란 「지방자치법」 제2조 제1항제2호에 따른 시 · 군의 읍 · 면 전 지역 또는 동 중 「국토의 계획 및 이용에 관한 법률」 제36조 제1항제1호에 따라 지정된 주거지역 · 상업지역 및 공업지역을 제외한 지역을 말한다.

② 시설장은 이용자별 재가노인복지 제공계획 수립 및 복지증진에 관한 상담 · 지도, 직원에 대한 교육 및 관리 등의 업무를 수행한다.

③ 사회복지사는 이용자의 건강유지, 여가선용 등 노인의 복지서비스제공계획을 수립하고 복지증진에 관하여 상담 및 지도 등의 업무를 수행한다.

④ 보호사는 이용자에게 신체활동 지원, 가사활동 지원 등의 업무를 수행한다. 다만, 방문요양, 방문목욕, 주 · 야간보호 및 단기보호서비스 중 장기요양급여수급자에 대한 신체활동 지원서비스는 요양보호사 1급만이 제공할 수 있다.

⑤ 시설장은 상근(1일 8시간, 월 20일 이상 근무하는 것을 말한다. 이하 같다) 하는 자로 두어야 한다. .모든 종사자는 시설의 설치 · 운영자와 근로계약이 체결된 사람이어야 한다.

⑥ 하나의 재가노인복지시설에서 여러 가지 재가노인복지서비스(복지용구 지원서비스는 제외한다)를 함께 제공하는 경우의 특례

- 주 · 야간보호서비스 또는 단기보호서비스를 제공하는 시설이 방문요양서비스를 함께 제공하는 경우에는 방문요양의 요양보호사는 10명 이상(농어촌지역의 경우: 5명 이상)으로 할 수 있고, 방문요양의 요양보호사를 공동으로 활용할 수 있다.

(2) 방문목욕

① 시설기준

- 시설전용면적 16.5㎡ 이상(연면적)

구분	사무실	통신시설, 집기 등 사업에 필요한 설비 및 비품	이동용 욕조 또는 이동목욕차량
방문목욕	○	○	○

② 시설기준 상세요건

① 이동목욕차량: 본인 명의 또는 타인 차량에 대해 유무상 사용계약(임대계약)을 체결, 사용권이 본인에게 있을 경우 무방

② 이동용목욕차량 없이 이동용 욕조만 구비 시: 방문목욕 설치 가능(차량미이용 수가 지급)

가. 이동목욕차량: 이동용 욕조, 급탕기, 물탱크, 펌프, 호스릴 등을 갖춘 차량으로

1) 자동차등록증의 차량 용도: '이동목욕용'으로 표기된 차량

2) 자가용 또는 사업용으로 등록된 일반 차량을 구조변경해 자동차등록증에 해당 내용이 표기된 차량

나. 이동용 욕조: 통상 실내에서 목욕이 가능하도록 만든 욕조(예: 공기주입식 욕조)

③ 직원의 자격기준('노인복지법 시행규칙' 별표 9 참고)

직종별	자격기준
시설장	• 「사회복지사업법」에 따른 사회복지사 • 「의료법」 제2조에 따른 의료인 • 노인복지시설 또는 「노인장기요양보험법」에 따른 장기요양기관(이하 '장기요양기관'이라 한다)에서 「의료기사 등에 관한 법률」에 따른 물리치료사 또는 작업치료사로 1년 이상 근무한 사람 • 노인복지시설 또는 장기요양기관에서 요양보호사(요양보호사 2급 자격증을 취득한 사람은 제외)로 5년 이상 근무하고 보건복지부장관이 정하여 고시하는

직종별	자격기준
시설장	소정의 교육을 이수한 사람 • 노인복지시설 또는 장기요양기관에서 간호조무사로 5년 이상 근무하고 보건복지부장관이 정하여 고시하는 소정의 교육을 이수한 사람
요양보호사	「노인복지법」에 따른 요양보호사 자격증 소지자

④ 인력기준('노인복지법 시행규칙' 별표 9 참고)

시설장	요양보호사
1명	2명 이상

⑤ 인력기준 상세요건

① 시설장은 이용자별 재가노인복지 제공계획 수립 및 복지증진에 관한 상담 · 지도, 직원에 대한 교육 및 관리 등의 업무를 수행한다.

② 요양보호사는 이용자에게 신체활동 지원, 가사활동 지원 등의 업무를 수행한다. 다만, 방문요양, 방문목욕, 주 · 야간보호 및 단기보호서비스 중 장기요양급여수급자에 대한 신체활동 지원서비스는 요양보호사 1급만이 제공할 수 있다.

③ 시설장은 상근(1일 8시간, 월 20일 이상 근무하는 것을 말한다. 이하 같다.) 하는 자로 두어야 한다.

④ 모든 종사자는 시설의 설치 · 운영자와 근로계약이 체결된 사람이어야 한다.

(3) 방문간호

장기요양요원인 간호사 등이 의사, 한의사 또는 치과의사의 방문간호지시서에 따라 수급자의 가정 등을 방문해 간호, 진료의 보조, 요양에 관한 상담 또는 구강위생을 등을 제공하는 장기요양급여

① 서비스 내용

- 간호사정 및 진단 등 기본간호
- 욕창치료 및 단순 상처치료 등 간호
- 검사 관련 사항, 투약 관련 지도
- 환자가족 대상 건강관리에 필요한 식이요법 등 교육훈련, 상담 등

② 시설기준

- 시설전용면적 16.5㎡ 이상(연면적)

구분	사무실	통신시설, 집기 등 사업에 필요한 설비 및 비품	혈압계, 온도계 등 간호에 필요한 비품
방문간호	○	○	○

③ 의료기관에서 방문간호 개설 시

- 당해 의료기관의 시설 및 설비 병용 가능
- 방문간호를 병설하면서 방문간호와 더불어 방문요양, 방문목욕 등 복합적으로 서비스를 제공하는 시설 설치 가능

④ 직원의 자격기준(「노인복지법 시행규칙」 별표 9 참고)

직종별	자격기준
시설장	간호 업무 경력이 2년 이상인 간호사로서 해당 시설에 상근하는 자(보건진료소를 제외한 의료기관이 방문간호를 하는 경우에는 의사, 한의사 또는 치과의사 중에서 해당 시설에 상근하는 자를 시설장으로 한다)
치과위생사	「의료기사 등에 관한 법률」에 따른 치과위생사

방문간호서비스를 제공할 수 있는 간호사 또는 간호조무사는 간호 업무 경력이 2년 이상인 간호사, 간호보조 업무 경력이 3년 이상인 간호조무사로서, 「노인장기요양보험법 시행규칙」 제11조의2에 따라 보건복지부장관이 지정한 교육기관에서 소정의 교육을 이수한 자 및 치과위생사로 한다.

⑤ 인력기준(「노인복지법 시행규칙」 별표 9 참고)

시설장	간호사 또는 간호조무사	치과위생사
1명	1명 이상	1명 이상 (구강위생을 제공하는 경우로 한정함)

⑥ 인력기준 상세요건

① 시설장은 이용자별 재가노인복지 제공계획 수립 및 복지증진에 관한 상담 · 지도, 직원에 대한 교육 및 관리 등의 업무를 수행한다.

② 시설장은 상근(1일 8시간, 월 20일 이상 근무하는 것을 말한다. 이하 같다.) 하는 자로 두어야 한다.

③ 모든 종사자는 시설의 설치 · 운영자와 근로계약이 체결된 사람이어야 한다.

④ 방문간호서비스를 제공하는 의료기관에서 구강위생만을 제공하는 경우에는 간호사 또는 간호조무사를 두지 않을 수 있다.

(4) 주야간보호

① 시설기준

- 시설전용면적 16.5㎡ 이상(연면적)
  (가) 이용정원 5인 기준 연면적 90㎡ 이상
  (이용정원 6인 이상: 1인당 6.6㎡ 이상의 생활실 공간 추가 확보)
  (나) 주 · 야간보호, 단기보호를 함께 제공 시 또는 사회복지시설에 병설 시: 공동사용하는 시설 면적 포함해 각각 90㎡ 이상

<table>
<tr><th>구분</th><th>생활관</th><th>사무실</th><th>의료/
간호사실</th><th>프로
그램실</th><th>물리(작업)
치료실</th><th>식당/
조리실</th><th>화장실</th><th>세면장/
목욕실</th><th>세탁장/
건조장</th></tr>
<tr><td>수급자
10명 이상</td><td>○</td><td>○</td><td>○</td><td>○</td><td>○</td><td>○</td><td>○</td><td>○</td><td>○</td></tr>
<tr><td>수급자
10명 미만</td><td>○</td><td colspan="2">○</td><td colspan="2">○</td><td>○</td><td colspan="3">○</td></tr>
</table>

② 시설기준 상세요건

① 주 · 야간보호와 하나 이상의 다른 재가급여(복지용구 제외)를 동시에 제공

: 생활실, 침실 이외 시설은 사업에 지장이 없는 범위에서 병용 가능, 단 생활실은 주야간보호수급자만 이용하도록 별도로 구획

② 주 · 야간보호를 제공하는 기관이 하나 이상의 다른 재가급여(복지용구 제외)를 동시에 제공하는 경우 사업에 지장이 없는 범위에서 생활실 외의 시설은 병용할 수 있음

③ 주 · 야간보호가 사회복지시설에 병설운영될 시

: 생활실, 침실 이외 시설은 사업에 지장이 없는 범위에서 병용 가능(단, 시설의 연면적은 공동으로 사용하는 시설의 면적을 포함하여 90㎡ 이상)

④ 주 · 야간보호시설 내 치매전담실에는 프로그램실을 두어야 하며 입구에는 출입문을 두어 공간을 구분하되, 화재 등 비상시에 열 수 있도록 하여야 한다(시설 연면적 90㎡ 이상(이용정원이 6명 이상인 경우에는 1명당 6.6㎡ 이상의 생활실을 추가로 확보하여야 함). 다만, 주 · 야간보호시설 안에 치매전담실을 두는 경우에는 치매전담실 1실당 이용정원을 25명 이하로 하여야 한다.

⑤ 수급자가 자유롭게 활동할 수 있는 공간과 안전설비를 갖춘 생활실을 두어야 함

⑥ 침실 등 입소자가 이용하는 시설이 2층 이상 : 「장애인 · 노인 · 임산부 등의

편의증진 보장에 관한 법률」
세부기준에 따른 경사로 또는 「승강기시설 안전관리법 시행규칙」에 따른 승객용 엘리베이터를 설치

⑦ 계단의 경사는 완만하여야 하며, 이용자의 낙상을 방지하기 위하여 계단의 출입구에 출입문을 설치하고, 그 출입문에 잠금장치를 갖추되, 화재 등 비상시에 자동으로 열릴 수 있도록 하여야 함

⑧ 배회이용자의 실종 등을 예방할 수 있도록 외부 출입구에 잠금장치를 갖추되, 화재 등 비상시에 자동으로 열릴 수 있도록 하여야 함

⑨ 이동서비스차량은 기관 대표자 명의(법인: 법인명의) 또는 기관명의인 경우 등록 가능
- 타 명의 차량인 경우 기관대표와 사용권(사용대차, 임대차 계약 등) 설정을 할 경우 가능하나 영업용(택시, 버스 등) 차량의 경우 등록 불가

③ 직원의 자격기준(「노인복지법 시행규칙」 별표 9 참고)

직종별	자격기준
시설장	• 「사회복지사업법」에 따른 사회복지사 • 「의료법」 제2조에 따른 의료인 • 노인복지시설 또는 「노인장기요양보험법」에 따른 장기요양기관(이하 '장기요양기관'이라 한다)에서 「의료기사 등에 관한 법률」에 따른 물리치료사 또는 작업치료사로 1년 이상 근무한 사람 • 노인복지시설 또는 장기요양기관에서 요양보호사(요양보호사 2급 자격증을 취득한 사람은 제외)로 5년 이상 근무하고 보건복지부장관이 정하여 고시하는 소정의 교육을 이수한 사람 • 노인복지시설 또는 장기요양기관에서 간호조무사로 5년 이상 근무하고 보건복지부장관이 정하여 고시하는 소정의 교육을 이수한 사람
물리치료사 작업치료사	「의료기사 등에 관한 법률」에 따른 물리치료사, 작업치료사
요양보호사	「노인복지법」에 따른 요양보호사 자격증 소지자

④ 인력기준(「노인복지법 시행규칙」 별표 9 참고)

<table>
<tr><th>구분</th><th>시설장</th><th>사회
복지사</th><th>간호사
또는
간호조무사</th><th>물리치료사
또는
작업치료사</th><th>요양
보호사</th><th>사무원</th><th>조리원</th><th>보조원
(운전사)</th></tr>
<tr><td>이용자
10명
이상</td><td>1명</td><td>1명
이상</td><td colspan="2">1명 이상</td><td rowspan="2">이용자
7명당 1명 이상
(치매전담실의
경우에는
4명당 1명 이상)</td><td>1명
(이용자
25명 이상)</td><td>1명</td><td>1명</td></tr>
<tr><td>이용자
10명
미만</td><td>1명</td><td>–</td><td colspan="2">1명 이상</td><td>–</td><td>1명</td><td>–</td></tr>
</table>

⑤ 인력기준 상세요건

① 시설장은 이용자별 재가노인복지 제공계획 수립 및 복지증진에 관한 상담 · 지도, 직원에 대한 교육 및 관리 등의 업무를 수행한다.

② 사회복지사는 이용자의 건강 유지, 여가선용 등 노인의 복지서비스 제공계획을 수립하고 복지증진에 관하여 상담 및 지도 등의 업무를 수행한다.

③ 요양보호사는 이용자에게 신체활동 지원, 가사활동 지원 등의 업무를 수행한다. 다만, 방문요양, 방문목욕, 주 · 야간보호 및 단기보호서비스 중 장기요양급여수급자에 대한 신체활동 지원서비스는 요양보호사 1급만이 제공할 수 있다.

④ 주 · 야간보호시설 내 치매전담실의 경우에는 보건복지부장관이 정하여 고시하는 자격을 갖춘 프로그램관리자를 두어야 한다.

⑤ 주 · 야간보호시설 내 치매전담실의 경우, 해당 시설의 장, 요양보호사 및 프로그램관리자는 보건복지부장관이 정하여 고시하는 치매전문교육을 이수하여야 한다.

⑥ 다음의 (가) 또는 (나)에 해당하는 경우에는 조리원을 두지 않을 수 있다.

(가) 영양사 및 조리원이 소속되어 있는 업체에 급식을 위탁하는 경우

(나) 주 · 야간보호서비스 또는 단기보호서비스를 제공하는 시설을 병설하

여 운영하는 사회복지시설에 급식을 위탁하는 경우. 다만, 해당 사회복지시설은 관련 법령에 따른 인력 및 시설기준을 충족하는 범위에서 급식을 할 수 있다.

⑦ 시설장은 상근(1일 8시간, 월 20일 이상 근무하는 것을 말한다. 이하 같다.)하는 자로 두어야 한다.

⑧ 모든 종사자는 시설의 설치 · 운영자와 근로계약이 체결된 사람이어야 한다.

(5) 단기보호

① 시설기준

- 시설전용면적 16.5㎡ 이상(연면적)
  - (가) 연면적 90㎡ 이상(이용정원 6인 이상: 1인당 6.6㎡ 이상의 침실 공간 추가 확보)
  - (나) 수급자 1인당 침실면적 6.6㎡, 합숙용 침실 1실의 정원 4인 이하
  - (다) 주 · 야간보호, 단기보호를 함께 제공, 사회복지시설에 병설하는 경우 : 공동으로 사용하는 시설의 면적을 포함해 각각 90㎡ 이상

<table>
<tr><th>구분</th><th>침실</th><th>사무실</th><th>의료/
간호사실</th><th>프로
그램실</th><th>물리(작업)
치료실</th><th>식당/
조리실</th><th>화장실</th><th>세면장
/목욕실</th><th>세탁장
/건조장</th></tr>
<tr><td>수급자
10명 이상</td><td>○</td><td colspan="2">○</td><td colspan="2">○</td><td>○</td><td>○</td><td colspan="2">○</td></tr>
<tr><td>수급자
10명 미만</td><td>○</td><td colspan="2">○</td><td colspan="2">○</td><td>○</td><td colspan="3">○</td></tr>
</table>

② 시설기준 상세요건

① 주 · 야간보호, 단기보호사업을 함께 운영하거나 사회복지시설에 병설 시 : 생활실, 침실 이외 시설은 사업에 지장이 없는 범위에서 병용 가능

② 침실 등 입소자가 이용하는 시설이 2층 이상인 경우
:「장애인 · 노인 · 임산부 등의 편의증진 보장에 관한 법률」의 세부기준에 따른 경사로 또는「승강기 시설 안전관리법 시행규칙」에 따른 승객용 엘리베이터를 설치해야 함

③ 계단의 경사는 완만하여야 하며, 이용자의 낙상을 방지하기 위하여 계단의 출입구에 출입문을 설치하고, 그 출입문에 잠금장치를 갖추되, 화재 등 비상시에 자동으로 열릴 수 있도록 하여야 함

④ 배회이용자의 실종 등을 예방할 수 있도록 외부 출입구에 잠금장치를 갖추되, 화재 등 비상시에 자동으로 열릴 수 있도록 하여야 함

③ 직원의 자격기준(「노인복지법 시행규칙」 별표 9 참고)

직종별	자격기준
시설장	•「사회복지사업법」에 따른 사회복지사 •「의료법」 제2조에 따른 의료인 • 노인복지시설 또는 「노인장기요양보험법」에 따른 장기요양기관(이하 '장기요양기관'이라 한다)에서 「의료기사 등에 관한 법률」에 따른 물리치료사 또는 작업치료사로 1년 이상 근무한 사람 • 노인복지시설 또는 장기요양기관에서 요양보호사(요양보호사 2급 자격증을 취득한 사람은 제외)로 5년 이상 근무하고 보건복지부장관이 정하여 고시하는 소정의 교육을 이수한 사람 • 노인복지시설 또는 장기요양기관에서 간호조무사로 5년 이상 근무하고 보건복지부장관이 정하여 고시하는 소정의 교육을 이수한 사람
물리치료사 작업치료사	「의료기사 등에 관한 법률」에 따른 물리치료사, 작업치료사
요양보호사	「노인복지법」에 따른 요양보호사 자격증 소지자

④ 인력기준(「노인복지법 시행규칙」 별표 9 참고)

<table>
<tr><th>구분</th><th>시설장</th><th>사회
복지사</th><th>간호사
또는
간호조무사</th><th>물리치료사
또는
작업치료사</th><th>요양
보호사</th><th>조리원</th></tr>
<tr><td>이용자
10명 이상</td><td>1명</td><td>1명
이상</td><td>이용자
30명당 1명</td><td>1명
(이용자
30명 이상)</td><td rowspan="2">이용자
4명당 1명
이상</td><td>1명</td></tr>
<tr><td>이용자
10명 미만</td><td>1명</td><td>–</td><td>1명</td><td>–</td><td>1명</td></tr>
</table>

⑤ 인력기준 상세요건

① 시설장은 이용자별 재가노인복지 제공계획 수립 및 복지증진에 관한 상담 · 지도, 직원에 대한 교육 및 관리 등의 업무를 수행한다.

② 사회복지사는 이용자의 건강 유지, 여가선용 등 노인의 복지서비스 제공계획을 수립하고 복지증진에 관하여 상담 및 지도 등의 업무를 수행한다.

③ 요양보호사는 이용자에게 신체활동 지원, 가사활동 지원 등의 업무를 수행한다. 다만, 방문요양, 방문목욕, 주 · 야간보호 및 단기보호서비스 중 장기요양급여수급자에 대한 신체활동 지원서비스는 요양보호사 1급만이 제공할 수 있다.

④ 다음의 (가) 또는 (나)에 해당하는 경우에는 조리원을 두지 않을 수 있다.

(가) 영양사 및 조리원이 소속되어 있는 업체에 급식을 위탁하는 경우

(나) 주 · 야간보호서비스 또는 단기보호서비스를 제공하는 시설을 병설하여 운영하는 사회복지시설에 급식을 위탁하는 경우. 다만, 해당 사회복지시설은 관련 법령에 따른 인력 및 시설기준을 충족하는 범위에서 급식을 할 수 있다.

⑤ 시설장은 상근(1일 8시간, 월 20일 이상 근무하는 것을 말한다. 이하 같다.)하는 자로 두어야 한다.

⑥ 모든 종사자는 시설의 설치 · 운영자와 근로계약이 체결된 사람이어야 한다.

(6) 복지용구

① 시설기준

구분	사무실	진열 및 체험공간	세정 · 수리 등 사업에 필요한 설비 및 비품
복지용구	○	○	○

- 규모: 다음 ①부터 ③까지 합한 공간. 다만, 타 사업자와 복지용구의 보관 및 세정 · 소독 등의 공간을 공동 사용
  ① 복지용구를 진열, 수급자가 직접 보고 체험할 수 있는 공간(23.1㎡ 이상)
  ② 복지용구의 대여 및 관리(반환물품 및 재고물품 보관 등)를 위한 공간: 사무실, 전시장 등과 별도의 공간
  ③ 복지용구의 세정(수도 및 배수시설 포함), 소독(소독액 및 세척 · 건조에 필요한 용구 포함), 수선에 필요한 설비 및 공간(56.2㎡ 이상)
  ※ 복지용구 사업소의 사무실을 방문요양 등의 사무실과 공동 활용하는 것은 불가함. 다만, 복지용구 사업소 내부 공간을 분리하여 방문요양 사무실을 별도로 확보한 경우는 운영 가능

② 인력기준(「노인복지법 시행규칙」 별표 9 참고)

- 복지용구를 제공하거나 대여하는 시설에 시설장 또는 관리책임자 1명을 둔다.
- 시설장은 상근(1일 8시간, 월 20일 이상 근무하는 것을 말한다. 이하 같다.)하는 자로 두어야 한다.:「장애인 · 노인 · 임산부 등의 편의증진 보장에 관한 법률」의 세부기준에 따른 경사로 또는 「승강기 시설 안전관리법 시행규칙」에 따른 승객용 엘리베이터를 설치해야 함
  다만, 복지용구를 제공하거나 대여하는 시설에 두는 시설장은 제외한다.
- 모든 종사자는 시설의 설치 · 운영자와 근로계약이 체결된 사람이어야 한다.

제 12 장

장애인복지시설과 정신건강증진시설

제1절 장애인복지시설

1) 장애인복지시설의 개요

(1) 장애인복지시설의 개념과 특성

① 장애인의 개념

장애인복지시설을 이해하기 위해서는 먼저 장애인의 개념을 명확히 할 필요가 있다. 「장애인복지법」 제2조 제1항에 따르면, '장애인'이란 신체적 · 정신적 장애로 오랫동안 일상생활 또는 사회생활에서 상당한 제약을 받는 사람을 의미한다.

여기서 신체적 장애는 외부 신체 기능의 손상뿐 아니라 내부기관의 장애를 포함하고, 정신적 장애는 발달장애 또는 정신질환으로 인해 발생하는 제약을 의미한다.

〈표 12-1〉 장애인의 분류

대분류	중분류	소분류	세분류
신체적 장애	외부 신체기능의 장애	지체장애	절단장애, 관절장애, 지체기능장애, 변형 등의 장애
		뇌병변장애	뇌의 손상으로 인한 복합적인 장애
		시각장애	시력장애, 시야결손장애, 겹보임(복시)
		청각장애	청력장애, 평형기능장애
		언어장애	언어장애, 음성장애, 구어장애
		안면장애	안면부의 추상, 함몰, 비후 등 변형으로 인한 장애
	내부기관의 장애	신장장애	투석치료 중이거나 신장을 이식 받은 경우
		심장장애	일상생활이 현저히 제한되는 심장기능 이상
		간장애	일상생활이 현저히 제한되는 만성·중증의 간기능 이상
		호흡기장애	일상생활이 현저히 제한되는 만성·중증의 호흡기기능 이상
		장루·요루장애	일상생활이 현저히 제한되는 장루·요루
		뇌전증장애	일상생활이 현저히 제한되는 만성·중증의 뇌전증
정신적 장애	발달장애	지적장애	지능지수가 70 이하인 경우
		자폐성장애	소아청소년 자폐 등 자폐성 장애
	정신장애	정신장애	조현병, 조현정동장애, 양극성정동장애, 재발성우울장애, 뇌의 신경학적 손상으로 인한 기질성 정신장애, 강박장애, 투렛장애(Tourette's disorder), 기면증

② 장애인복지시설의 개념

장애인복지시설은 장애인의 성별, 연령, 장애 유형 및 정도를 고려하여 보호, 의료, 생활지도, 재활훈련, 자립생활지원 등의 서비스를 제공하는 기관이다. 이를 통해 장애인의 기능 회복과 사회성 향상을 지원하며, 궁극적으로 지역사회에서의 자립적이고 통합된 생활을 돕는 것을 목표로 한다.

③ 장애인복지의 특성과 시설 운영

장애인복지시설 운영에서 고려해야 할 네 가지 핵심 특성은 다음과 같다.

- 장애의 다양성: 장애는 원인·유형·정도에 따라 다양하므로, 유형별 특성에 맞는 서비스를 제공해야 한다.

- 장애의 개별성: 같은 장애 유형이라도 발달 단계, 환경, 가족 상황에 따라 욕구가 다르므로 개별화된 지원계획(ISP)을 수립해야 한다.
- 장애인복지의 복합성: 장애인의 문제는 의료뿐 아니라 교육, 고용, 가족, 사회참여 등 다양한 영역과 관련되므로 다학제적 팀 접근이 필요하다.
- 장애인복지의 생애주기성: 장애인의 욕구는 생애주기에 따라 변화하므로 아동기 · 청소년기 · 성인기 · 노년기에 적합한 서비스를 설계해야 한다.

(2) 장애인복지시설의 필요성과 기능

① 장애인복지시설의 필요성과 현황

최근 장애인복지의 패러다임은 '탈시설화(deinstitutionalization)'와 '지역사회 중심 재활(Community-Based Rehabilitation, CBR)'을 지향하고 있다. 그러나 현실적으로 가족 기능 약화, 보호 한계, 전문 재활서비스 수요 증가 등의 요인으로 인해 장애인복지시설의 필요성은 여전히 높다.

장애인복지시설의 필요성은 다음과 같은 요인에서 결정된다.

- 장애의 정도와 중증도
- 일상생활에서의 보호와 지원 필요성
- 가족의 보호 능력 여부
- 전문 재활서비스 제공 필요성

이러한 요인들을 종합하면 장애인복지시설은 사회적 수요가 지속적으로 증가하고 있으며, 그 역할 또한 점점 확대되고 있음을 알 수 있다.

〈표 12-2〉 장애인 복지시설 현황

(단위: 개소)

	2015	2016	2017	2018	2019	2020	2021	2022	2013	2014
거주시설	1,484	1,505	1,517	1,527	1,557	1,539	1,535	1,532	1,529	1,524
직업재활시설	560	582	625	651	683	720	773	792	811	–
지역사회재활시설	1,248	1,303	1,333	1,373	1,486	1,519	1,568	1,601	1,602	–
생산품판매시설	17	17	17	17	17	17	17	17	17	–
의료재활시설	18	20	19	19	18	18	18	18	19	–

② 장애인복지시설의 기능

장애인복지시설은 가족을 대신해 보호와 지원을 제공하는 기관으로, 기능은 세 가지로 나눌 수 있다.

- 가정 대체적 기능: 가족 해체, 보호자 부재, 부양능력 상실 등으로 돌봄이 어려운 경우, 시설은 안정적인 주거와 생활지원을 제공하여 인간다운 삶을 보장한다.
- 전문적 재활 기능: 시설은 장애인의 기능 회복과 사회적응을 위해 물리·작업·언어치료, 심리상담, 사회적응훈련, 직업재활훈련 등 다양한 재활 서비스를 제공한다.
- 생활지원 및 사회통합 기능: 시설은 장애인의 사회 복귀와 지역사회 통합을 목표로, 사회기술 훈련, 대인관계 형성, 지역사회 자원 연계 등을 통해 자립생활을 지원한다.

(3) 장애인복지시설 운영과 이용의 기본원칙

① 장애인복지시설 운영의 기본원칙

장애인복지시설은 단순한 보호가 아니라, 인권 보장·자립생활 지원·사회통합을 위한 전문 복지기관으로 운영되어야 하며, 다음 여섯 가지 원칙을 준수해야 한다.

- 인간존중의 원칙: 장애인을 인격체로 존중하고, 자기결정권과 참여권을 보장한다.
- 가정보호중심의 원칙: 가정보호가 불가능할 때에만 시설보호를 대안으로 선택하며, 가정과 유사한 환경을 조성한다.
- 전문적 서비스의 원칙: 자격을 갖춘 인력을 확보해 전문적이고 질 높은 서비스를 제공한다.
- 개별화의 원칙: 장애인의 특성과 욕구에 따른 맞춤형 서비스를 제공하고, 개별 서비스 계획을 지속적으로 평가·조정한다.
- 사회화의 원칙: 지역사회 자원과 연계하여 사회참여를 촉진하고 통합을 지원한다.
- 집단역학 활용의 원칙: 집단활동을 통해 상호지지와 협력을 촉진하고, 사회적 기술을 향상시킨다.

② 장애인복지시설 이용에 관한 기본원칙

과거 대규모 생활시설 중심의 운영은 개별적 욕구 미충족, 자율성 침해, 인권 침해 등 문제를 초래했다. 이를 해결하고 이용자 중심의 서비스 체계를 구축하기 위해, 「장애인복지법」 제57조는 장애인복지시설 이용의 기본원칙을 제시하고 있다.

- 국가와 지방자치단체의 책무: 장애인의 기능회복과 사회적 역량 향상을 위한 정책을 수립·시행한다.
- 인권 보호 정책의 마련과 실행: 인권침해를 예방하고 신속 대응할 수 있는 체계를 마련한다.
- 시설 선택권 보장: 장애인의 자기결정권을 보장하기 위해 충분한 정보를 제공하고, 견학·체험 기회를 확대한다.
- 개별적 특성을 고려한 서비스 제공: 성별, 연령, 장애유형·정도를 반영한 맞춤형 서비스를 의무화한다.

2) 장애인복지시설의 종류와 설치

(1) 장애인복지시설의 종류와 고유 업무

장애인복지시설은 「장애인복지법」 제58조에 따라 장애인 거주시설, 지역사회재활시설, 직업재활시설, 의료재활시설, 생산품판매시설 등으로 구분되며, 각 시설은 장애인의 욕구와 특성에 맞는 전문적 서비스를 제공한다.

〈표 12-3〉 장애인복지시설의 종류와 고유업무

구분	세부시설	주요 고유업무 및 서비스
① 장애인 거주시설	장애유형별 거주시설	• 거주 · 요양 및 생활지원 서비스 제공
	중증장애인 거주시설	• 장애유형별 주거 · 일상생활 · 지역사회 적응 지원
	장애인영유아 거주시설	• 6세 미만 영유아 보호 및 재활 서비스 제공
	단기거주시설	• 보호자 부재 시 단기 주거 및 생활지원
	공동생활가정(그룹홈)	• 소규모 공동생활을 통한 사회적응 훈련
② 장애인 지역사회 재활시설	장애인복지관	• 종합 재활서비스(상담 · 심리 · 교육 · 직업 · 의료재활) 제공
	주간보호시설	• 낮 동안 보호 및 재활훈련 지원
	장애인체육시설	• 체력증진 및 신체기능 향상 프로그램 운영
	심부름센터	• 교통약자를 위한 이동지원 서비스 제공
	수화통역센터	• 수화통역 및 상담서비스 제공
	점자도서관 · 점자출판시설	• 점자자료 열람 · 제작 및 녹음자료 제공
	재활치료시설	• 언어 · 미술 · 음악 등 재활치료 및 상담 · 훈련 서비스 제공
③ 장애인 직업재활시설	장애인 보호작업장	• 직업적응훈련 및 직무능력 향상 지원 • 보호적 환경에서 근로기회 제공 및 임금 지급
	장애인 근로작업장	• 경쟁적 고용시장으로의 진입을 위한 역량 강화
④ 장애인 의료재활시설	의료재활 전문시설	• 장애인을 대상으로 상담 · 진단 · 판정 · 치료 등 의료재활 서비스 제공
⑤ 장애인 생산품 판매시설	생산품 판매 및 유통지원시설	• 장애인 생산품 판매 · 유통 · 홍보 · 판로 개척 • 생산품 · 서비스 관련 정보 제공 및 마케팅 지원

※ 「장애인복지법」 제58조 및 시행령 제36조 기준

(2) 장애인복지시설의 설치

장애인복지시설 설치는 「장애인복지법」과 관련 법령에 따라 다음과 같은 절차와 기준을 따른다.

① 설치 주체 및 신고 절차

- 국가와 지방자치단체는 장애인복지시설을 직접 설치 · 운영할 수 있다.
- 개인 또는 법인이 설치하려는 경우, 해당 시설 소재지 관할 시장 · 군수 · 구청장에게 설치 · 운영 신고를 해야 하며, 주요 변경 시에도 동일하게 신고해야 한다. 단, 폐쇄명령을 받은 지 1년 이내인 경우 설치 신고가 불가하다.

② 시설 규모 및 기준

- 장애인 거주시설의 정원은 30명을 초과할 수 없다. 단, 대통령령으로 정한 특수 목적 시설은 예외 적용 가능하다.
- 의료재활시설 설치는 「의료법」에 따른다.
- 시설 기준, 신고, 변경, 이용 등은 보건복지부령으로 정한다.

③ 신고 시 제출 서류

설치 · 운영 신고 시 다음 서류를 제출해야 한다.

- 정관 1부(법인인 경우)
- 시설 운영에 필요한 재산목록 1부
- 사업계획서 및 예산서 각 1부
- 시설 운영규정 각 1부
- 시설 평면도 및 설비 구조내역서 각 1부

④ 행정 절차

관할 지방자치단체장은 제출된 서류를 검토하고, 관계공무원이 시설 · 설비의 적정성을 확인한 후 설치신고필증을 교부한다. 설치신고필증을 받은 자는 지체 없이 운영을 시작해야 하며, 운영 중단 · 재개 · 폐쇄 시 사전 신고가 필요하다.

3) 장애인복지시설의 설치 기준 및 운영

(1) 장애인복지시설의 설치 기준

장애인복지시설의 설치는「장애인복지법」및 관련 법령에 따라 시설 입지, 규모, 구조와 설비, 인력 배치 등 엄격한 기준을 충족해야 한다.

① 시설의 입지 조건

시설은 보건 · 위생 · 급수 · 안전 · 환경 · 교통 접근성을 충분히 고려하여, 장애인이 쉽게 접근하고 편리하게 이용할 수 있는 쾌적한 환경에 설치해야 한다.

② 시설의 규모

상시 10명 이상 30명 이하가 생활할 수 있는 규모로 설치해야 한다. 단, 법령에서 정한 소규모 시설(10명 미만) 또는 장애인이 상시 생활하지 않는 시설은 예외로 한다.

③ 시설의 설치기준

가. 구조 및 설비 기준

- 장애인의 장애유형 · 성별 · 연령별 특성을 반영해 설비를 갖추어야 한다.
- 6세 미만 장애영유아 시설은「아동복지법」의 영아시설 설비 기준을 준수해야 한다.
- 「장애인 · 노인 · 임산부 등의 편의증진 보장에 관한 법률」에 따른 편의시설을 반드시 설치해야 한다.

나. 거주 면적기준(거주시설, 1인당 면적기준)

구분	1인당 최소 면적(㎡)
지체 · 뇌병변 장애	21.78
청각 · 언어장애	21.78
시각장애	19.8
지적 · 자폐성장애	21.12
중증장애	18.48
장애영유아	18.48

다. 필수공간 및 설비

- 거실
  - 6세 미만 : 1인당 2.0㎡ 이상, 정원 10명 이하
  - 6세 이상 : 1인당 3.3㎡ 이상, 정원 8명 이하
  - 남녀 분리 설치 필수
- 사무실, 의무실, 재활상담실, 집단활동실, 자원봉사자실, 조리실, 목욕실, 세탁장, 건조장, 화장실, 급수 · 배수시설, 비상재해 대비시설 등 필수 설비를 갖추어야 한다.

라. 급수·위생·안전 설비

- 급수시설은 원칙적으로 상수도를 사용하되, 불가피한 경우 「먹는물관리법」에 적합한 지하수를 사용할 수 있다.
- 취수원은 화장실 · 폐기물처리시설 등 오염원이 될 수 있는 장소로부터 20m 이상 떨어져야 한다.
- 「소방시설 설치유지 및 안전관리법」에 따라 소화기구 · 비상구 등 화재 안전설비를 반드시 구비해야 한다.

④ 관리 및 운영 요원 배치 기준

장애인복지시설은 서비스의 질적 향상과 안전한 운영을 위해 아래 기준에

따른 인력을 배치해야 한다.

구분	인원 및 기준
시설장	1명
총무	1명(거주자 30명 이상 시설만 해당)
의사 또는 촉탁의사	1명 이상(시설장이 의사인 경우 제외 가능)
간호사·간호조무사	1명 이상(중증·영유아시설: 50명당 1명, 2명 이상일 경우 1명은 간호사)
생활지도원	성인: 10명당 1명, 아동·지적·자폐성장애: 5명당 1명, 시각장애: 4명당 1명, 중증·영유아시설: 3명당 1명
영양사	1명 이상(거주자 50명 이상 시설만 해당)
사무원	1명 이상(거주자 100명 이상 시설만 해당)
사회재활교사	1명 이상(거주자 30명 이상 시설 해당) 시각장애시설: 점자 해독 가능자 청각·언어장애시설: 수화통역 가능자 여성장애시설: 최소 1명 여성교사 배치
직업훈련교사	직업훈련 및 작업과목에 따라 필요 인원 배치
시설관리인	1명 이상(입소 장애인 200명 이상 시설만 해당)
조리원	1명 이상(거주자 50명 초과 시 50명마다 1명 추가)
위생원	1명 이상(거주자 30명 이상 시설만 해당, 100명 초과 시 100명마다 1명 추가)

(2) 장애인복지시설의 구조 및 설비기준

시설 유형별로 요구되는 구조와 설비 기준은 다음과 같다.

① 장애인거주시설(시설거주자가 30명 이상인 경우만 해당)

시설별	설비기준
장애유형별 거주시설	(1) 지체장애인·뇌병변장애인을 위한 시설 시설에서 시행하려는 재활사업별로 물리치료실, 작업치료실, 직업훈련실 및 보장구 제작실 등 필요한 설비와 지체장애인의 재활 및 훈련에 필요한 기계류·기구류를 갖추어야 한다. (2) 시각장애인을 위한 시설 (가) 재활사업별로 그 사업의 목적을 달성하기 위하여 필요한 시설과 설비를 갖추어야 한다. (나) 2층 이상의 건물에는 1개소 이상의 피난설비를 설치하여야 한다.

시설별	설비기준
장애유형별 거주시설	(3) 청각장애인·언어장애인을 위한 시설 (가) 직업훈련사업을 하는 경우 직업훈련실과 작업훈련용 기계류·기구류를 갖추어 두어야 한다. (나) 가능한 한 청능훈련실·언어치료실과 필요한 기계·기구를 갖추어 두어야 한다. (4) 지적장애인 및 자폐성장애인을 위한 시설 (가) 작업치료실을 설치하되 작업치료의 종류, 기계기구의 종류 및 작업인원에 따라 필요한 면적을 확보하여야 한다. (나) 중증의 지적장애인을 수용하는 거실은 1층에 설치되어야 한다. (다) 필요에 따라 1인용 거실과 2인용 거실을 설치할 수 있다.
중증장애인 거주시설	(1) 시설의 구조와 설비는 중증장애인들이 생활하기에 불편함이 없도록 하여야 한다. (2) 유행성 질환 감염에 대비하여 격리보호실을 1개 이상 설치하여야 한다. 격리보호실에는 산소호흡기 및 흡입기(가래제거용)를 사용할 수 있는 시설물이 설치되어 있어야 한다. (3) 거실을 중심으로 화장실·욕실이 설치되어 있어야 한다. (4) 남아 있는 기능의 유지 및 향상을 위하여 훈련·재활을 할 수 있는 물리치료실·작업치료실 및 언어치료실 등 필요한 설비와 기자재를 갖추어야 한다. (5) 중증장애인의 의료적 진단 및 재활에 필요한 각종 기구와 의무실, 간호실을 갖추어야 한다.
장애영유아 거주시설	(1) 시설의 구조와 설비는 장애영유아들이 생활하기에 불편함이 없도록 하여야 한다. (2) 장애영유아들이 휠체어·유모차 등을 사용하는 데에 불편함이 없도록 이동공간 및 주거공간 등 생활공간이 확보되어야 하고 각종 편의시설이 설치되어야 한다. (3) 허약아, 미숙아 및 전염 가능 아동을 격리·보호할 수 있는 격리보호실이 1개 이상 있어야 한다. (4) 신생아를 재활·보호할 수 있는 관계 장비와 설비를 갖추어야 한다. (5) 거실을 중심으로 화장실·욕실이 설치되어 있어야 한다. (6) 남아 있는 기능을 향상시키기 위하여 훈련·치료를 할 수 있고, 물리치료실, 작업치료실, 언어치료실 등의 필요한 설비와 기자재를 갖추어야 한다.
장애인 단기거주시설	(1) 건축물 연면적: 최소 $66m^2$ 이상 (2) 기본설비: (가), (다), (마)는 겸용할 수 있다. (가) 거실 (마) 집단활동실 (나) 조리실 (바) 화장실 (다) 의무실 (사) 비상재해 대비시설 (라) 사무실 (아) 그 밖에 장애인의 단기거주에 필요한 설비
장애인 공동생활가정	(1) 기본설비 (가) 거실(1명당 최소 $3.3m^2$ 이상) (다) 화장실 (나) 조리실 (라) 그 밖에 장애인의 공동생활에 필요한 장비

② 장애인 지역사회재활시설

시설	설비기준
장애인복지관	(1) 건축물 연면적: 최소 1천m^2 이상 (2) 공통기준 외 추가설비 (가) 강당 또는 회의실 (나) 의무실 또는 의료재활실 (다) 휴게실(또는 쉼터) (라) 직업재활실 (마) 장애인보호자 및 자원봉사자 대기실 (바) 그 밖에 장애인에 대한 재활서비스 제공에 필요한 설비
장애인 주간보호시설	(1) 건축물 연면적: 최소 66m^2 이상 (2) 기본설비: (가), (다), (마)는 겸용할 수 있다. (가) 거실 (나) 조리실 (다) 의무실 또는 의료재활실 (라) 사무실 (마) 집단활동실 (바) 화장실 (사) 비상재해 대비시설 (아) 그 밖에 장애인의 주간보호에 필요한 설비
장애인 체육시설	(1) 건축물 연면적: 최소 900m^2 이상 (2) 기본설비 (가) 체련실 (나) 경기장 (다) 의무실 또는 의료재활실 (라) 사무실 (마) 화장실 (바) 그 밖에 장애인의 체육재활에 필요한 설비
장애인 수련시설	(1) 대지 및 건축물 연면적: 최소 1천m^2 이상 (2) 기본설비 (가) 강당 또는 회의실 (나) 숙소(100명 이상의 동시 수용이 가능하여야 한다) (다) 의무실 또는 의료재활실 (라) 사무실 (마) 조리실 (바) 목욕실 (사) 화장실 (아) 그 밖에 장애인의 심신수련에 필요한 설비
점자도서관	「도서관법」 제5조에 따른 시설 및 자료를 갖추어야 한다.
점자도서 및 녹음서 출판시설	(1) 기본설비: 사무실, 제판실, 인쇄실, 교정실, 제본실, 창고 (2) 기본장비: 제판기, 교정대, 인쇄기, 원판호책 제본가공용 기구, 제본작업대, 점자용지 재단기, 종이 절단기

③ 장애인 의료재활시설

시설별	설비기준
장애인 의료재활시설	「의료법」의 관련 규정에 따른다.

④ 장애인 생산품 판매시설

시설별	설비기준
장애인 생산품 판매시설	(1) 생산품 판매장의 면적은 50m^2 이상이어야 한다. (2) 부대시설은 상담 및 판매 내용에 따라 적합한 곳에 설치하여야 한다.

(3) 장애인복지시설의 운영기준

① 시설거주자 또는 이용자의 요건

- 「국민기초생활 보장법」에 따른 수급자 중 「장애인복지법」 제2조의 장애인
- 부양의무자가 없거나 부양능력이 없는 장애인
- 장애유형 · 정도 · 연령 등을 고려하여 적합한 시설을 이용해야 한다.

② 건강관리

- 시설거주자의 건강관리 책임자 지정 및 의사 · 간호사 상시 근무 가능
- 연 1회 이상 건강검진 필수
- 생활공간 청결 유지 및 위생관리 철저

③ 급식

- 영양사가 작성한 식단을 기준으로 균형 잡힌 급식을 제공해야 한다.

④ 생활지도

- 신문 · 잡지 · 라디오 · 점자도서 등 정보 접근성 보장
- 정서 함양 및 재활을 위한 프로그램과 오락 · 문화 활동을 지원

⑤ 관리규정 수립

- 운영방침, 직원 직제 및 업무분장, 생활수칙, 재활프로그램, 인권 보호 체계 등 구체적 규정 마련

⑥ 시설개방 및 인권 보호

- 지역사회와의 연계 강화를 위해 시설 일부 개방
- 시설 이용 장애인의 인권을 보호하기 위해 인권지킴이단 운영

⑦ 사업운영

- 장애유형 · 연령별 맞춤형 교육 · 심리 · 직업재활 프로그램 운영
- 훈련 효과 극대화를 위해 필요시 외부 기관과 연계 가능

(4) 장애인복지시설에 대한 벌칙 및 행정처분

① 형사 처벌

- 개인 정보 누설, 무허가 설치, 폐쇄명령 위반 시 1년 이하 징역 또는 500만 원 이하 벌금

② 과태료 부과

- 해임 요구 거부 시 1천만 원 이하 과태료
- 성범죄 경력 미확인 시 500만 원 이하 과태료
- 성범죄 · 학대 미신고 시 300만 원 이하 과태료

③ 행정처분

- 법규 위반 시 시설 개선, 사업 정지, 폐쇄 명령, 시설장 교체 가능
- 법인 및 개인에게 양벌규정 적용

제2절 정신건강증진시설

1) 정신건강증진시설의 개요

(1) 정신건강증진시설의 개념과 기본이념

① 정신건강증진시설의 개념 및 법적 근거

정신건강증진시설은 「정신건강증진 및 정신질환자 복지서비스 지원에 관한 법률」(이하 「정신건강복지법」)에 근거하여 설치 · 운영되는 전문기관이다. 주로 정신의료기관, 정신요양시설, 정신재활시설을 포함한다. 이들 시설은 정신질환자 및 정신건강 문제를 가진 사람에게 치료 · 요양 · 재활 · 사회복귀를 위한 서비스를 제공하며, 인권 보장과 지역사회 통합을 목표로 한다.

② 정신건강증진시설 운영의 기본이념

「정신건강복지법」 제2조에서 제시하는 기본이념은 다음과 같다.

원칙	설명
① 보편적 권리보장의 원칙	모든 국민은 정신질환으로부터 보호받을 권리를 가진다.
② 인간존엄성과 최적치료권	모든 정신질환자는 존엄과 가치를 보장받으며 최적의 치료를 받을 권리가 있다.
③ 차별 금지 원칙	정신질환 여부를 이유로 한 부당한 차별을 금지한다.
④ 특별보호 원칙(미성년자)	미성년 정신질환자는 치료 · 보호 · 교육을 우선적으로 보장받아야 한다.
⑤ 지역사회 중심 치료 우선 원칙	가능한 한 입원 · 입소를 최소화하고, 지역사회에서 치료 · 재활을 우선 제공한다. 입원 · 입소는 본인의 의사에 따른 자의입원을 우선한다.
⑥ 자유로운 환경 보장	입원 중에도 최대한 자유로운 환경을 제공하고 사회적 교류를 보장한다.
⑦ 자기결정권 존중	주거, 의료, 서비스 이용 여부 등 주요 사안에 대해 스스로 선택할 권리를 보장한다.
⑧ 의사결정 지원권	본인의 의사결정을 돕기 위해 필요한 정보와 지원을 받을 권리가 있다.
⑨ 정책참여권	정신질환자는 자신과 관련된 정책결정 과정에 참여할 권리를 가진다.

2) 운영주체별 역할과 의무

(1) 국가 및 지방자치단체의 역할

정신건강증진을 위한 국가와 지방자치단체의 주요 역할은 다음과 같다.

① 정신건강증진 및 예방

- 국민의 정신건강 증진 및 정신질환 예방·치료
- 정신질환자의 재활 및 사회적응 촉진을 위한 연구·조사 수행
- 전문적 지도·상담 서비스 제공
- 정신건강 관련 정책 및 재정 지원

② 서비스 전달체계 구축

- 정신건강복지센터를 중심의 통합적 서비스 전달체계 구축
- 정신건강증진시설, 사회복지시설, 학교, 사업장 등 간 연계 강화
- 지역사회 자원 간 협력체계 마련 및 운영

(2) 국민의 역할

국민은 정신건강증진을 위하여 국가와 지방자치단체가 실시하는 조사 및 정신건강증진사업에 협력할 의무가 있다. 이는 지역사회 전체의 정신건강 수준 향상을 위한 공동체적 책임을 의미한다.

(3) 정신건강증진시설 운영자의 핵심 의무

① 권리 안내 및 보장

시설장은 입원·훈련을 원하는 정신질환자 및 보호자에게 관련 권리와 행사 방법을 반드시 알리고, 이해하기 쉬운 형태로 안내자료를 비치해야 한다. 또한 법률에 따른 권리보장 서류를 시설 내에 항상 비치하여 접근성을 확보해야 한다.

② 퇴원 및 사회복귀 지원

퇴원 또는 퇴소를 원하는 정신질환자와 보호자에게는 정신건강복지센터의 역할과 이용 절차를 안내하고, 지역사회 거주 및 치료를 지원하기 위해 정신보건수첩 등 관련 안내자료를 제공해야 하며, 퇴원 이후에도 지역사회에서의 지속적인 치료와 재활을 연계할 수 있는 체계를 유지해야 한다.

3) 정신건강증진시설의 유형과 설치

(1) 정신건강증진시설의 주요 유형

① 정신의료기관

정신질환자의 진단, 치료 및 입원서비스를 제공하는 의료기관을 말하며, 다음을 포함한다.

- 정신병원 및 의원
- 병원급 이상의 의료기관에 설치된 정신건강의학과
  (법적 근거:「정신건강복지법」제3조 제5호)

② 정신요양시설

장기간 치료와 보호가 필요한 만성 정신질환자를 대상으로 요양과 재활 훈련을 제공하는 시설이다. 사회복지법인 또는 비영리법인만 설치할 수 있으며, 의료서비스 제공 시 정신건강의학과 전문의의 자문을 받아야 한다(법적 근거:「정신건강복지법」제3조 제6호).

③ 정신재활시설

정신질환자의 사회적응과 자립을 지원하기 위해 다양한 재활훈련 · 생활지도 · 상담 서비스를 제공하는 시설이다.

- 생활시설: 일정 기간 입소하여 상담 · 훈련 · 재활서비스 제공

- 지역사회재활시설: 주간재활시설, 공동생활가정, 심신수련시설 등
- 직업재활시설: 보호작업 및 직업훈련을 통해 취업을 지원
- 중독재활시설: 알코올, 약물, 도박, 인터넷 중독 문제를 치료 · 재활
- 종합시설: 생활 · 주거 · 직업재활을 통합적으로 제공

(법적 근거: 「정신건강복지법」 제3조 제7호 및 시행령 제2조)

④ 정신건강 관련 기타 시설

가. 정신건강복지센터

- 지역사회 정신건강사업을 총괄하는 기관으로, 상담 · 사례관리 · 재활프로그램을 제공
- 국가 또는 지자체가 직접 설치 · 운영하거나, 위탁기관이 운영
- 학교 · 사업장 · 사회복지기관 등과 연계하여 통합적인 서비스 전달체계를 구축

(법적 근거: 「정신건강복지법」 제3조 제3호)

나. 국가트라우마센터

- 재난 · 사고로 정신적 피해를 입은 사람과 가족을 대상으로 심리적 안정 및 사회 적응을 지원
- 구조 · 복구 · 치료 등 재난 대응 인력에 대한 심리지원 기능 포함

(법적 근거: 「정신건강복지법」 제15조의2)

다. 중독관리통합지원센터

- 알코올, 마약, 도박, 인터넷 등 중독 문제에 대한 예방 · 상담 · 치료 · 재활을 지원

(법적 근거: 「정신건강복지법」 제15조의3)

(2) 정신건강증진시설의 설치 기준 및 절차

① 정신의료기관

정신의료기관은 「의료법」에 따라 개설하며, 시설 · 장비 기준과 의료인력 자격은 보건복지부령에서 별도로 정한다.

② 정신요양시설

- 설치 주체: 국가 · 지방자치단체 또는 사회복지법인 · 비영리법인
- 설치 절차: 관할 지자체장의 허가 필요
- 세부 기준: 시설 구조, 수용인원, 종사자 수 및 자격, 운영 지침 등은 보건복지부령으로 규정

③ 정신재활시설

- 설치 주체: 국가 · 지방자치단체 또는 민간 비영리법인
- 설치 절차: 관할 지자체장에게 설치 신고
- 위탁운영 가능: 사회복지법인 또는 비영리법인에 위탁할 수 있으며, 기준 · 기간 · 방법 등은 보건복지부령으로 정함

④ 정신건강복지센터

- 설치 목적: 지역사회 정신건강 증진 및 정신질환자 복지서비스 통합 지원
- 운영 주체: 국가 또는 지자체 직영, 혹은 위탁기관 운영
- 주요 기능: 정신건강 상담 및 재활 프로그램 운영, 사례관리 및 자원 연계, 지역사회 정신건강사업 기획 및 조정, 정신건강 교육 · 홍보 및 예방 프로그램 실시
- 재정 지원: 보건복지부와 지자체가 공동 부담

4) 정신건강증진시설 종사자의 배치와 직무

정신건강증진시설은 전문성을 갖춘 인력이 필수적이므로, 「정신건강증진 및 정신질환자 복지서비스 지원에 관한 법률」(이하 정신건강복지법)에 따라 정신건강전문요원을 중심으로 다양한 직무가 배치된다.

(1) 정신건강전문요원의 개념과 자격

정신건강전문요원은 정신건강 분야에서 전문적 지식과 기술을 갖추고 지정된 수련기관에서 교육을 이수한 후, 보건복지부장관으로부터 자격을 부여받은 인력을 말한다(법적 근거: 「정신건강복지법」 제17조).

① 정신건강전문요원의 유형

정신건강전문요원은 전문분야에 따라 다음 네 가지로 구분된다.

- 정신건강임상심리사: 심리평가, 심리상담, 치료계획 수립
- 정신건강간호사: 정신질환자의 건강관리, 투약 및 간호, 증상 모니터링
- 정신건강사회복지사: 사례관리, 가족상담, 사회복귀 및 자립 지원
- 정신건강작업치료사: 직업재활훈련, 작업치료 프로그램 운영

(2) 자격 취득 및 유지

① 자격 취득

- 보건복지부령으로 지정된 수련기관에서 교육을 이수해야 함
- 수련 완료 후 국가에서 발급하는 정신건강전문요원 자격증 취득 가능

② 보수교육

- 자격 취득 후에도 지속적인 전문성 향상을 위해 보수교육을 이수해야 함
- 보수교육은 국립정신병원, 대학, 전문기관 등에 위탁해 운영

③ 자격 유지와 관리

- 자격증 대여, 명의 도용, 부정 발급 등은 엄격히 금지
- 법 위반 시 보건복지부장관은 자격 정지 또는 자격 취소 조치를 할 수 있음

(3) 정신건강전문요원의 업무범위(「정신건강복지법 시행령」 제12조 제2항 관련)

① 공통 업무

① 정신재활시설의 운영

② 정신질환자 등의 재활훈련, 생활훈련 및 작업훈련의 실시 및 지도

③ 정신질환자 등과 그 가족의 권익보장을 위한 활동 지원

④ 법 제44조 제1항에 따른 진단 및 보호의 신청

⑤ 정신질환자 등에 대한 개인별 지원계획의 수립 및 지원

⑥ 정신질환 예방 및 정신건강복지에 관한 조사 · 연구

⑦ 정신질환자 등의 사회적응 및 재활을 위한 활동

⑧ 정신건강증진사업 등의 사업 수행 및 교육

⑨ 그 밖에 가목부터 아목까지의 규정에 준하는 사항으로 보건복지부장관이 정하는 정신건강증진 활동

② 개별 업무

① 정신건강임상심리사

- 정신질환자 등에 대한 심리 평가 및 심리 교육
- 정신질환자 등과 그 가족에 대한 심리 상담 및 심리 안정을 위한 서비스 지원

② 정신건강간호사

- 정신질환자 등의 간호 필요성에 대한 관찰, 자료수집, 간호 활동
- 정신질환자 등과 그 가족에 대한 건강증진을 위한 활동의 기획과 수행

③ 정신건강사회복지사

- 정신질환자 등에 대한 사회서비스 지원 등에 대한 조사
- 정신질환자 등과 그 가족에 대한 사회복지서비스 지원에 대한 상담 · 안내

④ 정신건강작업치료사

- 정신질환자 등에 대한 작업 수행 평가, 정신질환자등의 신체적 · 정신적 기능 향상을 위한 작업치료
- 정신질환자 등과 그 가족에 대한 작업치료 교육과 작업치료 서비스 기획 · 수행

제 13 장

기타 사회복지시설

제1절 한부모가족복지시설

1) 한부모가족복지시설의 개요

(1) 한부모가족복지시설의 개념

한부모가족복지시설은 「한부모가족지원법」에 근거하여 설치 · 운영되는 사회복지시설로, 배우자의 사별, 이혼, 장기 별거, 미혼 부모 등으로 인해 자녀를 단독으로 양육하는 가족을 지원하기 위한 전문기관이다. 이 시설은 단순한 보호 공간이 아니라, 한부모가족의 주거안정, 자립 역량강화, 아동 발달지원, 심리 · 정서적 회복을 종합적으로 돕는 데 목적을 둔다.

현장에서 한부모가족은 경제적 빈곤, 양육 부담, 사회적 고립 등 복합적인 문제를 경험하는 경우가 많다. 이러한 문제는 가족 기능의 약화뿐 아니라 아동의 발달에도 부정적인 영향을 미칠 수 있다. 따라서 시설운영은 단순히 생계비를 지원하는 차원을 넘어, 가족의 기능을 회복하고 지역사회와의 연결을 강화하여 한부모가족이 보다 안정적이고 주체적인 삶을 살아가도록 돕는 데 초점을 두고 있다.

(2) 설치목적과 필요성

한부모가족복지시설의 궁극적인 목적은 한부모가족의 사회적 · 경제적 자립을 돕고 아동의 건강한 성장 환경을 조성하는 데 있다. 예컨대 한부모가 갑작스러운 이혼이나 실직으로 주거를 상실한 경우, 시설은 임시 주거를 제공함과 동시에 생계비와 의료비를 연계하여 긴급한 생활 안정을 지원한다. 그러나 여기서 멈추지 않고, 직업훈련과 취업알선, 학력보완 프로그램을 통해 중장기적 자립 기반을 마련하도록 돕는 것이 시설 운영의 핵심 목표이다.

한부모가족을 지원하는 정책은 과거 단순 보호 중심에서 벗어나, 자립 역량 강화와 사회참여 확대를 중시하는 방향으로 변화하고 있다. 이러한 변화 속에서 시설은 지역사회 서비스와 연계하여 사례관리 중심의 통합적 지원을 수행해야 하며, 개별 가족의 특성과 욕구를 반영한 맞춤형 프로그램을 제공하는 것이 중요하다.

(3) 법적 근거

한부모가족복지시설의 설치와 운영은 「한부모가족지원법」에 근거하며, 세부사항은 같은 법 시행령 및 보건복지부 지침에 따른다. 또한 「사회복지사업법」 제34조는 사회복지시설의 설치·운영 기준을 규정하며, 시설별 세부 인력 배치, 면적 기준, 안전 관리 등에 관한 사항은 지자체 조례로 보완된다. 이러한 다층적 법 체계는 시설 운영의 합법성과 책임성을 확보하고, 서비스의 질을 균등하게 유지하는 데 중요한 역할을 한다.

2) 한부모가족복지시설의 유형과 기능

한부모가족복지시설은 한부모가족의 특성과 상황에 따라 다양한 유형으로 구분되며, 각 시설은 입소 대상, 제공 서비스, 입소 기간 및 정원에서 차이를 보인다. 이러한 구분은 「한부모가족지원법」 및 보건복지부 지침에 근거하며, 시설별 목적과 기능을 이해하는 것은 효과적인 서비스 제공을 위한 기본 전제 조건이다.

(1) 출산지원시설

출산지원시설은 임신 중인 한부모와 출산 직후(출산 후 1년 이내)의 한부모 및 그 자녀(3세 미만)를 대상으로 주거 · 양육 · 건강관리 · 자립 지원을 종합적으로 제공하는 기관이다. 이 시설은 임신과 출산이라는 신체적 변화와 더불어, 부모 역할을 준비하는 심리적 · 사회적 과정을 지원하는 데 중점을 둔다. 특히 한부모가 가족 내 · 외부의 사회적 지지망이 부족한 상황에서도 안정적으로 출산을 준비하고 자녀를 양육할 수 있도록, 보호와 상담, 교육을 통합적으로 제공하는 것이 특징이다.

시설은 출산과 관련된 긴급한 상황을 예방하고, 초기 양육 환경을 안정화하는 데 초점을 맞춘다. 평균 1년 6개월 동안 거주할 수 있으며, 필요시 최대 6개월까지 연장이 가능하다.

출산지원시설에서 제공하는 서비스는 크게 네 가지 축으로 나뉜다.

첫째, 안정적 주거 및 식사 지원을 통해 임신 · 출산기 한부모와 자녀가 안전한 환경에서 생활할 수 있도록 보호한다.

둘째, 분만 의료 혜택과 산후 건강관리 서비스를 제공해 모성 건강을 유지하고 합병증을 예방한다.

셋째, 자립지원 프로그램을 운영하여 양육기술 향상, 경제적 자립을 위한 직업훈련, 재취업 상담 등 실질적 지원을 제공한다.

넷째, 양육공백 해소 서비스로서, 부모가 자립활동에 참여하는 동안 시설 내 아이돌봄 서비스를 제공해 부모의 학습 · 취업 · 훈련 참여를 보장한다.

이 외에도 시설은 국가 및 지방자치단체와의 연계를 통해 다양한 외부 복지 자원과 정보를 제공한다.

(2) 양육지원시설

양육지원시설은 6세 미만 자녀를 양육하는 한부모를 대상으로, 안정적인 주거 제공과 양육 관련 서비스를 통합적으로 지원하는 전문 복지시설이다. 이 시설은 양육 초기 단계에서 발생할 수 있는 경제적 어려움과 양육 스트레스를 완화하고, 한부모가 안정적인 생활 기반을 마련하도록 돕는 것을 주요 목적으로 한다. 특히 한부모가 자녀 양육과 경제활동, 자립 준비를 동시에 수행하기 어려운 현실을 고려하여, 주거 · 보호 · 교육 · 상담 · 자립지원을 유기적으로 결합한 서비스 체계를 운영하고 있다.

평균 3년간 거주가 가능하며, 필요할 경우 최대 1년까지 연장할 수 있다. 이러한 장기 거주 지원을 통해 한부모가 자녀 발달에 맞는 돌봄 환경을 조성하고, 사회적 · 경제적 자립을 준비할 수 있도록 한다.

양육지원시설의 주요 서비스는 크게 세 가지 영역으로 나눌 수 있다.

첫째, 안정적 생활 보장 서비스로서, 입소 가족에게 주거 공간과 기본적인 식사, 생필품을 제공해 경제적 부담을 경감한다.

둘째, 자립 프로그램 운영을 통해 학력 보완, 직업훈련, 취업상담, 재정관리 교육 등 자립 역량을 강화하는 다양한 프로그램을 제공한다.

셋째, 양육공백 해소 서비스로, 부모가 자립을 위한 활동(예: 취업 · 훈련 · 학습)에 참여하는 동안 시설 내 아이돌봄 서비스를 운영하여 자녀가 안전하게 돌봄을 받을 수 있도록 지원한다.

또한 양육지원시설은 국가 및 지방자치단체와 협력하여 다양한 외부 복지자원과 서비스를 연계한다.

(3) 생활지원시설

생활지원시설은 18세 미만(취학 중인 경우 22세 미만, 군 복무기간은 추가 가산)의 자녀를 양육하는 무주택 저소득 한부모가족을 대상으로, 안정적인 주거와 생활 지원을 통해 자립을 준비할 수 있도록 돕는 전문 복지시설이다. 특히 한부모의 경제적 어려움으로 인해 아동 양육 환경이 불안정해질 수 있는 상황을 예방하고, 안정적인 주거 기반을 마련함으로써 가족의 기능을 회복하고 장기적 자립을 촉진하는 데 목적이 있다.

생활지원시설의 입소 기간은 기본 5년이며, 자립 준비가 더 필요한 경우, 최대 2년까지 연장이 가능하다. 이러한 장기적인 거주 보장은 한부모가 안정적인 환경에서 자녀를 양육하고 경제활동을 계획적으로 수행할 수 있는 시간을 확보하는 데 중요한 역할을 한다.

주요 지원 내용은 생활 안정, 자립 준비, 심리 정서 지원, 아동 양육 보조의 네 가지 영역으로 구분할 수 있다. 먼저, 생활 안정 지원을 위해 주거 공간과 기본 생활 여건을 보장하고, 아동 양육에 필요한 최소한의 경제적 기반을 마련해 준다. 또한 자립 프로그램을 통해 취업 교육, 직업 훈련, 재정관리 교육 등 한부모의 경제적 자립 역량을 강화한다. 심리·정서적 지원 역시 중요한 축으로, 전문 상담 및 심리치료를 제공하여 한부모와 자녀 모두의 정신건강을 보호한다.

특히 아동 양육 지원은 생활지원시설의 핵심 기능 중 하나이다. 방과 후 아동지도 프로그램과 아동급식비 지원을 통해 학습 공백을 최소화하고, 시설 내 아이돌봄 서비스를 운영하여 부모가 자립 준비 활동(예: 취업, 직업훈련, 학습 등)에 참여하는 동안 아동 돌봄의 연속성을 보장한다. 더불어 국가 및 지방자치단체와 협력하여 다양한 복지 서비스 및 법률·상담 지원을 연계함으로써, 입소 가족이 현실적 문제를 보다 효과적으로 해결할 수 있도록 돕는다.

(4) 일시지원시설

일시지원시설은 배우자 또는 가족 구성원의 물리적·정신적 학대로 인해 자녀의 건전한 양육과 한부모 자신의 건강이 위협받는 상황에서, 긴급한 보호와 안정적 생활 기반을 제공하기 위해 운영되는 한부모가족 복지시설이다. 이 시설은 한부모가족의 안전을 보장하고, 심리적 회복과 법적 대응을 지원하며, 향후 자립을 준비할 수 있도록 돕는 것을 목적으로 한다.

이 시설의 입소 기간은 원칙적으로 6개월이지만, 한부모의 상황과 자립 준비 정도를 고려하여 최대 1년까지 연장할 수 있다.

일시지원시설은 단순히 한부모와 자녀를 보호하는 공간을 넘어, 위기 개입과 자립 준비를 동시에 수행하는 종합적 복지 거점으로서 중요한 의미를 가진다. 특히 가정폭력, 아동학대, 경제적 파탄 등 복합적인 위기 상황에 직면한 한부모가족에게 긴급히 개입해 안정적인 회복 기반을 제공한다는 점에서, 국가와 지방자치단체의 보호체계에서 핵심적인 역할을 한다. 나아가 이 시설은 출산지원시설, 양육지원시설, 생활지원시설과 연계해 한부모가족의 생애주기별 통합 서비스 체계를 구축하는 데 중요한 축을 담당하고 있다.

(5) 한부모가족복지상담소

한부모가족복지상담소는 한부모가족의 위기 개입과 자립 지원을 위한 전문 상담기관으로, 한부모가족의 복지 향상과 안정적 생활 기반 마련을 돕기 위해 설치·운영되는 시설이다.「한부모가족지원법」및 각 지방자치단체의 자치법규에 근거하여 운영되며, 한부모가족이 겪는 다양한 문제를 상담, 정보 제공, 서비스 연계를 통해 해결하는 것을 주된 목적으로 한다.

한부모가족복지상담소는 단순한 상담 기능을 넘어, 한부모가족의 권익 보호와 사회적 통합을 위한 핵심 거점 역할을 수행한다. 한부모가족의 문제를 개인적 어려움으로 한정하지 않고 사회 구조적 문제로 인식하여 정책 개선과 제도 지원을 촉구하는 창구로도 기능한다는 점에서, 상담소는 한부모가족 지원 체계 전반에서 매우 중요한 의미를 갖는다.

〈표 13-1〉 한부모가족 복지시설 비교 분석표

구분	설치목적 및 운영성격	입소 · 이용대상	주요 지원내용
출산 지원 시설	임신한 한부모와 출산 직후(1년 이내) 한부모가 안정적으로 출산 · 양육할 수 있도록 지원하는 임시 보호 · 자립 준비형 시설	임신 중인 한부모 또는 출산 후 1년 이내 한부모 및 만 3세 미만 자녀	• 안전한 주거와 식사 제공 • 분만 의료 지원 및 산후 회복 관리 • 자립역량 강화 프로그램 운영 • 양육 공백 지원(시설 내 아이돌봄 서비스) • 지자체 및 국가 경비 연계 지원
양육 지원 시설	자녀 양육에 어려움을 겪는 한부모에게 주거와 양육 관련 서비스를 제공하며, 자립 역량을 강화하는 생활형 지원 시설	만 6세 미만 자녀를 동반한 한부모	• 주거 및 기본 생활 지원 • 자립지원 프로그램 운영 • 아이돌봄 서비스 및 양육 공백 지원 • 직업훈련 및 취업 연계 • 국가 · 지자체 자원 연계
생활 지원 시설	장기적 주거 불안 및 자립 준비가 필요한 한부모에게 안정적 주거 · 생활 기반을 제공하고, 아동 발달과 자립을 동시에 지원하는 복합형 거주 시설	18세 미만(취학 시 22세 미만, 군 복무 기간 가산) 자녀를 둔 무주택 저소득 한부모 및 한부모 복지시설 퇴소자	• 안정적 주거 및 기본 생활 지원 • 심리 · 정서 상담 및 치료 지원 • 아동 방과 후 지도 및 급식비 지원 • 자립역량 강화 프로그램 운영 • 아이돌봄 서비스 및 지자체 경비 연계
일시 지원 시설	긴급 위기 상황에서 한부모와 아동을 보호하고, 법률 · 상담 · 의료 등 종합 서비스를 단기간에 집중적으로 제공하는 보호 · 회복 중심 시설	배우자의 폭력, 학대, 경제적 위기 등으로 긴급 보호가 필요한 한부모 및 자녀	• 주거 및 식사 제공, 생활보조금 지원 • 법률 · 심리 상담 및 의료 혜택 • 아이돌봄 서비스 및 아동 방과 후 지도 • 퇴소 후 자립을 위한 근로 연계 • 전 · 입학 조정 및 주민등록 열람 제한 지원
한부모 가족 복지 상담소	한부모가족의 위기 문제 해결과 자립 지원을 위한 상담 · 연계 중심의 지역 거점기관	한부모가족 및 한부모가 될 예정인 자	• 위기 상담 및 문제 해결 지원 • 법률 · 심리 · 양육 · 주거 상담 제공 • 복지 서비스 및 자원 연계 • 자립 준비를 위한 교육 및 프로그램 안내

3) 한부모가족복지시설의 설치 기준과 운영체계

(1) 설치기준

한부모가족복지시설의 설치는 「한부모가족지원법」과 「사회복지사업법」에서 정한 요건을 충족해야 한다.

시설은 대중교통 접근성이 용이하고, 아동의 교육 및 보육 환경을 고려한 지역에 위치해야 하며, 1인당 주거면적을 보장하고 위생 및 소방 안전 설비를 갖추어야 한다. 특히 아동과 보호자가 함께 생활하는 공간의 특성을 반영해 생활공간의 독립성과 공동체 공간의 조화가 중요하다.

〈표 13-2〉 한부모가족 복지시설 설치 규모

시설 유형		입소정원	시설의 최소면적
가. 출산지원시설	1) 법 제19조 제1항 제1호가목 및 나목	30명 이상 70명 이하	20.79m^2×정원(명)
		10명 이상 30명 미만	13.21m^2×정원(명)
	2) 법 제19조 제1항 제1호다목	5명 이상 30명 이하	20.79m^2×정원(명)
나. 양육지원시설		5세대 이상 30세대 이하	20.79m^2×정원(세대)
다. 생활지원시설		10세대 이상 30세대 이하	1) 2007년 3월 29일 전 설치된 시설 44m^2×정원(세대) 2) 2007년 3월 29일 이후 설치된 시설 56.1m^2×정원(세대)
라. 일시지원시설		10명 이상 70명 이하	9.9m^2×정원(명)
마. 한부모가족 복지상담소		–	82m^2. 다만, 한부모가족복지상담소를 한부모가족복지시설 내에 설치·운영하는 경우에는 49m^2 이상으로 한다.

출처: 성평등가족부(2024). 2024년 한부모가족지원사업 안내. p.250.

(2) 설치절차

설치절차는 관할 지자체에 설치 신고를 하고, 시설 기준 및 환경 평가를 거쳐 인가를 받은 후 운영을 개시하는 방식으로 진행된다. 이 과정에서 시설의 적합성을 평가하기 위해 보건복지부와 지자체가 공동으로 현장 점검을 실시하는 경우도 있다.

① 설치신고서 제출
- 제출처: 관할 특별자치도지사 · 특별자치시장 · 시장 · 군수 · 구청장
- 구비서류
  - 법인의 정관(법인의 경우에 한함)
  - 재산목록(소유 또는 사용할 수 있는 권리를 증명할 수 있는 서류 첨부)
  - 사업계획서 및 예산서
  - 시설의 평면도(시설의 층별 및 구조별 면적을 표시) 등

② 접수 · 검토
: 특별자치도지사 · 특별자치시장 · 시장 · 군수 · 구청장
  - 설치기준 및 종사자 자격 요건 등

③ 신고필증 교부
  - 특별자치도지사 · 특별자치시장 · 시장 · 군수 · 구청장 ⇒ 신청인

[그림 13-1] 한부모가족 복지시설 설치절차

(3) 운영체계

시설은 국가, 지방자치단체, 사회복지법인 또는 비영리법인이 설치할 수 있으며, 운영 방식은 직영 또는 민간 위탁으로 구분된다. 운영의 효율성을 높이기 위해 최근에는 공공 · 민간 협력 모델이 확대되는 추세이다. 서비스 제공 방식은 생활형(입소)과 이용형(비입소)을 병행하여, 긴급 상황에서는 주거 지원을, 장기적으로는 지역 기반 서비스를 함께 제공하는 통합적 체계를 갖추고 있다.

4) 한부모가족복지시설의 인력 배치

시설에는 사회복지사, 상담원, 직업상담사, 아동지도사 등 전문 인력이 배치

되며, 각 인력은 법정 자격기준을 충족해야 한다. 시설장은 사회복지사 1급 또는 관련 분야 3년 이상의 실무 경력이 있어야 하며, 사회복지사는 사례관리와 프로그램 기획을 담당한다. 상담원은 가족 및 아동의 심리·정서 상담을 전담하고, 직업상담사는 취업연계 및 자립지원 프로그램을 지원한다.

최근에는 아동발달 전문가, 심리상담사, 금융 컨설턴트 등 다학제적 인력을 포함하는 복합적 운영 체계가 강조되고 있다. 이러한 전문성 강화는 시설이 단순 보호 중심에서 벗어나 자립·발달·통합을 지원하는 기관으로 발전하기 위해 필수적이다.

〈표 13-3〉 한부모가족 복지시설 종사자의 직종과 수

시설 유형		시설 규모	종사자의 직종별 수(단위: 명)						
			시설장	사무국장	생활복지사	생활지도원	간호사	조리사	관리인
가. 출산지원시설	1) 법 제19조 제1항 제1호 가목 및 나목	50명 이상 70명 이하	1	1	5	5	2	2	1
		30명 이상 50명 미만	1	1	4	3	1	1	1
		10명 이상 30명 미만	1	1	2	3	1	1	
	2) 법 제19조 제1항 제1호 다목	10명 이상 30명 이하	1	1	1	1			
		5명 이상 10명 미만	1		1	1			
나. 양육지원시설		10세대 이상 30세대 이하	1	1	1	1			
		5세대 이상 10세대 미만	1		1	1			
다. 생활지원시설		20세대 이상 30세대 이하	1	1	2	2			1
		10세대 이상 20세대 미만	1	1	1	1			1

시설 유형	시설 규모	종사자의 직종별 수(단위: 명)						
		시설장	사무국장	생활복지사	생활지도원	간호사	조리사	관리인
라. 일시지원시설	30명 이상 70명 이하	1	1	2	3		1	1
	10명 이상 30명 미만	1	1	1	2		1	1
마. 한부모가족복지상담소	–	1		2				

출처: 「한부모가족지원법 시행규칙」 별표 3.

제2절 다문화가족 복지시설

1) 다문화가족 복지시설의 개요

다문화가족복지시설은 「다문화가족지원법」에 근거하여 설치·운영되는 공공 및 민간 복지서비스 체계로, 결혼이민자와 그 가족의 안정적인 정착, 가족관계 증진, 그리고 사회통합 촉진을 주요 목적으로 한다.

2000년대 이후 국제결혼의 증가와 외국인 이주민의 유입으로 다문화가족의 규모가 꾸준히 확대됨에 따라, 정부는 다양한 욕구를 지닌 가족들을 포괄적으로 지원하기 위한 지역 기반의 복지 인프라를 구축해 왔다.

이러한 복지시설은 상담, 교육, 통·번역, 자녀 양육, 가족관계 증진, 취업 연계 등 다양한 기능을 수행하는 여러 기관으로 구성되어 있다. 이 중에서도 현행 제도에서 핵심적인 역할을 담당하는 기관은 바로 다문화가족지원센터이다.

이 센터는 다문화가족의 다양한 요구를 한 곳에서 해결할 수 있는 '원스톱 서비스 허브'로 기능하며, 가족 단위 복지 수요에 대응하는 대표적인 기관으로 자리 잡고 있다.

2) 다문화가족지원센터의 설치

(1) 법적 근거 및 설치 주체

다문화가족지원센터는 「다문화가족지원법」 제12조 및 동법 시행령 제12조의 2에 근거해 설치된다. 국가 또는 지방자치단체는 센터의 전문성과 효율성을 높이기 위해 다음 중 하나에 해당하는 법인이나 단체에 운영을 위탁할 수 있다.

- 「사회복지사업법」 제2조 제3호에 따른 사회복지법인
- 「민법」 제32조에 따라 설립된 다문화가족 지원 관련 비영리법인
- 「공익법인의 설립 · 운영에 관한 법률」 제2조에 따른 공익법인
- 「비영리민간단체지원법」 제2조에 따른 비영리단체
- 「고등교육법」 제2조에 따른 학교
- 성평등가족부장관이 인정한 시설 및 전문인력을 갖춘 법인 또는 단체

(2) 위탁운영기관 설정 절차

다문화가족지원센터의 설치와 운영은 공정성과 투명성을 확보하기 위해 위탁기관 선정 절차를 거친다.

선정은 시 · 도 및 시 · 군 · 구 단위의 행정기관이 주관하며, 다음과 같은 단계로 이루어진다.

① 공고: 시 · 도 또는 시 · 군 · 구에서 운영기관 선정 공고를 게시한다.
② 신청서 접수: 법인 및 단체에서 지원신청서를 제출한다.
③ 선정위원회 구성 및 심의: 시 · 도 또는 시 · 군 · 구에서 전문가로 구성된 선정위원회를 설치하여 심사 · 평가를 실시한다.
④ 수탁기관 결정: 심의 결과에 따라 최종 수탁기관을 확정한다.
⑤ 위탁계약 체결: 선정된 기관과 공식적으로 위탁계약을 체결한다.
⑥ 계약 체결 결과 보고: 시 · 군 · 구 → 시 · 도 → 성평등가족부 순으로 계

약 체결 결과를 보고한다.

이러한 절차를 통해 운영기관의 전문성을 확보하고, 지역사회 맞춤형 서비스를 제공할 수 있는 기반을 마련하게 된다.

3) 다문화가족지원센터의 주요 업무

다문화가족지원센터는 「다문화가족지원법」 제12조 제4항에 근거하여, 결혼이민자와 그 가족이 안정적으로 정착과 자립할 수 있도록 다음과 같은 업무를 수행한다.

센터는 단순한 복지서비스 제공에 그치지 않고, 상담 · 교육 · 취업 · 통번역 등 다양한 서비스를 통합적으로 제공하는 데 중점을 둔다.

- 교육 및 상담 지원: 결혼이민자와 그 가족을 대상으로 부모교육, 가족상담, 아동양육 교육 등 다양한 프로그램을 운영한다.
- 한국어 교육: 결혼이민자의 한국 사회 적응을 위해 단계별 한국어 교육 프로그램을 제공한다.
- 정보 제공 및 홍보: 복지서비스, 자녀교육, 법률 · 노동 관련 정보 등 유용한 정보를 다문화가족에게 전달하고, 이를 적극 홍보한다.
- 서비스 연계: 지역 내 유관 기관 및 단체와 협력하여, 사례관리를 중심으로 한 통합적 서비스를 제공한다.
- 취업 및 자립 지원: 취업 정보 제공, 직업훈련 연계, 창업 상담 등을 통해 경제적 자립을 지원한다.
- 통 · 번역 서비스: 언어 장벽을 해소하기 위해 전문 통 · 번역 서비스를 제공하며, 공공기관 및 의료기관 이용을 돕는다.
- 가정폭력 예방 및 피해자 지원: 다문화가정 내 발생 가능한 가정폭력을 예방하고, 피해자 보호 및 법률 · 상담 서비스를 연계한다.

- 기타 복지사업: 성평등가족부 및 지방자치단체가 필요하다고 판단하는 지역 맞춤형 사업을 수행한다.

4) 설치 운영 기준

다문화가족지원센터의 설치와 운영은 「다문화가족지원법 시행령」 별표 1에 따라 체계적으로 관리된다.

(1) 입지 조건

센터는 접근성이 뛰어나고 교통이 편리한 지역에 위치해야 하며, 일조, 채광, 환기, 급수, 위생 등 환경 조건이 양호한 쾌적한 공간을 확보해야 한다. 이용자와 종사자의 건강을 보호하고 재해를 예방하기 위한 환경 조성이 필수적이다.

(2) 구조 및 설비 기준

센터는 45㎡ 이상의 사무 전용 공간을 확보해야 하며, 상담실, 교육장, 언어발달실, 비상재해대피시설 등 필수 공간을 갖추어야 한다.

- 특히 상담실은 비밀보장을 위해 방음 설비를 갖추어야 하며,
- 언어발달 프로그램 운영 시에는 16㎡ 이상의 전용 공간을 별도로 확보해야 한다.
- 이 외에도 소방시설, 비상구, 소화기 등 안전설비를 완비해야 한다.

(3) 운영 기준

센터는 주 5일 이상, 하루 8시간 이상 운영하는 것을 원칙으로 하며, 운영 방침과 직원의 업무분장을 포함한 내부 규정을 명문화해야 한다.

운영기록과 회계 관련 문서는 전자문서를 포함해 체계적으로 관리하고, 운영

일지, 재산대장, 예산서 및 결산서, 인사카드 등 관련 자료를 철저히 보존해야 한다.

5) 다문화가족지원센터 전문인력 기준

다문화가족지원센터의 운영에서 가장 중요한 핵심은 전문인력의 확보이다. 「다문화가족지원법 시행규칙」 제3조에 따라, 센터에는 다음과 같은 전문인력을 각각 1명 이상 반드시 배치해야 한다.

- 건강가정사: 가족상담, 부모교육, 아동양육 프로그램 기획 및 운영 담당
- 사회복지사: 사례관리, 서비스 연계, 욕구조사, 지역자원 발굴 담당
- 성평등가족부 인정 전문인력: 다문화교육 전문가, 심리상담사, 통·번역사 등

전문인력은 단순히 법적 요건을 충족하기 위한 배치 대상이 아니라, 센터 서비스의 품질을 결정짓는 핵심 요소이다. 따라서 센터 운영자는 지역사회 특성과 이용자 욕구를 반영한 전략적인 인력 구조 설계를 통해 서비스의 효과성을 극대화할 필요가 있다.

다문화가족지원법 시행규칙

제3조(다문화가족지원센터 전문인력의 기준) 법 제12조 제1항부터 제3항까지의 규정에 따른 다문화가족지원센터(이하 '지원센터'라 한다)에는 같은 조 제5항에 따라 다음 각 호의 어느 하나에 해당하는 전문인력을 1명 이상 두어야 한다.

1. 「건강가정기본법」 제35조에 따른 건강가정사
2. 「사회복지사업법」 제11조에 따른 사회복지사
3. 그 밖에 성평등가족부장관이 인정하는 관련 분야의 전문인력

제3절 노숙인 복지시설

1) 노숙인의 개념

(1) 「노숙인 등의 복지 및 자립 지원에 관한 법률」의 제정 목적

① 법 제정 배경과 연혁

과거 우리나라에서 노숙인 관련 정책은 「사회복지사업법」에 근거해 시행되었으며, '부랑인 및 노숙인 보호시설 설치 · 운영 규정'이 주요 법적 근거였다. 그러나 이 규정은 단순 보호 위주의 정책에 그쳤고, 주거 지원 · 일자리 연계 · 자활 프로그램 등 장기적 지원체계가 미흡했다. 특히 노숙인과 부랑인을 구분하는 명확한 기준이 부재하여 행정체계가 이원화되었고, 이로 인해 국가와 지방자치단체 간 협력도 원활하지 못했다.

IMF 외환위기 이후 노숙 문제가 급격히 심화되면서 긴급구호 중심의 대응에서 벗어나 통합적이고 체계적인 복지서비스를 마련할 필요성이 대두되었다. 이에 정부는 노숙인의 기본권 보장과 자립지원, 사회복귀를 국가적 책무로 규정하기 위해 「노숙인 등의 복지 및 자립지원에 관한 법률」(이하 '노숙인복지법')을 2011년 6월 7일 제정하였고, 2012년 6월 8일부터 본격적으로 시행하였다.

법 제정 이후 노숙인 정책은 단순 보호 중심에서 재활 · 자립 · 사회통합으로 중심축을 전환하였으며, 민간단체와의 협력체계 구축을 통해 서비스 전달의 전문성과 효율성을 강화하는 방향으로 발전해 왔다.

② 법 제정 목적

「노숙인복지법」 제1조는 법의 목적을 명확히 규정하고 있다. 즉 노숙인 등에게 인간다운 생활을 할 수 있는 권리를 보장하고, 재활과 자립을 위한 기반을 조성하여 건전한 사회복귀와 복지 증진을 실현하는 데 그 목적이 있다. 이는 단순한 긴급 보호가 아니라, 노숙인을 사회 구성원으로 다시 자리매김하도록 돕는 포괄적 복지체계의 근거가 된다.

(2) 노숙인의 개념과 범위

「노숙인복지법」은 법 적용 대상을 '노숙인 등'으로 규정한다. '노숙인 등'이란 상당한 기간 동안 일정한 주거 없이 생활하는 사람, 노숙인 시설에서 생활하거나 이용하는 사람, 또는 주거로서의 적절성이 현저히 낮은 곳(예: 쪽방, 고시원, 여인숙 등)에서 생활하는 사람을 모두 포함한다.

이 정의는 단순히 거리에서 생활하는 노숙인뿐 아니라, 시설보호를 받고 있는 노숙인, 그리고 잠재적 노숙 상태에 있는 사람까지 포괄한다. 이는 복지 개입 범위를 넓힘으로써 단순한 사후 지원이 아닌 예방적 접근까지 포함하는 정책적 의도를 담고 있다.

2) 노숙인 등에 대한 복지조치

(1) 국가와 지방자치단체의 책임

「노숙인복지법」은 국가와 지방자치단체에 광범위한 책무를 부여하고 있다. 우선, 노숙을 예방하고 노숙인의 권익을 보장하며, 보호와 재활·자활을 지원하기 위한 정책을 수립·시행해야 한다. 또한 효과적인 서비스 전달을 위해 민간 사회복지기관, 종교단체, 의료기관 등과의 협력체계를 구축하여야 한다. 이러한 협력은 단순 행정 절차를 넘어 지역 기반의 통합 서비스 체계를 마련하는 데 필수적이다.

(2) 노숙인의 권리와 의무

노숙인 등은 국가와 지방자치단체로부터 적절한 주거와 보호, 복지서비스를 제공받을 권리가 있다. 동시에 스스로 생활 수준을 향상시키기 위해 노력해야 하며, 응급 상황에서는 관계 기관의 조치에 협조할 의무가 있다. 이러한 상호적 책임 구조는 권리 보장과 자기 책임성의 균형을 유지하기 위한 제도적 장치로 해석할 수 있다.

(3) 복지 및 자립지원 종합계획

보건복지부장관은 5년마다 「노숙인 등의 복지 및 자립지원 종합계획」을 수립해야 한다. 이에 따라 각 시·도지사와 관계 중앙행정기관장은 지역 실정에 맞는 세부 시행계획을 마련하여 추진한다. 이 종합계획은 국가적 중장기 전략을 제시함과 동시에, 개별 시설과 지역사회가 수행해야 할 역할을 명확히 규정하는 기능을 가진다.

(4) 주요 복지서비스의 범위

「노숙인복지법」에 따라 국가와 지방자치단체는 노숙인에게 주거지원, 급식지원, 의료지원, 고용지원, 응급조치 등 생존권 보장을 위한 기본 서비스부터 시작해, 직업재활과 사회적응 프로그램까지 제공할 수 있다. 이는 단순 보호에 국한되지 않고 자립기반을 마련하는 장기적 접근을 지향한다는 점에서 의미가 크다.

(5) 시설 설치와 위탁운영

국가와 지방자치단체는 노숙인의 자립과 사회복귀를 지원하기 위해 노숙인복지시설을 설치·운영할 수 있다. 또한 사회복지법인, 비영리법인 등 전문기관에 운영을 위탁하여 시설 운영의 효율성과 전문성을 높일 수 있다. 이를 통해 공공과 민간의 파트너십 기반 서비스 전달 체계를 구축하는 것이 가능하다.

(6) 인권 보호와 종사자의 책무

노숙인시설 종사자는 노숙인의 인권 보호를 위한 의무를 지닌다. 특히 인권침해 예방을 위한 교육을 주기적으로 이수해야 하며, 노숙인을 유기하거나 학대하는 행위는 엄격히 금지된다. 이는 노숙인 복지서비스가 단순 시혜가 아닌 권리 보장적 접근을 기반으로 운영되어야 함을 강조하는 조항이다.

3) 노숙인 복지시설의 종류와 설치

(1) 노숙인 복지시설의 종류와 사업내용

노숙인복지시설은 「노숙인 등 복지 및 자립지원에 관한 법률」 제6조 및 동법 시행령 제3조에서 그 유형과 기능을 규정하고 있다. 이러한 시설은 단순한 보호 기능을 넘어 주거 지원, 의료 서비스, 직업 재활, 심리 상담, 자립 준비 등 노숙인의 사회복귀와 자립을 목표로 하는 통합적 서비스 제공에 목적이 있다. 특히 최근에는 단순 일시 보호를 넘어서 장기적 재활과 자활지원 중심의 패러다임으로 전환되고 있어, 각 시설의 설치 목적과 기능을 이해하는 것이 중요하다.

(2) 노숙인 복지시설의 종류별 사업내용

노숙인 복지시설의 종류별 사업내용은 <표 13-4>와 같다.

〈표 13-4〉 노숙인 복지시설의 종류별 사업내용

종류	사업내용 및 기준
1. 노숙인일시보호시설	노숙인 등에 대한 일시적인 잠자리 제공, 급식 제공, 응급처치 등 일시보호 기능을 주로 수행하면서 종합지원센터에 상담 의뢰, 병원진료 연계, 생활물자 지원·보관 등 부가적 서비스를 제공
2. 노숙인자활시설	건강상 특별한 문제가 없고 일할 의지 및 직업능력이 있는 노숙인 등을 입소시켜 생활지도·상담·안전관리 또는 전문적인 직업상담·훈련 등의 복지서비스를 직접 제공하거나 직업훈련기관 또는 고용지원기관 등과의 연계를 통해 노숙인 등의 자활·자립을 지원
3. 노숙인재활시설	신체장애, 정신장애, 그 밖의 질환 등으로 인하여 자립이 어렵고 치료와 보호가 필요한 노숙인 등을 입소시켜 치료 및 각종 재활프로그램을 제공하고 사회적응훈련을 실시함으로써 노숙인 등의 신체적·정신적 재활을 통한 자립기반 조성을 지원
4. 노숙인요양시설	건강상의 문제 등으로 인하여 단기간 내 가정 및 사회복귀가 어려운 노숙인 등을 입소시켜 상담·치료 또는 요양서비스를 제공
5. 노숙인급식시설	노숙인 등에게 필요한 급식서비스를 제공
6. 노숙인진료시설	노숙인 등에 대한 진단·치료·재활 등 의료서비스를 제공
7. 쪽방상담소	쪽방 거주자에 대한 상담, 취업지원, 생계지원, 기타 행정지원 서비스를 제공

4) 노숙인 복지시설의 설치 기준 및 운영관리

노숙인복지시설의 설치와 운영은「노숙인 등 복지 및 자립지원에 관한 법률」 제7조 및 동법 시행령, 시행규칙에서 명확히 규정하고 있다. 국가와 지방자치단체는 노숙인의 복지 향상과 자립을 지원하기 위해 필요한 시설을 설치하거나, 사회복지법인·비영리법인 등에 위탁하여 운영할 수 있다. 시설 운영자는 법에서 정한 설치 기준을 충족해야 하며, 동시에 서비스 품질을 보장하기 위한 전문인력 배치와 안전관리 체계를 구축해야 한다.

(1) 설치 주체 및 절차

노숙인복지시설은 국가, 지방자치단체, 또는 보건복지부 장관이 지정한 사회복지법인·비영리법인이 설치할 수 있다. 실무적으로는 대부분 시·도 또는 시·군·구 단위에서 설치 계획을 수립하고, 운영을 위탁하는 방식으로 운영된다.

(2) 노숙인복지시설의 설치 기준

노숙인복지시설은 시설 유형에 따라 입지 조건, 시설 구조 및 설비, 안전·위생 요건 등이 상이하게 적용된다. 예를 들어, 노숙인일시보호시설은 응급구호 중심의 공간 구성과 위생 관리가 중점이 되지만, 노숙인자활시설은 직업훈련과 취업연계 프로그램 운영을 위한 별도의 작업장과 상담실을 확보해야 한다. 또한 노숙인요양시설의 경우 의료서비스 접근성, 간호 인력 배치, 격리실 확보 등 보건안전 관리 기준이 상대적으로 강화된다.

다만, 이러한 설치 기준은 법령에서 세부적으로 규정하고 있으므로, 구체적인 내용은「노숙인복지시설 설치 및 운영 규칙」제5조 및 별표 1을 참고하는 것이 필요하다. 해당 규정에는 시설별 최소 면적, 필수 설비, 위생 및 안전 관리 기준, 인접 의료기관과의 연계 요건 등이 상세히 제시되어 있어 실무에서 시설 설계 및 운영 계획을 수립할 때 반드시 검토해야 한다.

(3) 노숙인시설 운영의 기준

노숙인복지시설은 「노숙인 등 복지 및 자립지원에 관한 법률」 및 동법 시행규칙에서 정하는 바에 따라 운영되며, 시설 유형에 관계없이 일정한 공통 운영 기준을 준수해야 한다. 이러한 기준은 단순한 행정 절차가 아니라, 입소자의 권익 보호와 서비스 품질 유지, 시설 운영의 투명성 확보를 목적으로 한다. 실무자는 시설운영의 법적 책무와 절차를 충분히 이해하고 있어야 하며, 특히 아래의 다섯 가지 영역을 중점적으로 관리해야 한다.

① 노숙인 등 관리기록의 작성과 보존

노숙인일시보호시설 및 입소형 시설의 장은 보호 중인 노숙인 등에 대한 신상기록카드와 입소자 명부를 작성·관리해야 한다. 신상기록카드에는 기본 인적사항, 건강 상태, 상담 및 서비스 제공 내역 등 핵심 정보가 포함되며, 이는 개별 사례관리를 위한 필수 자료로 활용된다.

보건복지부장관, 시·도지사 또는 시장·군수·구청장이 요청할 경우, 시설장은 해당 자료를 즉시 제출하거나 열람에 응해야 한다. 이는 국가와 지자체가 노숙인 지원정책을 수립하고 집행하는 데 필요한 행정 협력의 한 과정이다.

② 급식 및 위생관리

시설운영에서 급식서비스는 단순한 식사 제공을 넘어 입소자의 건강과 회복을 위한 중요한 복지 서비스이다. 시설장은 입소자가 충분한 영양을 섭취할 수 있도록 균형 잡힌 식단을 작성·시행해야 한다.

식단은 원칙적으로 영양사가 작성하되, 영양사를 둘 수 없는 소규모 시설의 경우 관할 보건소 또는 보건지소의 지도를 받아야 한다. 또한 감염병 또는 화농성 질환을 가진 사람은 식품 조리에 참여할 수 없으며, 상수도 이외의 물을 음용수로 사용하는 경우, 분기별 1회 이상 수질검사를 실시하여 위생 안전을 확보해야 한다. 이는 단순한 행정 규정이 아니라, 노숙인 시설에서 자주 발생할 수 있는 집단감염을 예방하기 위한 핵심 조치이다.

③ 사망자 발생 시 처리 절차

시설 내에서 입소자가 사망한 경우, 시설장은 즉시 사망진단 또는 검안을 실시하고, 연고자에게 사망 일시와 원인을 신속히 통보해야 한다. 만약 연고자가 없거나 연락이 불가능한 경우에는 「장사 등에 관한 법률」 제12조 및 「시체해부 및 보존에 관한 법률」 제12조에서 정한 절차에 따라 처리해야 한다. 이러한 규정은 입소자의 존엄성을 보호하고, 법적 절차를 준수하여 행정상 혼선을 방지하기 위한 것이다. 실무자는 해당 법령을 숙지하여 비상 상황에서도 신속하고 정확하게 대응할 수 있어야 한다.

④ 금품의 보관 및 반환

입소형 노숙인복지시설 및 노숙인일시보호시설에서는 입소자가 원하는 경우, 소지 금품을 안전하게 보관해 주어야 한다. 또한 입소자가 요청할 경우, 시설장은 보관 중인 금품을 지체 없이 반환해야 한다. 이는 입소자의 재산권을 보호하고 시설운영의 신뢰성을 확보하기 위한 최소한의 조치이다. 실무자는 금품 보관 및 반환 과정에서 반드시 수불 기록을 남겨야 하며, 분쟁 예방을 위해 서면 동의서를 활용하는 것이 바람직하다.

⑤ 장부 및 서류 관리

노숙인복지시설은 서비스 제공의 투명성과 법적 책임성을 보장하기 위해 다음과 같은 장부 및 서류를 갖추어 보관해야 한다.

- 시설의 연혁을 기록한 연혁부
- 재산목록 및 소유권 증명서류
- 시설 운영일지 및 상담 · 서비스 제공 내역
- 시설장 및 직원의 인사기록부(이력서 · 사진 포함)
- 예산서 및 결산서를 포함한 회계자료
- 총계정원장, 수입 · 지출 보조부, 금전 · 물품 출납부 및 증빙서류
- 보고서철 및 관계 행정기관과의 공문서철

- 소속 법인의 정관 및 의사결정 관련 회의록(법인 시설에 한함)
- 직원의 인사, 복무 및 시설 운영 규정 관련 서류

서류 관리의 목적은 단순히 행정 보고에 그치지 않는다. 이는 시설 운영의 투명성을 확보하고, 평가 · 감사 및 법적 분쟁 발생 시 근거자료로 활용될 수 있는 중요한 관리 체계이다. 실무자는 서류 보관 주기와 보존 연한을 법령에 맞춰 철저히 관리해야 한다.

(4) 노숙인복지시설 종사자의 자격기준 및 배치기준

노숙인복지시설의 전문성과 서비스 품질을 보장하기 위해서는 법령에서 정한 종사자 자격기준과 배치기준을 반드시 충족해야 한다. 「노숙인 등 복지 및 자립지원에 관한 법률」 제9조와 같은 법 시행규칙 별표 1에서는 시설 유형별로 필요한 전문 인력의 종류와 배치 비율을 구체적으로 규정하고 있다.

사회복지법인 · 시설 지도점검과 평가

제1절 사회복지법인 · 시설 지도점검

사회복지법인과 사회복지시설은 「사회복지사업법」에 근거하여 설치 · 운영되는 기관으로, 관련 법령과 사업 지침을 준수해야 할 법적 의무가 있다. 행정기관은 이러한 법인과 시설이 설립 목적에 부합하게 운영되고 있는지를 종합적으로 점검 · 평가하고, 개선을 유도하며, 궁극적으로 투명하고 책임 있는 운영 체계를 확립하기 위해 지도점검을 실시한다. 이는 사회복지서비스의 질을 향상시키고, 국민의 복지 증진에 기여하기 위한 필수적인 과정이다.

1) 법적 근거 및 목적

(1) 목적

① 법규 준수 및 적법성 확보

법인 및 시설에 대한 지도점검은 단순히 법규 위반 사항을 적발하는 데 그치지 않고, 법인 및 시설 운영의 적법성을 확보하여 투명하고 책임 있는 운영을 유도하는 것을 목적으로 한다.

② 운영 효율성 및 서비스 질 향상

운영 전반을 평가하고 개선을 유도하여 효율적인 운영을 지원하고 사회복지서비스의 질을 향상시키는 것을 목적으로 한다.

③ 투명하고 건전한 재정 운영 확보

예산 집행의 적절성 및 회계 처리의 투명성 확보, 재정 관련 비리 및 부정행위 예방 등 투명하고 건전한 재정 운영을 확립하는 것을 목적으로 한다.

④ 문제점 시정 및 운영 능력 강화

발견된 문제점을 시정하고 법인 및 시설의 운영 능력을 강화하는 것을 목적으로 한다.

⑤ 이용자 중심의 서비스 제공 및 권익 보호 강화

이용자 권익 보호, 맞춤형 서비스 제공, 이용자 의견 수렴 및 만족도 향상을 통해 이용자 중심의 사회복지서비스를 제공하는 것을 목적으로 한다.

(2) 법적 근거

① 「사회복지사업법」 제51조(지도 · 감독 등)

② 「사회복지법인 및 사회복지시설 재무 · 회계규칙」 제42조의2(회계감사)

③ 「보조금관리에 관한 법률」 제25조(보조사업의 수행상황점검 등) 및 제36조(검사)

④ 「지방자치법」 제184조(지방자치단체의 사무에 대한 지도와 지원)

⑤ 기타(개별법)

- 「노인복지법」 제42조(감독)
- 「아동복지법」 제66조(조사 등)
- 「장애인복지법」 제61조(감독)
- 「정신건강증진 및 정신질환자 복지서비스 지원에 관한 법률」 제66조(보고 · 검사 등)
- 「영유아보육법」 제42조(보고와 검사) 등

2) 지도점검 대상 및 시기

「사회복지사업법」 제2조에 명시된 사회복지사업을 목적으로 설립·설치된 법인과 시설은 지도점검의 주요 대상이다. 또한 정부 보조금을 지원받는 비영리법인이 운영하는 사회복지시설 역시 지도점검 대상에 포함될 수 있다. 지도점검은 최소 1년에서 최대 3년 주기로 정기적으로 실시되며, 점검의 종류에 따라 구체적인 대상, 주기 및 실시 기관이 결정된다. 지도점검의 주요 내용은 다음과 같다.

〈표 14-1〉 점검 시기

종류	대상	주기	실시기관
정기지도감독 – 조직운영 전반 – 회계감사	법인	최소 매 3년마다 1회	시·도지사(위임기관) 또는 시·군·구청장
	시설	연 1회 이상	
수시 지도감독	시설	필요시(입퇴소 실태, 생활실태)	시·군·구청장
특별지도감독	법인 시설	진정, 투서, 언론보도, 비리 발생, 인권침해, 행정처분이나 지적사항 미이행 등 주무관청이 지도감독 필요성이 있다고 판단한 경우	보건복지부장관 시도지사 시·군·구청장

출처: 보건복지부(2025). 사회복지시설 관리안내. p.52.

〈표 14-2〉 정기점검(안전점검 포함)

절차	주요 내용
① 지도·점검 계획수립	대상 시설의 종류 및 규모 등 자체 여건에 따라 점검 계획에 점검항목, 점검인력, 점검기간, 착안사항 등을 포함
② 점검반 구성	담당공무원의 업무여건에 따라 점검반 구성
③ 일정통보	점검목적과 전체적인 일정을 해당 시설에 통보
④ 일정통보	정기지도·점검에 앞서 시설 자체점검 체크리스트를 통한 자체점검 실시
⑤ 현장점검	정기지도·점검 계획에 의거 시설 자체 점검표와 점검항목을 비교하여 점검실시
⑥ 행정조치	현장점검 결과 위반사항에 대한 행정조치 이행

출처: 경기복지재단(2022). '23 경기도 사회복지법인 업무매뉴얼 개발. p.195.

〈표 14-3〉 수시(긴급)점검

절차	주요 내용
① 지도 · 점검 계획수립	민원(신고센터 접수 등) 제기 시설 및 언론보도 시설 등 긴급점검 필요 시설
② 일정 미통보	시 · 자치구 담당공무원이 일정통보 없이 불시에 방문하여 지도 · 점검 실시(경우에 따라 당일 통보 가능)
③ 현장점검	불시점검을 원칙으로 하고 제보자 신분보호 필요시 민원 · 신고 내용 이외의 점검을 병행 실시
④ 행정조치	현장점검 결과 위반사항에 대한 행정조치 이행

출처: 경기복지재단(2022). '23 경기도 사회복지법인 업무매뉴얼 개발. p.195.

3) 주요 지도점검 내용

(1) 법인 · 시설 운영 전반

사회복지법인 및 사회복지시설 운영 전반에 걸친 지도점검은 기관의 투명성과 효율성을 확보하는 데 필수적인 과정이다. 이러한 지도점검은 15가지 주요 영역으로 세분화되어 진행되며, 각 영역은 기관 운영의 다양한 측면을 포괄적으로 평가하도록 설계되었다.

① 법인설립허가, 정관, 운영규정에 관한 사항

사회복지법인 및 시설 운영의 핵심인 법인설립허가, 정관 및 운영규정은 반드시 확인해야 할 사항이다. 특히 법인의 경우, 설립허가 절차가 법규에 따라 적절하게 진행되었는지, 정관과 운영 규정 내용이 서로 일관성을 유지하는지 그리고 상위 법령이나 지침에 위배되는 조항은 없는지를 면밀히 검토하여 그 적정성을 판단해야 한다. 이러한 검토를 위해 법인과 시설은 법인설립허가 신청서와 설립허가증, 정관 및 운영 규정 등 관련 서류를 필수적으로 비치하고 있어야 한다. 이러한 서류들은 기관 운영의 법적 근거를 명확히 하고, 투명하고 책임 있는 운영을 위한 기초 자료로 활용된다.

〈표 14-4〉 준비사항

구분	주요 내용	비고
법인	법인설립허가증, 법인의 정관, 운영규정	
사회복지시설	사회복지시설 운영규정	

출처: 당진시복지재단(2019). 당진시 사회복지시설 및 법인 지도점검 매뉴얼 연구. p.33.

② 법인재산 관리에 관한 사항

사회복지법인 및 사회복지시설의 재산 관리는 기본재산과 보통재산의 취득 및 처분 절차를 포함하여 다양한 측면을 포괄하며, 이는 기관 운영의 투명성과 안정성을 확보하는 데 매우 중요하다. 지도점검 시에는 법인의 실제 재산과 정관에 명시된 기본재산을 비교하여 그 일치 여부를 확인하고, 재산 처분 후 현금 흐름의 적절성을 면밀히 검토한다. 또한 법인 재산이 임의로 매도, 증여, 교환, 담보 제공되지 않았는지, 도로 편입 등으로 인한 부동산 보상금이 기본재산으로 적절히 편입되거나 대체되었는지 등을 확인한다. 특히 기본재산 처분 또는 임대 후 사적인 용도로 사용된 사실이 있는지 여부는 중요한 점검 사항이다.

이러한 점검을 위해 사회복지법인은 재산대장, 기본재산 처분 허가 신청서 및 처분 허가 문서, 재산 취득 및 처분 관련 보고서, 정관의 기본재산 및 보통재산 목록, 감사 보고서, 법인 등기부등본, 유가증권 명세서, 기타 유동 자산 및 고정 자산 명세서, 부채 명세서, 제 충당금 명세서, 기본재산 수입 명세서, 정부 보조금 명세서, 비품 관리 대장 등 관련 서류를 반드시 비치하고 있어야 한다. 이러한 서류들은 재산 관리의 투명성을 확보하고, 법적 요구 사항을 충족시키는 데 필수적인 자료로 활용된다.

③ 수익사업에 관한 사항

사회복지법인 및 시설의 수익사업 운영은 기관의 재정적 안정성을 확보하고, 사회복지서비스의 질을 향상시키는 중요한 수단이 될 수 있다. 지도점검 시에는 가장 먼저 해당 법인의 정관에 수익사업에 대한 명확한 근거가 마련되어 있는지 확인한다. 이는 법인이 수익사업을 수행할 수 있는 권한을 부여받았는지 확인하는 필수적인 절차이다. 만약 정관에 수익사업에 대한 근거가 명시되어 있지 않다면, 법인은 수익사업을 운영할 수 없다.

다음으로, 수익사업이 법인의 설립목적에 부합하는지, 법인운영에 지장을 초래하지 않는지, 수익사업 회계가 법인 회계와 명확히 분리되어 운영되는지, 그리고 수익금 사용이 목적 사업과 관련이 있는지 등을 면밀히 검토해야 한다. 특히 수익사업으로 발생한 수익금이 법인의 설립 목적과 사회복지 사업에 적절하게 사용되는지 확인하는 것은 매우 중요하다.

이러한 점검을 위해 법인은 정관, 이사회 회의록, 사업 수입 명세서, 수익사업 관련 서류(계획서 및 결과보고서 등), 사업 수입에 따른 지출 내용 등 관련 서류를 철저히 준비해야 한다. 이러한 서류들은 수익사업 운영의 투명성을 확보하고 법적 및 윤리적 기준을 준수하는 데 필수적인 자료로 활용된다.

④ 비치서류 구비 여부

사회복지법인과 사회복지시설은 각각 다른 법적 기준에 따라 필수적으로 비치해야 하는 서류 목록이 명확히 구분된다. 먼저, 사회복지법인은 보건복지부의 사회복지법인 관리 안내에 따라 정관, 임원 명부 및 이력서, 기본재산과 보통재산으로 구분된 재산 목록, 총회 또는 이사회 회의록, 사업계획서, 사업실적서 및 예·결산서, 현금 및 물품의 출납대장, 보조금 관리대장(보조금 수령 시), 주무관청 등 관계기관과의 서류, 자산·회계 증빙서류 등의 서류 및 장부를 반드시 비치해야 한다. 특히 「사회복지사업법」 제51조에 따라 주무관청은 법인 사무의 지도 및 감독을 위해 관계 서류 제출을 요구하거나 사무 및 재산 상황을 검사할 수 있으므로, 비치 서류 관리에 철저를 기해야 한다. 이는 사회복지법인이 투명하고 책임감 있게 운영되고 있는지 확인하고, 필요한 경우 시정 조치를 취하기 위한 중요한 절차이다.

〈표 14-5〉 법인의 비치서류

- 정관(영구)
- 임원명부 및 이력서(영구)
- 재산목록(영구)
  → 기본재산과 보통재산 구분
- 종회 또는 이사회 회의록(영구)
- 사업계획서, 사업실적서 및 여·결산서(10년)
  → 추정손인계산서 및 추정재무상태표와 그 부속명세서 첨부
- 현금 및 물품의 출납대장(10년)
- 보조금을 받는 경우 보조금관리대장(영구)
- 주무관청 등 관계기관과의 서류 및 자산·회계 증빙서류(10년)

출처: 보건복지부(2025). 사회복지법인 관리안내. p.76.

반면, 사회복지시설은「사회복지사업법 시행규칙」제25조에 따라 법인 정관, 법인설립허가증 사본(법인이 설치한 시설에 한함), 사회복지시설 신고증, 시설 건축물 관리 대장, 시설 거주자 및 퇴소자 명부와 상담 기록부, 시설 운영 계획서 및 예산결산서, 후원 금품 대장, 시설장 및 종사자 명부 등을 반드시 비치해야 한다. 다만, 개별 법령에서 해당 시설에 별도의 비치 서류를 규정하고 있는 경우에는 해당 법령의 규정을 우선적으로 준수해야 한다. 시설에서 위에서 언급된 서류들을 비치하지 않을 경우,「사회복지사업법」제58조에 의거하여 300만 원 이하의 과태료가 부과될 수 있다. 이는 사회복지시설이 법적 기준을 준수하고 투명하게 운영되고 있는지 확인하고, 필요한 경우 시정 조치를 취하기 위한 중요한 절차이다.

〈표 14-6〉 시설의 비치서류

• 법인의 정관, 법인설립허가증 사본(사회복지법인 등 법인이 설치한 시설에 한함) • 사회복지시설 신고증(국공립시설임은 국공립시설입을 알리는 안내문), 시설의 건축물관리대장 • 시설거주자 · 퇴소자 명부 및 상담기록부 • 시설의 운영계획서 및 예산결산서, 후원금품대장 • 시설의 장과 종사자의 명부

출처: 보건복지부(2025). 사회복지시설 관리안내. p.30.

⑤ 임직원 구성 및 운영에 관한 사항

사회복지법인 및 시설 운영에 있어 임직원 구성과 운영은 기관의 안정성과 효율성을 결정짓는 핵심적인 요소이다. 특히 임원 구성의 적정성은 법인의 투명성과 책임성을 판단하는 데 중요한 기준이 된다. 임원의 경우, 관련 규정과 상위 법령에 명시된 기준을 준수하는지, 대표자와의 특수 관계 여부, 이사회 정기 회의 개최 횟수, 임원 임면 보고 등 다양한 사항을 종합적으로 검토해야 한다. 또한 임직원의 겸직 여부, 특히 법인 이사의 시설장 및 종사자 겸직, 겸직의 법적 근거, 겸직 임원의 급여 지급 내역 및 실제 근무 실태 등을 확인하는 것은 필수적이다.

이러한 평가를 위해 법인 등기, 이사회 회의록, 법인 임원 임면 보고서, 외부 임원 임명 관련 보고 서류, 임직원 보수 일람표 등을 사전에 철저히 준비해야 한다. 이는 임직원 구성 및 운영의 적법성과 투명성을 확보하고, 사회복지법인 및 시설이 공익적 목적에 부합하게 운영되고 있는지 확인하는 데 필수적인 절차이다.

⑥ 장기차입에 관한 사항

장기차입은 주로 사회복지법인에 해당되는 사항으로, 시도지사의 허가를 받아야 한다. 따라서 지도점검 시에는 장기차입에 대한 이사회 의결 여부, 장기차입 사후관리 등 관련 서류를 면밀히 검토한다. 특히 장기차입이 법인의 재정 건전성에 미치는 영향과 그 적절성을 평가하는 데 중점을 둔다. 이를 위해 장기차입 관련 이사회 회의록, 시도지사 허가문서, 장기차입금 사용 내역 및 상환 계획 등 관련 서류를 철저히 준비해야 한다. 이는 장기차입이 법인의 재정 안정성을 해치지 않고, 공익적 목적에 부합하게 사용되고 잇는지 확인하는 데 필수적인 절차이다.

⑦ 시설 운영위원회에 관한 사항

시설운영위원회에 관한 사항은 「사회복지사업법」 제36조에 따라 위원의 자격요건 충족 여부를 비롯하여 법인의 임원 및 친인척 등 특수관계 여부, 위원회 구성(5인~15인) 및 운영(정기 또는 수시), 회의 공개 여부, 회의록 작성 및 보고 등 다양한 측면을 포괄한다. 따라서 지도점검 시에는 시설운영위원회 명단과 위촉 관련 문건, 회의록 및 회의 보고 문서 등을 철저히 준비해야 한다. 이는 시설운영위원회가 법적 기준을 준수하고, 시설 운영에 대한 투명성과 책임성을 확보하는 데 필수적인 절차이다.

〈표 14-7〉 시설운영위원회 구성

위원회의 위원은 아래에 해당하는 자 중에서 관할 시장·군수·구청장이 임명 또는 위촉

- 시설의 장
- 시설 거주자(이용자) 대표
- 시설 거주자(이용자)의 보호자 대표
- 시설 종사자의 대표
- 해당 시·군·구 소속의 사회복지업무를 담당하는 공무원
- 후원자 대표 또는 지역 주민
- 공익단체에서 추천한 사람
  * 공익단체는 「비영리민간단체 지원법」 제2조에 따른 비영리민간단체를 말함
- 그 밖에 시설의 운영 또는 사회복지에 관하여 전문적인 지식과 경험이 풍부한 자
  ※ ① 시설장의 친인척, ② 설치·운영자인 법인의 임원 등 특수관계가 명확한 자(시설장 제외)는 위원으로 임명·위촉하지 않도록 할 것

※「지방자치법」제43조 제5항에 따라 지방의회의원은 지방자치단체로부터 운영비 등을 보조받는 사회복지사업을 하는 자가 설치·운영하는 사회복지시설의 운영위원회 위원이 될 수 없음에 유의할 것(법제처 해석, 17-0433)

출처: 보건복지부(2025). 사회복지시설 관리안내. p.22.

⑧ 안전 및 인권 관리에 관한 사항

최근 사회적 분위기를 고려할 때, 사회복지시설의 안전과 인권 관리는 기관 운영의 핵심적인 요소로 부각되고 있다. 구체적으로 살펴보면 다음과 같다.

첫째, 사회복지시설의 안전관리는 정기 또는 수시 안전점검 결과 제출 여부를 확인하고, 관할 지자체로부터 보완 또는 개보수 요구사항에 대한 처리 여부를 검토한다.

둘째, 시설 생활자 및 이용자의 인권 보호는 인권침해 사실 진정권 고지 및 시설 내 진정함 설치 여부, 작성된 진정서의 인권위원회 송부 여부 등을 확인하는 과정을 포함한다.

따라서 시설 안전점검 결과보고 문서와 진정서 처리 문서 등을 철저히 준비해야 한다. 이는 사회복지시설이 안전하고 인권 친화적인 환경을 제공하고 있는지 확인하고, 필요한 경우 시정 조치를 취하기 위한 중요한 절차이다.

⑨ 시설 물품 관리 및 거주자 입퇴소 관리

시설 물품 관리 및 거주자 입퇴소 관리는 사회복지시설 운영의 투명성과 책임성을 확보하는 데 중요한 요소이다. 구체적으로 살펴보면 다음과 같다.

첫째, 시설의 물품관리는 정기적 재물조사 실시 여부, 불용품 처리의 적절성(내구연한, 매각대금 세입처리 등), 물품대장과 후원물품 대장 간의 일치 여부, 불필요한 부품 교체로 예산 낭비 여부, 시설 차량 운영 관리 등 다양한 측면을 포괄한다.

둘째, 거주자 입퇴소 관리는 입소자의 입소 보증금 처리에 관한 내용, 개인금전 등을 무단으로 인출하여 후원금, 공사비, 시설운영비 및 개인 용도로 적정하게 사용 및 별도 관리하는지 여부, 사망자 유류 금품 처리 절차 준수 여부 등을 포함한다.

이러한 점검을 통해 시설 물품 관리 및 거주자 입퇴소 관리가 적절하게 이루어지고 있는지 확인하고, 필요한 경우 시정 조치를 취할 수 있다.

(2) 종사자 관리

① 시설장 자격요건 및 상근 여부

종사자 관리 영역에서 가장 먼저 확인해야 할 사항은 시설장의 자격 충족 여부와 상근 여부이다. 시설장의 자격요건은「사회복지사업법」및 개별법령 등에 따라 각 시설 유형별로 상이하므로, 관련 지침과 인사 관련 서류를 면밀히 검토해야 한다. 또한 결격사유 및 친인척 등 미자격 시설장 임명 여부, 법인 이사 겸직 여부, 실제 급여 지급 여부 등을 종합적으로 확인한다.

이를 위해 시설장의 인사기록카드와 관련 자격증, 경력증명서, 인사발령 관련 문서 등을 확인한다. 시설장의 상근 및 겸직 여부는 출근부, 근무상황부, 각종 결재문서 검토를 통해 확인한다. 이러한 검토는 시설장이 법적 기준을 충족하고 기관 운영에 적절하게 참여하고 있는지 확인하는 데 필수적이다.

② 종사자 자격 및 인력 배치

시설장과 마찬가지로 종사자의 자격 기준 또한「사회복지사업법」및 개별법령 등에 따라 각 시설 유형별로 상이하므로, 법정 자격요건 충족 여부를 철저히 확인해야 한다. 또한 종사자 배치 기준 준수 여부, 허위 근무자 인건비 집행 여부, 법인 및 타 시설 겸직 여부 등을 확인한다.

따라서 종사자의 명부를 비롯한 업무분장표, 인사발령대장, 인사기록카드, 인사발령 문서, 범죄경력조회 회신서, 근로계약서 등을 준비해야 한다. 이러한 검토는 종사자가 법적 기준을 충족하고, 적절하게 배치되어 기관 운영에 기여하고 있는지 확인하는 데 필수적이다.

③ 채용 및 호봉획정·승급

종사자의 채용 과정의 적법성은 기관 운영의 투명성과 공정성을 확보하는 데 중요한 요소이다. 따라서 공개 모집 과정이 관련 법규 및 내부 규정에 따라 적절하게 이루어졌는지 확인해야 한다. 이는 채용계획, 공고, 인사위원회 회의 결과, 신규 채용자 명단 등을 통해 확인할 수 있으므로, 관련 문건을 철저히 비치해야 한다.

또한 사회복지시설 관리안내 및 기타 관련 지침 등에서 제시하는 경력 인정 범위에 따라 종사자의 호봉 획정이 적법하게 이루어졌는지 인사기록부, 경력증명 및 전력조회, 사회보험 가입 증명서류, 경력 인정 및 호봉 승급 관련 서류 등을 확인한다. 이러한 검토는 종사자 채용 및 호봉 획정이 공정하고 투명하게 이루어졌는지 확인하고, 기관 운영의 신뢰성을 높이는 데 필수적이다.

④ 교육 및 복무관리

종사자의 교육 관리영역에서는 보수교육 의무대상자가 해당 교육을 이수했는지를 확인한다. 사회복지시설에는 사회복지사뿐만 아니라 간호사(조무사), 치료사, 상담사 등 다양한 전문가들이 근무하므로, 이들은 관련 법규에 따라 의무적으로 보수교육을 이수해야 한다. 따라서 종사자들이 보수교육에 참여했는지 확인하는 것은 필수적이다. 이를 위해 종사자들이 참여한 보수교육 및 기타 교육에 대한 수료증 및 확인증 등을 보관해야 한다.

또한 종사자 복무관리에서는 시설별 복무규정에 근거하여 출퇴근, 출장, 연가, 휴가, 조퇴, 외출 등이 적절하게 이루어지고 있는지 확인한다. 이는 종사자 명부, 근무상황부(출근부, 출장명령부 등), 교대근무일지, 업무일지 등을 통해 확인할 수 있으므로, 관련 문건을 생성하여 보관해야 한다. 이러한 검토는 종사자들이 법적 기준과 내부 규정을 준수하고, 효율적으로 근무하고 있는지 확인하는 데 필수적이다.

〈표 14-8〉「사회복지사업법」 제58조에 따른 과태료 처분 통보 대상(예시)

과태료 대상 조문	위반사항	수범자(受範者) 및 과태료 대상
제13조 제2항 단서	사회복지사 보수교육 미이수	보수교육 미이수 사회복지사
제13조 제3항	보수교육 이수를 이유로 불리한 처분을 한 경우	사회복지법인 시설 설치·운영자

⑤ 급여관리

급여관리 영역은 종사자의 기본급여 및 수당 지급의 적성성, 각종 수당 지급 근거의 적법성, 시간 외 수당 지급 등을 포함하며, 퇴직금 적립 및 사용의 적정성, 사회보험 가입 및 납부, 원천징수 등에 관한 내용을 검토한다.

따라서 원활한 급여 관리에 대한 지도점검을 위해 종사자 명부, 인건비 명세서, 출근부, 출장명령부, 근무상황부, 급여지급 내역, 퇴직적립금 통장(적립통장), 급여명세서, 퇴직연금 가입 및 연금납부내역서, 사회보험 가입자 명부 및 보험증권, 보험료납입증명서 등을 철저히 준비해야 한다. 이러한 검토는 종사자 급여 관리가 관련 법규 및 내부규정을 준수하고, 투명하게 이루어지고 있는지 확인하는 데 필수적이다.

(3) 회계관리

① 회계 구분

회계의 구분은 사회복지시설의 특성을 고려하여 법인회계, 시설회계, 수익사업 회계가 명확히 분리되어 있는지 확인하는 것이 중요하다. 이는 기관의 재정 투명성을 확보하고, 각 회계의 목적에 맞는 자금 운용을 보장하기 위한 필수적인 절차이다. 이를 확인하기 위해 총계정원장, 회계 장부, 지출결의서 등을 면밀히 검토해야 하므로, 관련 서류를 철저히 준비해야 한다. 이러한 검토는 회계 구분이 법규 및 내부 규정을 준수하고, 적절하게 이루어지고 있는지 확인하는 데 필수적이다.

② 예산 편성 및 예산결산 공개

예산 편성 및 예산결산 공개 영역에서는 예산 편성 및 보고(추가경정예산 포함), 편성 예산 공개, 예산 전용 절차 등을 검토한다. 또한 결산 보고 및 공개 여부, 결산 보고 서류, 공고방법 및 기간 등을 확인한다.

따라서 예산계획서 및 예산편성 지침, 예산서, 시설운영위원회 보고서, 이사회 회의록, 공개 서류, 예산 전용 문서, 결산보고서 등을 철저히 준비해야 한다. 이러한 검토는 예산 편성 및 결산 과정이 관련 법규 및 내부 규정을 준수하고, 투명하게 이루어지고 있는지 확인하는 데 필수적이다.

③ 수입 및 지출

수입 및 지출 영역에서는 수익금의 수납, 과년도 수입 및 반납금 여입, 과오납의 반환 등 적정 처리 여부를 검토한다. 또한 예산 범위 내에서 지출명령 및 지출결의서 작성, 예금통장이나 전자거래의 적정 지출행위 및 사적 사용 여부, 보조금 결제 전용카드나 전용 계좌 이용 사항, 지출 시 지출결의서 작성 및 증빙서류 첨부, 예산의 목적사용, 시설운영 보조금을 법인운영비로 집행한 사례, 공금으로 경조사비, 가족식사비, 친인척 행사비 등에 사적 용도로 사용한 사례 여부를 확인해야 한다.

따라서 총계정원장을 비롯한 예산결산서, 결산보고서, 수입 및 지출결의서, 현금출납부, 카드 사용 내역, 통장, 각종 증빙자료 등을 철저히 준비해야 한다. 이러한 검토는 수입 및 지출 관리가 관련 법규 및 내부 규정을 준수하고, 투명하게 이루어지고 있는지 확인하는 데 필수적이다.

④ 통장 및 카드관리, 회계담당자 지정 등

통장 및 카드관리 영역에서는 보관 실태를 비롯하여 별도 통장 사용 여부, 보조금 전용카드 사용제한 업종 사용 여부, 적립된 카드 포인트 운영 여부를 점검한다. 또한 회계담당자 지정 여부와 회계담당자에 대한 신원 보증보험 가입 여부를 확인한다.

따라서 법인 및 시설 금융 기관별 통장 발급 리스트와 현금 및 예금 명세서, 통장, 법인카드, 유가증권 명세서 등을 철저히 준비해야 한다. 이러한 검토는 통장 및 카드 관리가 관련 법규 및 내부 규정을 준수하고, 투명하게 이루어지고 있는지 확인하는 데 필수적이다.

〈표 14-9〉 수입과 지출의 집행기관

- 법인과 시설에는 수입과 지출의 현금출납업무를 담당하기 위하여 '각각' 수입원과 지출원을 두되, 법인 또는 시설의 규모가 소규모인 경우에는 수입원과 지출원을 동일인으로 할 수 있음
  ※ 시·도별로 지역 여건에 따라 자체적으로 수입원과 지출원을 동일인으로 할 수 있는 소규모 법인 및 시설에 대해 규정할 것
- 수입원과 지출원은 법인의 대표이사와 시설장이 임면함

출처: 보건복지부(2025). 사회복지시설 관리안내. p.133.

(4) 기부금품 관리

① 전용계좌 개설

기부금품 관리 영역에서 가장 우선적으로 검토해야 할 사항은 전용계좌 개설에 관한 사항으로, 법인 ·시설명칭이 부기된 기부금 전용계좌 개설 여부, 법인대표 및 시설장 명의의 기부금 전용계좌 개설 여부, 전용계좌 내 보조금 등 타 자금과 혼합 사용 여부 등을 검토한다.

따라서 휴면계좌를 포함한 기부금 통장 목록과 통장 등을 철저히 준비해야 한다. 이러한 검토는 기부금품 관리가 관련 법규 및 내부 규정을 준수하고, 투명하게 이루어지고 있는지 확인하는 데 필수적이다.

② 영수증 발급

기부금품 모집 후 사회복지법인 및 시설은 기부자에게 영수증을 발급해야 하며, 이를 위해 기부금품 영수증 발급대장을 반드시 비치해야 한다. 지도점검

시에는 기부금품 영수증 발급대장의 비치 여부를 비롯하여 지정 및 비지정 구분 관리 여부, 기부금품 수입 및 사용 대장, 지정기탁서, 기부금 전용계좌(통장) 등을 확인한다. 이러한 검토는 기부금품 관리가 관련 법규 및 내부 규정을 준수하고, 투명하게 이루어지고 있는지 확인하는 데 필수적이다.

③ 기부금품 사용결과 공개 및 내역 통보

기부금품의 투명한 사용과 관리를 위해 기부금품 수입 및 사용에 대한 결과를 공개하고 있는지, 공개 기간을 준수하고 있는지, 기부금품을 사용하지 않고 과도하게 이월하거나 혹은 적립하고 있는지 등을 점검한다. 또한 기부자에게 기부금품 수입 및 사용 내용을 통보하는지, 동의 없이 무단으로 지정성 기부금품을 사용한 사례가 있는지 등을 확인한다.

기부금품 사용 여부를 확인할 때, 가장 중요한 것은 기부자가 지정한 용도 이외로 사용한 여부를 확인하는 것이다. 이를 위해 기부금 수입 및 사용 내역 문서, 기부금품 수입 및 사용 결과보고서, 공개자료(홈페이지 및 사회서비스정보시스템, 게시판 등), 기부금 영수증 발급대장, 지출결의서, 기부물품 대장 등을 철저히 준비해야 한다. 이러한 검토는 기부금품 사용이 관련 법규 및 내부 규정을 준수하고, 투명하게 이루어지고 있는지 확인하는 데 필수적이다.

제2절 사회복지시설 평가

사회복지시설 평가는 시설 운영의 효율성을 높이고, 이용자에게 질 높은 서비스를 제공하기 위한 필수 과정이다. 시설 투명하고 효율적으로 사용해야 하므로 책임성 검증과 전문성 강화가 중요하다.

평가는 서비스 질 향상, 책임성 강화, 전문성 제고, 이용자 권익 보호, 사회적 신뢰 확보에 기여하며, 나아가 사회복지서비스의 질적 향상과 사회적 가치 실현에 중요한 역할을 한다.

1) 법적 근거 및 목적

(1) 목적

사회복지시설 평가는 장기적 및 단기적 목적을 통해 사회복지서비스의 질적 향상과 기관 운영의 효율성을 도모한다.

① 장기적 목적

첫째, 사회복지시설의 투명성과 서비스의 질 향상을 통해 이용자와 국민의 복지수준 향상에 기여한다.

둘째, 평가 결과를 반영한 예산집행의 효율성과 합리성을 유도하고 사회복지시설 운영의 선진화를 지향함으로써 시설의 상향평준화에 기여한다.

셋째, 사회복지시설의 정보를 복지대상자 및 일반 국민에게 정확하게 제공하여 국민들에게 시설에 대한 정보와 시설 선택에 관한 기초자료로 활용하게 한다.

넷째, 전국적인 사회복지시설 평가를 통하여 사회복지시설 운영수준에 대한 지역 및 시설종별 차이를 파악하여, 사회복지시설의 균형적인 발전에 기여하고자 한다(한국사회복지협의회 사회복지시설평가원, 2012).

② 단기적 목적

첫째, 시설 간 선의의 경쟁을 유도하여 서비스 질 향상을 도모한다.

둘째, 시설 이용자의 인권 보호 및 지역사회와의 연계를 강화하여 합리적인 운영 기반을 마련한다.

셋째, 시설 실태 파악을 통해 국가 지원 수준에 대한 과학적인 근거 자료를 제공한다.

(2) 법적 근거

사회복지시설 평가는 「사회복지사업법」 제43조의2와 동법 시행규칙 제27조의2에 근거하여 실시한다.「사회복지사업법」 제43조의2 제1항에 따라 보건복지부장관과 시 · 도지사는 보건복지부령으로 정하는 바에 따라 시설을 정기적으로 평가하고, 그 결과를 공표하거나 시설의 감독 · 지원 등에 반영할 수 있으며, 시설 거주자를 다른 시설로 보내는 등의 조치를 할 수 있다.

「사회복지사업법」 시행규칙 제27조의2 제1항에 따라 보건복지부장관 및 시 · 도지사는 3년마다 시설에 대한 평가를 실시해야 한다. 같은 조 제2항에 따라 평가 기준은「사회복지사업법」 제43조 제1항에 따른 서비스 최저 기준을 고려하여 보건복지부장관이 정한다. 또한 같은 조 제3항에 따라 평가 결과를 해당 기관의 홈페이지 등에 게시해야 하며, 제4항에 따라 평가의 방법 등 평가에 필요한 사항을 보건복지부장관이 정한다.

2) 추진체계

사회복지시설 평가는 [그림 14-1]에서 보이는 바와 같이 보건복지부 사회서비스자원과의 총괄 아래 체계적으로 이루어진다. 시설 평가 정책 수립은 보건복지부가 담당하며, 보건복지부로부터 평가업무를 위탁받은 중앙사회서비스원 시설평가부에서는 평가 사업의 운영과 관리를 책임진다. 중앙사회서비스원 산하 품질관리단은 평가 과정 및 결과의 품질 관리를 담당하고. 현장평가단 소속 현장평가위원은 실제 현장 평가를 수행한다.

이와 함께 사회복지시설평가위원회는 시설평가 주요사항을 심의하며, 산하 지표개발 실무위원회는 평가 지표 개발 업무를, 평가운영실무위원회는 평가 운영 관련 실무를 담당한다. 또한 산하 자문단은 각 시설 유형에 맞는 전문적인 자문을 지원한다.

이러한 유기적인 협력 체계를 통해 사회복지시설 평가는 정책 수립부터 현장 평가, 품질 관리까지 전문적이고 효율적으로 진행된다.

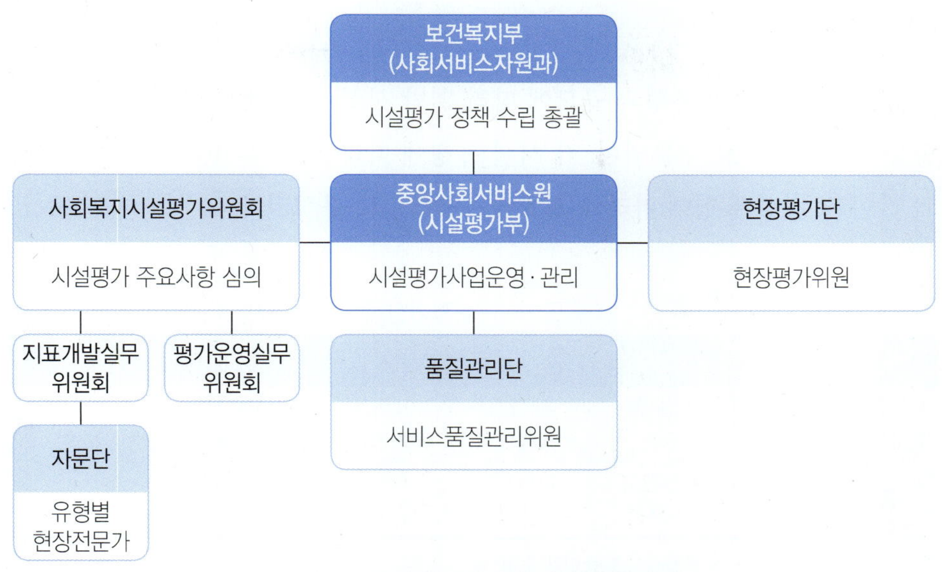

[그림 14-1] 사회복지시설 평가 추진체계

출처: 중앙사회서비스원(www.kcpass.or.kr).

3) 시설평가 실시

(1) 평가대상시설 선정 기준 및 절차

사회복지시설 평가는 평가대상기간을 기준으로 3년 이상 운영된 시설을 대상으로 실시한다. 이는 법적 의무사항이므로 운영 주체나 보조금 지원 여부와 관계없이 대상 시설로 선정된다. 다만, 3년 미만이나 시설 또는 지자체에서 평가를 요구하는 경우에는 평가의 실효성을 위해 최소 1년 이상 운영한 경우에 한하여 평가가 가능하며, 사전에 보건복지부와의 협의가 필요하다.

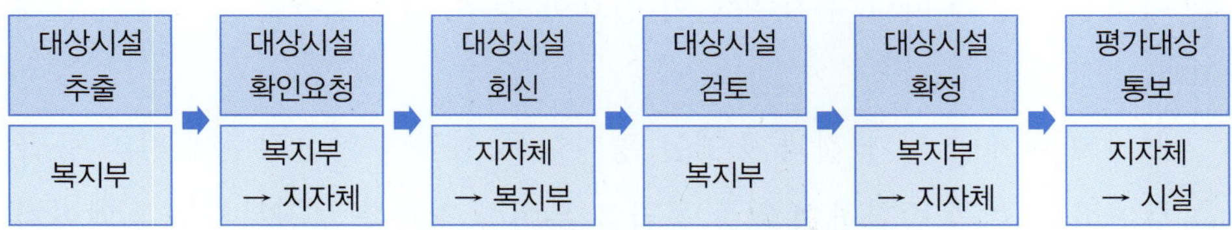

[그림 14-2] 평가대상시설 선정 절차

출처: 보건복지부(2025). 사회복지시설 관리안내. p.55.

(2) 평가항목

평가 대상 시설의 유형과 규모에 따라 일반 시설 및 장애인 단기 거주시설과 공동생활 가정으로 구분되며, 각 시설 유형에 따라 <표 14-10>에서 보이는 바와 같이 각 시설 유형에 따라 4~5개 평가영역으로 구성된다.

〈표 14-10〉 평가항목

구분	A영역	B영역	C영역	D영역	E영역
일반시설 및 장애인단기거주시설	시설 및 환경	재정 및 조직운영	프로그램 및 서비스	이용자의 권리	시설운영 전반
공동생활가정	시설환경 및 운영	이용자의 권리	프로그램 및 서비스	시설운영 전반	–

출처: 보건복지부(2025). 사회복지시설 관리안내. p.56.

(3) 평가절차

사회복지시설 평가의 전반적인 과정은 자체평가, 현장평가, 확인평가, 평가 결과 공개, 우수·미흡시설 사후관리의 다섯 단계로 구성된다.

첫 번째 단계인 자체평가는 평가 대상 시설이 자체적으로 평가하는 단계로, 평가지표별 근거자료의 유무를 확인하고 시설이 행한 노력을 파악하여 작성한다.

두 번째 단계인 현장평가는 지자체가 주체가 되어 현장평가단이 자체평가서를 근거로 평가대상 시설을 방문하여 근거자료 확인하는 단계이다.

세 번째 단계인 확인평가는 보건복지부가 주체가 되어 현장 평가 결과 분석 및 이의신청 등에 따라 추가 확인이 필요한 경우, 확인평가를 실시하는 단계이다.

네 번째 단계인 평가 결과 공개는 평가항목 영역별 환산점수에 따라 등급을 부여하고, 이를 종합하여 최종 등급을 부여한 결과를 보건복지부 홈페이지(www.mohw.go.kr)에 공개하는 단계이다.

마지막 단계인 우수·미흡시설 사후관리는 보건복지부 평가 결과에 따라 우수 시설에는 인센티브 지급 및 장관표창을, 미흡시설에는 품질개선을 위한 역량강화교육 및 컨설팅 등의 사후관리를 실시하는 단계이다.

이러한 과정을 통해 사회복지시설 평가는 객관적이고 체계적으로 이루어지며, 평가 결과를 통해 사회복지시설의 서비스 질 향상을 도모한다.

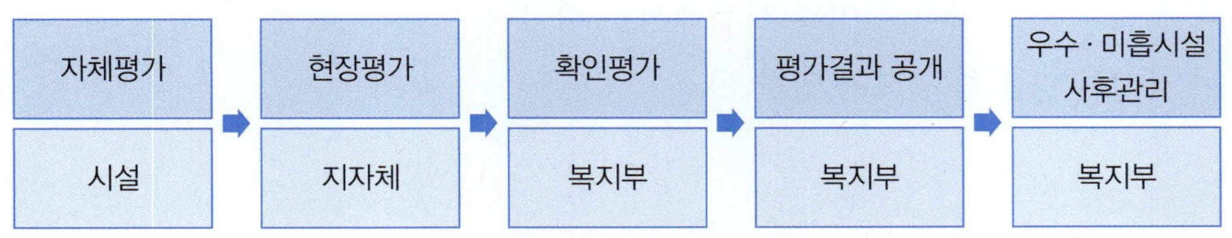

[그림 14-3] 평가절차

출처: 보건복지부(2025). 사회복지시설 관리안내. p.56.

4) 사회복지시설 평가 준비

(1) 시설 서비스 최저기준으로 상시 자체점검

시설평가에서 평가의 기준과 영역의 설정은 시설 운영의 방향성을 결정하는 중요한 요소이다. 시설 평가기준은 「사회복지사업법」 제43조 따라 보건복지부 장관이 정하는 서비스 최저기준에 기반한다.

시설평가 과정에서 평가에 대한 논란이 존재하지만, 평가 준비가 평가 직전에 이루어지기 어렵고 바람직하지 않다는 점을 고려할 때, 평상시의 안정적인 시설 운영이 시설평가에서 가장 중요하다. 따라서 시설 운영 시 서비스 최저기준에 근거한 서비스를 제공해야 한다.

서비스 최저기준은 그동안 축적된 사회복지시설 평가결과를 바탕으로 마련된 사회복지시설 기준의 선언적 지침이며(한국사회복지협의회, 2010), 시설평가의 내실화 및 평가결과의 공표, 행정상 감독, 지원에의 반영을 통해 서비스 최저기준의 준수를 유도하기 위한 것이다(참여연대 사회복지위원회, 2012).

(2) 사회복지시설 최저기준 표준안

시설의 서비스 최저기준 적용 대상 시설의 범위, 시설별 최저기준의 내용 및 적용시기는 보건복지부의 각 시설과에서 정하도록 되어 있다. 따라서 적용범위, 시설별 최저기준의 내용 및 적용 시기는 다르다. 현재 서비스 최저기준이 개발된 영역은 장애인거주시설, 장애인복지관, 장애인직업재활시설 등 일부 영역에 불과하다. 따라서 이외 시설에서는 시설 평가항목 및 세부내용을 참고하여 시설 운영을 할 필요가 있다.

참고문헌

강혜규 외(2023). 사회복지관 사업 분야 개정 연구.

경기복지재단(2022). '23 경기도 사회복지법인 업무매뉴얼 개발. p.195.

국가인권위원회(2004). 인권백서(2004년 제1집).

__________(2011). 인권의 해설.

__________(2014). 사회복지분야 대학교 인권과목 개설을 위한 기초연구.

__________(2015). 장애인 거주시설 종사자의 인권 보호 및 서비스 질 향상에 관한 연구.

__________(2021). 사회복지시설 의무 인권교육 모니터링.

권기창 · 권예성 · 박을종 · 이인원(2025) 사회복지행정실무. 창지사.

권선진(2004). 장애인 차별실태와 인권의식 개선방안에 관한 연구. 사회과학연구, 제8집, 59-75.

권중돈(2012). 인권과 노인복지실천. 학지사.

김기덕(2008). 사회복지전문직과 인권. 평택대학교 다문화가족센터 편. 양서원.

김기덕 · 최소연 · 권자영(2017). 사회복지 윤리와 철학. 양서원.

김미숙 · 김은정(2005). 사회복지시설의 민간자원 동원에 영향을 주는 요인 연구: 후원을 중심으로. 한국사회복지학, 57(2), 5-40.

김선정(2013). 사회복지사가 경험한 강점관점 해결중심 사례관리 실천 과정에 관한 연구. 숭실대학교 대학원 박사학위논문.

김신복(2004). 발전기획론. 박영사.

김영종(2010). 사회복지행정. 학지사.

김용득 · 김진우 · 유동철(2007). 한국장애인복지의 이해. 인간과 복지.

김희수 · 최선희(2023). 생태체계적 관점과 강점관점의 사회복지 실천 적용에 대한 탐색적 연구: 초점집단 면접기법. 복지상담교육연구. 12(1), 111-149.

당진시복지재단(2019). 당진시 사회복지시설 및 법인 지도점검 매뉴얼 연구. p.33.

도광조(2021). 사회복지실천론. 양서원.

박용순 · 송진영 · 권성애(2012). 사회복지시설운영론. 창지사.

박의근(2015). 법인본질론에 관한 소고. 한국비교사법학회.

박종팔(2019). 사회복지시설운영론. 양서원.

박충환(2003). 비영리조직의 회계와 실무. 법문사.

박홍윤(2014). 공공조직을 위한 전략적 기획론. 대영문화사.

______(1998). 공공부문에서 전략기획의 필요성과 한계. 충중산업대학교 논문집. 제33집 1호. 충주산업대학교. 365-393.

보건복지부(2018). 사회복지법인 관리안내.

__________(2024). 사회복지법인 관리안내.

__________(2025). 사회복지시설 관리안내.

양옥경(2017). 사회복지 윤리와 인권. 공동체.

양용희(2010). 사회복지자원과 마케팅, 부산광역시 교육자료집, 부산복지개발원, pp.7-19.

엄미선 · 양숙미 · 백은령 · 한주빈(2019). 사회복지시설 운영 이론과 실제. 학지사.

우혜숙 · 박주월 · 구재관(2023). 사회복지시설운영론. 공동체.

윤찬영(2000). 정신장애인의 인권운동. 한국정신보건사회사업학회 춘계학술대회자료집.

______(2023). 인권 · 복지론. 신정.

이재용(2018). 인권기반 사회복지시설 운영론. 창지사.

이종복 · 권오득 · 김성철 외(2013). 사회복지시설경영론. 양서원.

이종윤(2016). 사회복지사의 자원개발역량 척도 개발에 관한 연구, 계명대학교 대학원 박사 학위논문.

인권운동사랑방(1999). 인권교육 길잡이. 사람생각.

임은주(2022). 성인발달장애인의 자립생활 경험에 관한 질적연구. 전남대학교 대학원 박사 학위논문.

전광현 · 신민선 · 김문수 · 박용권 · 변호순 · 신건철 · 손용철(2015). 기독교 사회복지 이해와 실천. 양서원.

정무성(2005). 현대장애인복지론. 학현사.

조승석 · 맹두열 · 김학재(2022). 사회복지시설운영론. 공동체.

주연선 · 손영은 · 오승환 · 김민정(2022). 사회복지시설 의무 인권교육 개선방안에 관한 연구: 법률 및 지침 분석을 중심으로. 사회복지법제연구. 13(2), 297-321.

중앙사회서비스원(www.kcpass.or.kr)

최명민 · 김정진 · 김성천 · 정병오(2022). 한국의 실천현장을 반영한 사회복지실천론. 사회평론아카데미.

최성재 · 남기민.(2006) 사회복지행정론. 나남출판사.

한국사회복지관협회(2021). 2021 사회복지관과 지역사회복지실천. p.41.

__________________(2024). 2024년 사회복지관 현황조사 보고서.

__________________(2025). 사회복지관 사업 및 사회적 위험 대응 성과 연구.

황성철 · 정무성 · 강철희 · 최재성(2016). 사회복지행정론. 정민사.

Allison, M. & J. Kaye.(1997). *Strategic Planning for Nonprofit Organizations: A Practical Guide and Workbook*. New York: Wiley.

Bryson, J. M.(2004). *Strategic Planning for Public Service and Non-Profit Organizations* (3rd ed.). San Francisco: Jossey-Bass.

Hunter, A., & Staggenborg, S.(1988). *Local communities and organized action*. Communityorganizations: Studies in resource mobilization and exchange, p.246.

Reichert, Elizabeth(2011). *Social Work and Human Rights: A Foundation for Poilicy and Practice* (2nd ed). N.Y.: Columbia University Press.

Saleebey, D.(2006). *The strength perspective in social work practice* (4th ed.). Boston: Allyn and Bacon.

UN Center for Human Rights(2005). 이혜원 역. *Human Rights in Social Work Practice*. 인권과 사회복지실천. 학지사.

저자소개

권예성

- 2009년부터 대학과 대학원에서 사회복지정책론, 사회복지시설운영론, 지역사회복지론, 행정실무 사례 등을 강의
- 현재 한양대학교 공공정책대학원 겸임교수이자 광명시공익활동지원센터 센터장으로 재직 중
- 광명시 사회복지사등의 처우개선위원회 위원, 광명시 공론화위원회 위원, 광명시 시민사회 활성화 및 공익활동 증진위원회 위원, 광명시 민주시민교육 운영위원회 위원으로 활동 중

구민선

- 2000년 한솔종합사회복지관에서 사회복지사로 시작하여 김포시니어클럽 관장으로 재직 중
- 강서구 찾아가는 동주민센터 추진지원단장, 서울시사회복지공동모금회 평가지원단 역임, 현재 국민건강보험공단 장기요양기관 외부평가단 활동 중

김도희

- 2019년부터 대학과 대학원에서 사회복지개론, 사회복지행정론, 사회복지지도감독론, 사회복지현장실습, 사회복지실천론 등을 강의
- 현재 한양대학교 공공정책대학원 겸임교수, 한성대학교 행정대학원 특임교수이자 서울가정법원 조정위원, 수원가정법원 상담위원으로 활동 중
- 경기복지재단 운영위원, 마포복지재단 운영위원, 용인수지장애인복지관 운영위원으로 활동 중

이인원

- 1999년 신사종합사회복지관에서 사회복지사로 시작해서 현재 성수종합사회복지관에서 부장으로 재직 중
- 서울시 사회복지공동모금회 실행위원, 평가지원단과 서울시사회복지관협회 전문위원 등 역임
- 전략기획, 역량기반 교육체계, 행정실무 사례 등 실천 중심 강의를 진행하고 있으며, 현재 사회복지공동모금회 중앙회 평가지원단으로 활동 중

사회복지시설운영론

초 판 1쇄 인쇄 2026년 1월 23일
초 판 1쇄 발행 2026년 1월 30일

지 은 이 | 권예성 · 구민선 · 김도희 · 이인원
펴 낸 이 | 김기섭
편 집 인 | 이혜란
펴 낸 곳 | 창지사 www.changjisa.com
08589 서울시 금천구 가산디지털 1로 83 파트너스타워 1차 9층
전화 (02)719-2211~3
팩스 (02)701-9386
등　　록 | 1977년 4월 28일 · 제1-421호

ISBN 978-89-426-1967-2 (93330)

값 24,000원